# 臺灣客家運動
## ——客家基本法

王保鍵、邱榮舉 著

　　保障文化多樣性與尊重少數群體是一個國家人權與自由的表徵，而《世界人權宣言》第27條，及《經濟、社會、文化權利國際公約》第13條和第15條亦規定，每個人都有權要求充分尊重其族群文化特性，尤其應該尊重少數人群體和土著人民的權益。這些少數人群體政經社會與文化權益的尊重，也正是創造國家多元文化與多樣化社會的保障。

　　臺灣為一多元族群的移民社會，其中客家族群擁有極為特殊的社會、文化與經濟型態，更保有最為嚴謹、完整的宗族（宗親）組織、傳統禮儀、文物，與文化社會價值，擁有豐沛的文化產業與創新潛能，為臺灣多元文化社會的典型。但是，長期以來臺灣客家族群並未受到應有的重視，已面臨認同斲失、文化活力萎縮及客家事務在公共領域式微的危機，連帶產生族群特色與傳統核心價值流失的遺憾。政府自從2001年6月14日成立「行政院客家委員會」以來，已有專責機構致力推動全國客家事務，並積極復甦客家語言、振興客家文化與發展客家產業。

　　Arend Lijphart在1999年*Patterns of Democracy: Government Forms and Performance in Thirty-Six Countries*一書中，經由對36個國家政治分析比較，提出了適用於政治文化異質性高國家的「共識型民主模型」（consensual model）。臺灣如何經由《客家基本法》的建立，以及中央與地方政府各類客家事務機構，強化對客家文化、社會、經濟地位與發展潛力的重視，達成共識型、多元民主國家，仍有待大家的努力。

　　在國際人權運動與民主化浪潮的催化下，臺灣也進行一波波的民主化與社會運動，在這些政經與社會發展浪潮的激盪之下，客家運動也成為觸動客家社群權益、客家少數族群治理機構設立，以及臺灣多元社會發展的重要動力。在這關鍵的時刻，臺灣客家運動的前輩、臺灣大學國家發展研究所邱榮舉教授與王保鍵博士的大作：《臺灣客家運動—客家基本法》，目的在經由國際人權理論、民主化理論與多元文化主義的研究，探討臺灣族群運動與族群政治的意涵。進而檢視臺灣客家運動

發展下，臺灣客家政策的演變與爭議。尤其經由解析《客家基本法》的立法過程，比較客委會與行政院版本的結構與意涵，深入探討客家語言、文化、文化產業與知識體系的重要內涵與地位，並進而提出第二階段客家運動的意義，以及客家發展的建言。對臺灣共識社會的建構，以及族群政治與多元社會的發展，這本大作具有一定的貢獻與參考價值。

趙永茂
敬誌於臺灣大學政治學系
2012年9月28日

## 體制化或進階客家社會運動的啟蒙

　　近年來，臺灣客家社會運動的努力，帶來了若干制度性的成果，例如客家日、客家電視台、客語廣播與客家學術研究系所的設立，最特別的是全球唯一的客家部會──客家委員會的設置。這些制度性的機構或組織的設置及其因任務、經費而衍生的活動或表現與日俱增，在臺灣幾乎可以說，整年度都有客家慶典與節慶活動。客語使用、客家認同、客家現身與客家族群尊嚴互相關連，根據調查結果，客家語言的使用、客家人口的統計，幾乎每年都有增加。

　　在多項與客家族群相關的措施中，客家基本法的位置顯得相當特別。從文字上看來，許多客家族群的基本權益，客家族群的集體權似乎在這裡得到了保障，經由社會運動所提出的族群權益訴求，經由立法的程序給予保障，這是將社會運動訴求落實到正常的體制運作中的一項作法。

　　如果說社會運動是在體制外以集體的方式來推動某一種共同目標的完成，那麼客家社會運動的訴求通過立法在體制內落實，也象徵著客家社會運動的結束，不過本書兩位作者的解讀並不是這樣。從書名來看，兩位作者把客家基本法視為客家社會運動中的一環，不是終點。作者們對於客家基本法的定位、具體的內容、落實的方法充滿著進一步推進的企圖，作者認為該法是無強制力之給付行政，將會是人存政舉、人亡政息；該法只是政策宣示，規範性不足，前瞻性也不夠。進而從學術理論出發，指出強化客家基本法的種種可能性，本書可說是針對20年來臺灣客家社會運動共同目標體制化之實質探究及反省的重要著作。

　　臺灣客家社會運動可說是20多年前一股社會力量的匯集與表達，如前所述，有需多制度性的建置回應了這個運動的訴求，例如大學客家系所的設立，但是客家系所的研究有呼應客家社會運動的目標嗎？又如客家電視台的設立，但是電視節目與客家社會運動目標的關係又如何？又如客家委員會的設置，但是客家委員會的施政是不是呼應了客家社會運動的目標？本書所集中探討的客家基本法是諸多案例中的

一個。像這樣針對第一階社會運動所落實的體制，進行探究、重構與發展的作法，我稱之為第二階客家社會運動的提倡。

　　在學界及社會團體中，已經有許多人針對第一階客家社會運動所落實的體制進行反思、重構與再發展，這是一場進階客家社會運動跡象。本書的出版對於客家族群集體權的正當性提出許多學理的基礎，對於健全臺灣多元族群文化的建構著墨不少，對於進階客家社會運動的啟蒙具有重要的價值。新書出版，樂以為序。

張維安

國立交通大學客家文化學院院長

2012年9月16日於竹北六家

# 自　序

邱榮舉

　　目前臺灣有五大族群，按來臺灣的時間之先後順序排列，包括：南島語系臺灣人（即臺灣原住民）、閩南語系臺灣人（即福佬人，或稱鶴佬人，或稱臺灣人/狹義）、客家語系臺灣人（即客家人）、外省語系臺灣人（即外省人，或新臺灣人），及新移民（即新住民），這五大族群都是臺灣人（廣義）。臺灣的最大族群是福佬人，客家人是臺灣的第二大族群，但是它仍是少數族群，且是在語言文化方面的弱勢族群。

　　1980年代，為解決各類社會問題，因而相應地產生各種社會運動，其中臺灣族群運動（包括臺灣原住民族運動、臺灣客家運動等），是戰後臺灣社會運動中較特別的社會運動。臺灣客家運動之性質，可以說是一種政治運動、社會運動、文化運動、族群運動、自覺運動、客家改造運動。

　　1980年代，受臺灣民主化、本土化及全球化之影響，臺灣的政治、經濟、社會、文化發展等方面發生巨大的變化，本人在獲得國立臺灣大學政治學博士學位後，很幸運地留在臺灣大學任教，因緣際會，先與一群臺灣客家青年開始共同推動「臺灣客家運動」，例如：1987年7月共同創辦《客家風雲雜誌》（後改稱為《客家雜誌》），1988年12月28日主導舉辦「1228還我母語運動」等，後來又創辦「國立臺灣大學客家研究中心」，大力推動客家研究，努力積極地想將「客家研究」朝向建構「客家學」發展，以利早日將臺灣打造成全球客家學研究重鎮，以利整體客家發展。我們這種短期推動「臺灣客家運動」，長期推動「客家文藝復興」之想法與作法，其目的就是要搶救客家文化，傳承客家文化，開創「客家文明」。

　　王保鍵博士有智慧，才思敏捷，品學兼優，且是國立臺灣大學社會科學院國家發展研究所的傑出校友。多年來，他一方面在中央選舉委員會擔任高級官員，另一方面先後獲有兩個博士學位（一為國立臺灣大學法學博士，二為中國文化大學政治學博士），是名副其實的「雙料博士」；現又考取公費留學，正在英國深造。他堪稱是一位非常罕見、極為難得、年輕有為的優秀青年，也是一位極具發展潛力的年

輕學者和中央級官員。

關於臺灣客家運動之系列研究專書，係國立臺灣大學社會科學院客家研究中心策畫的客家學專著。我與王保鍵博士既是師生關係，也是同事與研究團隊伙伴。六年來，我一直擔任臺灣大學客家研究中心主任，王保鍵博士亦擔任臺灣大學客家研究中心特約助理研究員。我們充滿著理想與熱誠，共同合作籌組客家研究團隊，進行有關臺灣客家族群相關重要議題之專案研究，例如：臺灣客家運動、臺灣《客家基本法》、臺灣客家政策等。

本書是多年來王保鍵博士，在趙永茂教授（國立臺灣大學副校長）、張維安教授（國立交通大學客家文化學院院長／前國立清華大學人文社會學院院長／前國立中央大學客家學院院長）及邱榮舉教授（國立臺灣大學客家研究中心創辦人／前國立臺灣大學法學院副院長、國家發展所所長／1988「還我母親運動」總領隊）三人，共同指導的臺灣大學國家發展所博士論文〈臺灣客家運動與《客家基本法》〉，再經修改補強後的作品，既是屬於學術研究性質的專書，可供學術界參考；亦是屬於實用性質的專書，可供政治界、客家界、文化界參考。它是整體瞭解臺灣客家族群發展的寶典，對於臺灣客家運動之總體，特別是有關臺灣《客家基本法》（2010）多所著墨，亦論及臺灣客家政策，將有助於大家對整個臺灣客家發展目的之瞭解。

關於本書的出版，過程相當艱辛，但階段性成果頗為甘甜。在此吾人要感謝邱、王兩家之至親好友的長期支持、肯定、包容及鼓勵，也要特別感謝國立臺灣大學社會科學院歷任院長包宗和教授、趙永茂教授、林惠玲教授等之強力支持客家研究；另外也要感謝五南圖書出版公司劉靜芬、李奇蓁等人的鼎力相助，及客家委員會長期支持我們從事客家研究。簡而言之，若無各界的長期支持與鼓勵，有關臺灣客家運動之系列研究專書不會那麼順利出版，特此致上十二萬分之謝意，是為序。

邱榮舉　謹誌
國立臺灣大學社會科學院副院長
2012年12月

# 目　錄

趙　序

張　序

自　序

**第一章　臺灣族群運動與族群政治**　　　　　　　　　　　**1**

　　第一節　國際人權法與民主化浪潮　　　　　　　　　1

　　第二節　臺灣民主化與臺灣社會運動　　　　　　　　17

　　第三節　多元文化主義　　　　　　　　　　　　　　25

　　第四節　臺灣族群意識與族群政治　　　　　　　　　35

**第二章　臺灣客家運動與客家政策**　　　　　　　　　　　**53**

　　第一節　臺灣客家運動之興起　　　　　　　　　　　53

　　第二節　臺灣客家運動主要重點　　　　　　　　　　59

　　第三節　析論臺灣客家政策　　　　　　　　　　　　70

**第三章　解析臺灣《客家基本法》之立法過程**　　　　　**85**

　　第一節　客委會及行政院兩草案版本比較　　　　　　85

　　第二節　行政院版與立法委員版草案比較　　　　　　94

**第四章　臺灣《客家基本法》重點研析**　　　　　　　　**105**

　　第一節　客家母語權　　　　　　　　　　　　　　　105

　　第二節　客家文化權　　　　　　　　　　　　　　　135

　　第三節　客家文化產業　　　　　　　　　　　　　　148

　　第四節　客家知識體系　　　　　　　　　　　　　　159

**第五章　《客家基本法》與臺灣客家運動之省思**　　**165**

第一節　客家文化重點發展區之檢討與建議　　165

第二節　客家語言及文化特殊目的政府　　174

第三節　推動第二階段臺灣客家運動　　181

**第六章　客家發展建言**　　**185**

**參考文獻**　　**193**

**附錄**　　**209**

## 表目錄

| | | |
|---|---|---|
| 表1-1 | 國際人權保障機制 | 5 |
| 表1-2 | 國際族群平等與少數族群扶助機制 | 7 |
| 表1-3 | 國際法與國內法之關係 | 9 |
| 表1-4 | 三波民主化的時間及範例 | 10 |
| 表1-5 | 聯合國維和行動 | 12 |
| 表1-6 | 多數決模型與共識模型之比較 | 14 |
| 表1-7 | 異質化社會代表－比利時社會及政治概況 | 16 |
| 表1-8 | 傳統社會運動與新社會運動比較 | 22 |
| 表1-9 | 臺灣社會運動之分類 | 24 |
| 表1-10 | 族群之客觀特質論與主觀認同論 | 37 |
| 表1-11 | 族群政治之社會人口、心理因素與賦權理論比較 | 42 |
| 表1-12 | 原住民正名運動 | 46 |
| 表1-13 | 臺灣客家族群與原住民族運動訴求比較表 | 50 |
| 表1-14 | 客家族群與原住民族保障機制比較 | 51 |
| 表2-1 | 臺灣客家運動興起之因素 | 54 |
| 表2-2 | 民進黨與國民黨臺灣客家政策比較 | 76 |
| 表2-3 | 現階段馬英九政府之客家政策 | 82 |
| 表3-1 | 客委會與行政院兩版本比較 | 89 |
| 表3-2 | 客家基本法草案行政院與立法委員版本比較 | 95 |
| 表4-1 | 臺灣語言保障及復振政策機制 | 116 |
| 表4-2 | 語言活力與瀕絕度判定標準 | 118 |
| 表4-3 | 客家民眾認知中客家人應具備的條件 | 134 |
| 表4-4 | 臺灣客家文化內涵例示表 | 137 |

表4-5　新竹新埔枋寮褒忠亭義民廟歷代分香情形　　　143

表4-6　文化產業之類型　　　150

表4-7　行政院文化創意產業發展方案　　　155

表5-1　客家文化重點發展區鄉鎮市區一覽表　　　166

表5-2　美國普通目的與特殊目的政府　　　177

**圖目錄**

圖1-1　族群意識的內涵　　　　　　　　　　　　　38

圖1-2　少數族群認同之政治化架構　　　　　　　40

圖1-3　原住民族制度性保障　　　　　　　　　　49

圖2-1　臺灣客家運動三層次發展策略　　　　　　72

圖4-1　平等原則與權利保障機制建構　　　　　108

圖4-2　意識形態與語言政策光譜分布　　　　　113

圖4-3　語言同化三階段　　　　　　　　　　　120

圖4-4　客家人定義之比較　　　　　　　　　　133

圖4-5　文化產業的產值圖　　　　　　　　　　151

圖4-6　客家文化發展為客家文明　　　　　　　159

圖4-7　成熟的知識體系之內涵　　　　　　　　161

圖6-1　設立客家文明博物館之綜效　　　　　　190

　　從全球化或國際的視野，少數族群之保障，可說是對西方帝國殖民主義與德國希特勒（Hitler）納粹政權對猶太人進行種族屠殺（genocide[1]）之反思，以國際法人權保障體系之建構，及聯合國維和行動之實踐，積極保障與扶助少數族群。伴隨著民主化之浪潮，不但國際社會課予國家保護少數族群之義務，少數族群本身也積極透過政治參與管道爭取自身權利。

　　本書將剖析臺灣族群運動，從國際層面（國際人權法及民主化浪潮）出發，探討其對臺灣民主化與臺灣社會運動之影響，並以臺灣社會運動與多元文化主義導引出臺灣族群運動。另將探討臺灣原住民運動，及在臺灣原住民運動影響下所推動建構之原住民族保障機制。

## 第一節　國際人權法與民主化浪潮

　　有關影響臺灣族群運動之因素，本節將從國際人權法與第三波民主化之國際層次，及臺灣民主化與社會運動之國內層次，加以探討。

---

[1] 為避免種族屠殺，聯合國1948年通過防止及懲治殘害人群罪公約（Convention on the Prevent and Punishment of the Crime of Genocide），並於1951年生效。該公約內所稱滅絕種族係指蓄意全部或局部消滅某一民族、人種、種族或宗教團體，犯有下列行為之一者：(1)殺害該團體的成員；(2)致使該團體的成員在身體上或精神上避免嚴重傷害；(3)故意使該團體處於某種生活狀況下，已毀滅其全部或局部的生命；(4)強制施行辦法，意圖防止該團體內的生育；(5)強迫轉移該團體的兒童至另一團體。另聯合國於1998年7月在羅馬召開會議，通過羅馬公約（Rome Statute of International Criminal Court），並據以設置國際刑事法院（International Criminal Court），依羅馬公約第5條，國際法庭對下列行為有管轄權：(1)種族屠殺罪（the crime of genocide），(2)危害人類罪（crimes against humanity），(3)戰爭罪（war crimes），(4)侵略罪（the crime of aggression）。

## 壹、國際法人權保障機制

　　有關少數族群保障機制，涉及國際人權法體系，及全球性民主化浪潮（第三波民主化），首先就國際人權法體系（國際法人權保障機制）加以論述。

　　國際法是國際關係行為主體間，基於合意所形成的規範國家間相互關係的法。依曾任國際法院法官Lauterpacht的觀點：國際法是指國家依具有法律上拘束力之習慣或條約規則互相來往的過程，國家並非國際法上唯一之權利主體，國際組織及個人在特定條件下，亦可由國際法賦予權利或課予義務。[2]

### 一、人權的發展

　　人權的基本理念是「把人當人」，人人生而自由，在尊嚴和權利上一律平等。二次世界大戰後，各國為重申基本人權、人格尊嚴與價值，於1945年6月26日在美國舊金山訂立《聯合國憲章》正是彰顯此一理念。聯合國大會並於1948年12月10日以第217A（III）號決議通過《世界人權宣言》，作為所有人民和所有國家努力實現的共同標準，透過這個人權宣

---

[2] 依《國際法院規約》（I.C.J）第38條規定，國際法之法源略有：(1)國際條約：指確立訴訟當事國明白承認之規調者；即係由國際法人（國家或國際組織）間所締結的，並受國際法規範的。又包含「立法條約」與「契約條約」兩種。另由兩個國際法人所締結者，稱為「雙邊條約」；由超過兩個以上國際法人所締結者，稱為「多邊條約」。(2)國際習慣法：指作為通例之證明而接受為法律者；即須具有(A)普遍一致的國家實踐（包含時間上的繼續性與空間上的普遍性），(B)法之確信。又國際習慣法之效力是高於國際條約的。(3)一般法律原則：指為文明國家所承認之一般法律原則。一般法律原則蓋有「國內法所普遍承認之法律原則」、「導源於國際關係的法律原則」、「可適用於一切關係之法律原則」三類；例如某些程序原則、一事不再理原則、誠信原則等。(4)司法判例：指司法判例可做為確定法律原則之補助資料。另司法判例是國際法的「輔助法源」；司法判例則有「國際法庭的判例」、「國際仲裁法庭的判例」、「國內司法的判例」等來源。(5)各國一致公認的國際法學家學說：指各國權威最高之公法學家學說，可做為確定法律原則之補助資料。國際法學家學說也是國際法的「輔助法源」。(6)公允及良善原則：指法院經當事國同意，本公允及良善原則裁判案件。公允及良善原則亦是國際法的「輔助法源」。另外，國際組織之決議，則須視國際組織之決議之性質與通過之機關來決定是否為法源。惟國際組織之決議可推動國際習慣規則之形成。

言，來促進對權利和自由的尊重。

　　事實上，現代人權可說是發軔於基督教思想，近代西方之文明與政治思想深受基督教文化影響，1450年代印刷術的興起，書籍的取得變得大為容易。教會也因此發生了「宗教改革」運動，新教教會強調每個人與基督個別的關係，這中間不需要司鐸或教皇做為中介，每個人都可以透過禱告來跟上帝溝通，而不需透過教士或其他人之媒介。

　　由聖經的啟發，世界上所有的人都是神所創造的，每一個人都是上帝按照自己的形象所創造的。每個人的身體內都有上帝的性靈，每個人都是聖靈的分支。所以，人與人之間應該都是一樣的。這個人與人之間都是一樣的、都是相同的概念，引導出後世政治思想之天賦人權平等觀；具體的體現於美國獨立宣言，「所有人都是生而自由平等。」

　　天賦人權之人權觀念是來自於自然法，凡人皆可享有。依C.J.Friedrick說法，西方人權之演進可分為三階段：(1)爭取自由權，強調個人人身自由、宗教信仰自由、言論思想自由、以及免於被非法拘禁等自由之保障；(2)爭取參政權，強調各種參政權之取得，如選舉權、罷免權，乃至於創制權、複決權；(3)爭取受益權，國家應保障人民的基本生存權、工作權、教育權等。

　　另外以三代人權觀，亦可將人權分為：(1)第一代人權：指公民權及政治權；(2)第二代人權：指經濟權、社會權、文化權；(3)第三代人權：指發展權、反種族主義、反種族歧視、生存環境權等。

## 二、國際人權發展驅動少數族群保障之建制

　　二次世界大戰後，聯合國成立，依《聯合國憲章》前言及第1條規定，我聯合國人民同茲決心欲免後世再遭今代人類兩度身歷慘不堪言之戰禍，重申基本人權，人格尊嚴與價值，以及男女與大小各國平等權利之信念，乃設立國際組織，定名聯合國。而聯合國成立之宗旨為：(1)維持國際和平及安全；並為此目的採取有效集體辦法，以防止且消除對於和平之

威脅，制止侵略行為或其他和平之破壞；並以和平方法且依正義及國際法之原則，調整或解決足以破壞和平之國際爭端或情勢；(2)發展國際間以尊重人民平等權利及自決原則為根據之友好關系，並採取其他適當辦法，以增強普遍和平；(3)促成國際合作。以解決國際間屬於經濟、社會、文化、及人類福利性質之國際問題，且不分種族、性別、語言、或宗教、增進並激勵對於全體人類之人權及基本自由之尊重。透過聯合國憲章，人權的發展，也走向了「國際人權」的階段。[3]

　　進而，聯合國大會於1986年通過《發展權宣言》（Declaration on the Right to Development），闡明「發展權」是一項不可讓渡的權利；根據此項權利，每個人和一切民族（或族群）都有權參與、貢獻、和享受經濟、社會、文化和政治的發展，惟有在此權利之下，一切人權和基本自由才能充分實現（俞寬賜，2002：279）。另外，其他區域性的國際人權法體系（歐洲、美洲、非洲、亞洲），也建構了國際法上人權保障機制，如歐洲基於《歐洲人權公約》而來的《歐洲區域或少數群體語言憲章》等。有關國際人權保障機制，筆者整理如表1-1。

　　簡言之，國際人權法之基本觀念主張國家不再是國際法上唯一的主體，個人與少數群體之人權保障已成為國際間共同之義務；國際人權法課予國家保護人權的直接責任，國際社會已日益確信國家的邊界不應該是道德關懷的邊界（劉文彬，2005：238）。故族群平等及少數族群保障已屬國際法上之基本人權範疇。

---

[3] 就《聯合國憲章》所規範的主要國際人權概念為：(1)基本人權之重申；(2)人權概念包含人格尊嚴與價值；(3)自決權之人權；(2)平等權，特別是在種族、性別、語言、宗教上。

**表1-1　國際人權保障機制**

| 聯合國 | 弱勢個人 | 婦女 | 婦女政治權利公約（1954年） | 婚姻同意權、最低結婚年齡和婚姻註冊公約（1964年） |
|---|---|---|---|---|
| | | | 已婚婦女國際公約（1975年） | 消除一切形式歧視婦女公約（1979年） |
| | | 兒童 | 兒童權利公約（1990年） | 設立兒童權利委員會 |
| | | 難民 | 國際難民組織憲章（1946年） | 難民地位公約（1951年） |
| | | | 聯合國難民高級專員辦公室（1951年） | |
| | | 無國籍人 | 無國籍人地位公約（1960年） | |
| | 太空人 | 人類的使者 | 太空條約（1960年） | 太空遇難或緊急降落締約國領土，應立刻被援救急送返所屬國 |
| | | | 援救太空人協定（1968年） | |
| | 奴隸 | 廢止奴隸制度 | 廢除奴役、奴隸貿易、類似奴役制度和做法之補充規約（1956年） | |
| 歐洲 | 歐洲理事會主導 | 歐洲保障人權與基本自由公約（1953年） | 歐洲人權委員會 | 公民及政治權利（第一代人權法） |
| | | | 歐洲人權法院 | |
| | | 歐洲社會憲章（1965年） | 歐洲社會憲章第一、二、三次議定書 | 經濟及社會權利（第二代人權法） |
| 美洲 | 美洲國家組織主導 | 美洲個人權利義務宣言（1948年） | | 美洲人權公約（1987年） |
| | | 設立泛美人權委員會（1960年） | | |
| | 聖荷西宣言（1993年） | | 發展權 | 第三代人權 |
| | | | 適當之生存環境權 | |
| | 公民及政治權利之保障 | | 泛美人權委員會 | 泛美人權法院 |
| | 經濟、社會、文化權利之保障 | | 泛美經濟社會理事會 | 泛美教育科學文化理事會 |
| 非洲 | 非洲團結組織主導 | 非洲人權及民族憲章（1986年） | 非洲人權及民族委員會 | |
| | | | 非洲團結組織之國家及政府援助大會 | |

資料來源：王保鍵，2009：107。

　　從表1-1所揭示的國際法上人權保障機制，可以觀察到三個共同趨勢：(1)重視弱勢（少數）者之人權；(2)人權內涵（實質內容）擴大化，人權從過去的政治權，擴及經濟權及社會權；(3)人權的國際化，國際社

會透過國際公約之建制，可以矯正各國侵害人權之情事。

在這三股趨勢之影響下，先有臺灣原住民保障取得理論及法理依據，並隨後影響臺灣客家運動之出現，及成為推動臺灣客家族群保障之重要參酌。

## 貳、國際法上族群平等與少數族群扶助機制

依1948年《世界人權宣言》第27條第1項規定，每個人擁有自由參與社群文化生活的權利。基於對人類家庭所有成員的固有尊嚴及其平等的和不移的權利的承認，乃是世界自由、正義與和平的基礎，並為實現自由人類享有免於恐懼和匱乏的自由的理想。聯合國大會並於1966年12月16日決議通過《公民權利和政治權利國際公約》（International Covenant on Civil and Political Rights）。依該公約第27條規定，在那些存在著人種的、宗教的或語言的少數人的國家中，不得否認這種少數人同他們的集團中的其他成員共同享有自己的文化、信奉和實行自己的宗教或使用自己的語言的權利。

### 一、相關公約與宣言

聯合國大會本於「任何基於種族差別的種族優越學說，在科學上均屬錯誤，在道德上應予譴責，在社會上均屬失平而招險，深信種族壁壘的存在為任何人類社會理想所嫉惡；並重申人與人間基於種族、膚色或人種的歧視，為對國際友好和平關係的障礙，足以擾亂民族間的和平與安全，甚至共處於同一國內的人與人間的和諧關係；決心採取一切必要措施迅速消除一切種族歧視形式及現象，防止並打擊種族學說及習例，以期促進種族間的諒解，建立毫無任何形式的種族隔離與種族歧視的國際社會。」之理念，於1965年通過《消除一切形式種族歧視國際公約》。

1992年聯合國通過《在民族或族裔、宗教和語言上屬於少數群體的

表1-2　國際族群平等與少數族群扶助機制

| | 族群平等 | 少數族群扶助 |
|---|---|---|
| 消除一切形式種族歧視國際公約 | 締約國譴責種族歧視並承諾立即以一切適當方法實行消除一切形式種族歧視與促進所有種族間的諒解的政策。（第2條第1項） | 締約國應於情況需要時在社會、經濟、文化及其他方面，採取特別具體措施確保屬於各該國的若干種族團體或個人獲得充分發展與保護，以期保證此等團體與個人完全並同等享受人權及基本自由。（第2條第2項） |
| | 締約國依本公約第二條所規定的基本義務承諾禁止並消除一切形式種族歧視，保證人人有不分種族、膚色或民族或人種在法律上一律平等的權利，並得享受平等司法救濟、人身安全保障、政治參與、公民權、經濟社會文化權等權利。（第5條、第6條） | 締約國承諾立即採取有效措施尤其在講授、教育、文化及新聞方面以打擊導致種族歧視之偏見，並增進國家間及種族或民族團體間的諒解、容恕與睦誼，同時宣揚聯合國憲章之宗旨與原則、世界人權宣言、聯合國消除一切形式種族歧視宣言及本公約。（第7條） |
| 在民族或族裔、宗教和語言上屬於少數群體的人的權利宣言[4] | 各國應採取必要的措施確保少數群體可不受任何歧視，於法律平等的情況下充分且切實地行使其人權。（第4條第1項） | 各國應採取措施，創造有利條件，使少數群體得以表達其特徵和發揚其文化、語言、宗教、傳統和風俗，並使少數群體有充分的機會學習其母語或在教學中使用母語。（第4條第2項及第3項） |

人的權利宣言》（Declaration on the Rights of Persons Belonging to National or Ethnic, Religious, and Linguistic Minorities），在其中繼續強調國家必須保護，並且設法鼓勵其境內少數族群的國籍、族群、文化、宗教，以及文化認同。

　　上開表1-2，本書以《消除一切形式種族歧視國際公約》及《在民族或族裔、宗教和語言上屬於少數群體的人的權利宣言》為基礎，歸結「族群平等」及「少數族群扶助機制」兩個層次，可以作為後續檢視臺灣族群運動及客家族群保障機制究以「族群平等」或「少數族群扶助機制」為

---

4　在民族或族裔、宗教和語言上屬於少數群體的人的權利宣言（Declaration on the Rights of Persons Belonging to National or Ethnic, Religious and Linguistic Minorities）係由聯合國於1992年通過，其中文譯名係根據2006年8月8日至11日少數群體問題工作組第十二屆會議的報告。

主。

　　另外，1993年6月25日於「世界人權會議」上所通過之《維也納宣言和行動綱領》（Vienna Declaration and Programme of Action），促請各國和國際社會根據聯合國《在民族或族裔、宗教和語言上屬於少數群體的人的權利宣言》，促進和保護在民族或族裔、宗教和語言上屬於少數者的權利（陳隆志主編，2006：64）。

　　另歐洲安全暨合作會議（CSCE）在1990年通過《哥本哈根宣言》，在其第四部分（第30條至第40條），對於少數族群的權利作了詳細的規範。該宣言指出，少數族群的問題只能在民主的政治架構下獲得解決，此外，對於少數族群權利的尊重，是和平、公益、穩定，以及民主的必要條件；更重要的是，宣言規定要求會員國尊重少數族群有效參與公共事務的權利。另外，歐洲安全暨合作組織（OSCE，歐洲安全暨合作會議轉變而來）在1999年通過的《蘭德有關少數族群有效參與政治生活建議書暨說明》，詳細規範少數族群的各種政治參與權。建議書首先指出幾項重要原則（第一部分）：一個社會要獲致和平及民主，基本的條件是少數族群的有效政治參與（第1條）。其次，建議書分別就參與決策（第二部分）、自治權（第三部分），以及保障的機制（第四部分，第6條至第24條）作了詳細規範，譬如說：少數族群在國會、內閣、最高法院、及公家機構的保障名額，選舉過程、組黨、選舉制度設計及選區規劃，地方政治參與，設立聯繫少數族群與政府的諮詢機構，設置地域式、或非地域式的自治機構，以及過渡及調解衝突機制（施正鋒，2008：38）。

## 二、國際人權法與國內法

　　而國際法上人權保障機制在我國國內法體系中是否具有規範性？國際法與國內法之關係，在學理上向有「二元論」與「一元論」兩說；而在國際法在國內法院之適用上，復有「併入說（接納論）」、「轉換說（變質論）」、「授權說」，本書整理如表1-3。

表1-3　國際法與國內法之關係

| 理論 | 二元論 | 國際法與國內法是完全分離的兩套制度 |
|---|---|---|
| | 一元論 | 國際法與國內法均屬一個整體法律結構的部分 |
| 國際法在國內法院之適用 | 併入說（接納論） | 國際法無須經明示的採納即自動併入國內法 |
| | 轉換說（變質論） | 國際法須經國內之立法程序才能轉換為國內法 |
| | 授權說 | 國際法授權一國憲法自行規定何時及何種形式表現為國內法 |

資料來源：整理自俞寬賜，2002：38-48。

從表1-3思考國際法在臺灣國內法之效力問題，依我國憲法第141條規定，我國之外交應尊重條約及聯合國憲章；復依憲法第63條，立法院具有議決條約案之權；且參考司法院大法官釋字第329號解釋。故條約為我國法律之一部分，且條約之效力優於國內法，故應係採「一元論」。

惟在我國退出聯合國後，國際地位日益艱難，許多國際條約或公約，我國都無法成為締約國（連行政協定亦不可得）。但為使我國能與國際社會接軌，並體現憲法第141條之價值精神，乃制定《公民與政治權利國際公約及經濟社會文化權利國際公約施行法》。這代表上開所討論之國際法上少數族群之人權保障條款將具有國內法之效力，而其效力是優於國內其他法律。

## 參、第三波民主化與全球化：國際社會少數族群保障之實踐

冷戰，意指第二次世界大戰結束後，以美國為首之資本主義和以蘇聯為首之共產主義兩大陣營之間長期對抗的緊張狀態。當時美國採用了坎南（George Kennan）的圍堵政策（containment policy），於1949年建構北大西洋公約組織（North Atlantic Treaty Organization），蘇聯亦在次年成立華沙公約組織（Warsaw Treaty Organization），開始了軍事集團式之冷戰兩極體系。至1989年12月，美國布希總統與蘇聯戈巴契夫在馬爾他舉行高峰會議，正式宣布冷戰結束。

　　一般多將第二次世界大戰後之40年代至80年代之國際政治 稱為「兩極體制」，而將90年代蘇聯、東歐之民主化後之國際政治稱為「後冷戰時期」。[5]

　　根據杭廷頓（Samuel P. Huntington）於1991年出版之《第三波：二十世紀的民主化浪潮》一書，認為民主化過程分為兩階段：一是民主革命的權力轉移階段，即統治的權力由軍事政府或威權政府移轉至民選文人政府；第二階段則為民主鞏固時期，即民主政治制度如何建立與獲得正當性基礎。杭廷頓並將民主化分成三個階段，其中第三波民主化首先出現在1974年南歐的葡萄牙結束其獨裁政權，改採民主政體；民主政權在歐洲、亞洲和拉丁美洲國家取代了威權政權。這個階段的民主化風潮使得軍事獨裁者交出政權，也讓共產主義國家垮台。例如，厄瓜多、烏拉圭、宏都拉斯、蘇聯、匈牙利及東德等。

　　在表1-4之分類中，臺灣顯然係屬第三波民主化，事實上，受到第三波民主化浪潮之影響，臺灣社會力開始鬆動，政府解除戒嚴，人民透過各種政治參與管道爭取自身權利及參與公共事務，為臺灣原住民運動、臺灣客家運動等群族運動，提供了滋養的土壤。

表1-4　三波民主化的時間及範例

| | 第一波民主化 | 第二波民主化 | 第三波民主化 |
|---|---|---|---|
| 時間 | 1820－1926 | 1945－1962 | 1974－ |
| 浪潮（民主化） | 美國、英國、法國、義大利、阿根廷 | 西德、義大利、日本、印度、以色列 | 葡萄牙、西班牙、拉丁美洲、亞洲、東歐國家 |
| 回潮（反民主化） | 義大利、德國、阿根廷 | 印尼、菲律賓、巴西、智利 | |

資料來源：整理自Huntington, Samuel P. (1991) "The Third Wave: Democratization in the Late 20th Century".

[5] 後冷戰時期特徵略有：(1)由兩極體系轉向為多極體制架構；(2)多邊主義漸成主流：透過國際組織或正式與非正式的多邊協商與對話來處理國際紛爭；(3)經濟主導的國際政治；(4)區域經濟統合化趨勢；(5)區域霸權之興起，如中共（李登科，1996：38）。

　　除了民主化之潮流外，另一個讓國際社會關心少數族群人權問題的便是全球化之發展。

　　依包宗和的觀點，全球化係指全球經濟、政治、文化與環境聯結流動的狀況，使得許多現存之疆界及界線不再具有意義。一套社會過程，將我們現有的社會狀況轉變成全球性，轉換了人類接觸的方式。全球化的觀察指標略有(1)經濟面向，包含市場聯結、技術成長與流通、跨國組織成長、新自由主義之崛起、國際分工、金融市場之全球化（如跨國提款持股）、勞動遷移、跨國階級（權勢來自個人才能而非國家權力）；(2)政治面向，包含全球政治聯結強化、國家主權削弱、全球治理崛起（如歐盟）、移民管制、恐怖主義、城市聯結、歐盟、非政府組織快速成長、民主普及全球；(3)文化面向，包含網際網路、媒體之角色與威力、語言全球化；(4)意識形態面向。而全球化的理想目標為過程可以控制、可以保護弱小國家和族群、共享資源、全球更多元化，而非美國化，即應為多邊主義而非單邊主義。

　　因為民主化與全球化，及對德國希特勒之納粹政權對猶太人的種族屠殺之反思，國際社會開始積極介入保護少數或弱勢族群之議題，除了前述國際法規範外，另有「聯合國維和行動」，特別針對因種族、族群問題所產生的衝突，以非武裝的「和平觀察團」與「和平維持部隊」方式介入化解，如柯索沃（Kosovo）、達福（Darfur）。

表1-5　聯合國維和行動

| 哈馬舍爾德（Dag Hammarskjöld）維和三原則 | | 當事國同意原則 | |
|---|---|---|---|
| | | 非自衛不使用武力原則 | |
| | | 保持中立原則 | |
| 截至2010年1月聯合國正在進行的維和行動 | 非洲 | United Nations Mission in the Central African Republic and Chad | 安全理事會第1778號決議（2007年） |
| | | African Union/United Nations Hybrid operation in Darfur | 安全理事會第1769號決議（2007年） |
| | | United Nations Mission in the Sudan | 安全理事會第1590號決議（2005年） |
| | | United Nations Operation in Côte d'Ivoire | 安全理事會第1528號決議（2004年） |
| | | United Nations Mission in Liberia | 安全理事會第1509號決議（2003年） |
| | | United Nations Organization Mission in the Democratic Republic of the Congo | 安全理事會第1279號決議（2002年） |
| | | United Nations Mission for the Referendum in Western Sahara | 安全理事會第690號決議（1991年） |
| | 美洲 | United Nations Stabilization Mission in Haiti | 安全理事會第1524號決議（2004年） |
| | 亞太 | United Nations Integrated Mission in Timor-Leste | 安全理事會第1704號決議（2006年） |
| | | United Nations Military Observer Group in India and Pakistan | 1994年 |
| | | United Nations Assistance Mission in Afghanistan | 安全理事會第1401號決議（2002年） |
| | 歐洲 | United Nations Peacekeeping Force in Cyprus | 1964年 |
| | | United Nations Interim Administration Mission in Kosovo | 安全理事會第1244號決議（1999年） |
| | 中東 | United Nations Disengagement Observer Force | 安全理事會第350號決議（1974年） |
| | | United Nations Interim Force in Lebanon | 1978年 |
| | | United Nations Truce Supervision Organization（停戰監督組織） | 1948年設立，是聯合國的第一個維持和平行動 |

就表1-5觀察，聯合國所介入之維和行動來看，因許多國家的內戰多是少數種族（族群）與多數種族（族群）、多數宗教信仰群體與少數宗教信仰群體、主流文化群體與少數文化群體間之戰爭；聯合國的維和行動印證了國際建制有能力且有意願介入一國之內戰，抑制多數群體迫害少數群體之情況，這鼓舞著少數群體更積極去爭取自身權利，乃至於自身之自治地位。

## 肆、扶助少數族群之民主模型：共識型民主

就民主政治之理論模型發展，概有古典式民主、保護式民主、發展式民主、精英式民主、審議式民主。在這些傳統的理論模型外，Arend Lijphart以新制度主義（New Institutionalism）[6]為基礎，於1999年在 *Patterns of Democracy: Government Forms and Performance in Thirty-Six Countries* 一書中，透過對36個國家政治分析比較，提出了適用於政治文化異質性高的國家之「共識型民主模型」（consensual model）。

### 一、以共識型民主化解族群衝突

Lijphart的共識型民主模型，可謂以制度設計途徑政治賦權（political empowerment）給少數族群。依Lijphart觀點，共識型民主模型強調包容與妥協，決策的做成要求取得盡可能之多數，故又稱為「協商式民主」。透過權力分享，讓弱勢或少數族群或政治勢力能夠選出其代表，參與公共政策之決策，藉此化解歧見、調和差異。故係以「多黨制」為基礎，盡量讓各政黨在國會中都有其代表，而形成聯合內閣；藉此讓決

---

[6] 新制度主義主要是探討「制度如何產生」、「制度之設計或選擇」之研究。依李帕特（A. Lijphart）於1996年在《新興民主國家的憲政選擇（Institution Design in New Democracies）》一書中，對新制度主義（New Institutionalism）之界定係指(1)強調歷史、結構對制度形成的制約，(2)重視選擇「制度」的政治人物，其動機與利益。

表1-6　多數決模型與共識模型之比較

| | 模式 | 政黨體系 | 行政權集中或分散 | 行政與立法權關係 | 選舉制度 | 利益團體態樣 |
|---|---|---|---|---|---|---|
| 「行政─政黨」面向 | 多數決模型 | 兩黨制 | 集中 | 行政權大於立法權 | 相對多數決 | 多元對抗 |
| | 共識模型 | 多黨制 | 分散 | 立法權大於或等於行政權 | 比例代表制 | 統合式 |
| 「聯邦制─單一制」面向 | 模式 | 單一國或聯邦國 | 國會 | 憲法 | 司法審查 | 中央銀行 |
| | 多數決模型 | 中央集權 | 一院制 | 柔性憲法 | 無 | 隸屬行政部門 |
| | 共識模型 | 聯邦分權 | 兩院制 | 剛性憲法 | 有 | 獨立 |

資料來源：整理自（高德源，2001：38）。

策之作成具有妥協性及共識性。投射在選舉制度上則為「比例代表制」（有利於小黨）。共識模型通常是用於在國家認同上具有爭議（即分離主義）或政治文化異質性高的國家，透過「政治權力分享」讓持分離主義者或政治次文化能夠留在政治體系內，進而透過妥協、協商獲得共識，藉以降低衝突性與對立性。

　　具體而言，共識模型其特徵包含了有利於多黨制之比例代表制之選舉制度、多黨制（聯合內閣）、統合式利益團體，以及行政部門與立法部門採權力平衡，並且多採聯邦分權[7]；而比利時及瑞士正是以共識型民主模型有效調節該國異質化社會之衝突與危機，迄今仍維持國家之統一與安定繁榮。

## 二、比利時處理族群衝突之啟示

　　同質性社會（homogeneous）概指涉一個國家中有80%以上的人口信仰相同的宗教、使用相同的語言、或屬於同一族群血統；而異質化社

---

[7] 聯邦主義（federalism）之雙層主權（dual soveregity）可說盟約理論（covenant theory）之體現；有關盟約理論可參見Elazar, 1980: 28-35。

會（heterogeneous）則指不符合同質性社會條件者（陳坤森，1993：169-175）。

比利時（Kingdom of Belgium）為異質化社會代表國家。自第九世紀至第十八世紀間，比利時先後歷經不同王朝之統治：1384年，比利時遭勃根地公國（les Ducs de Bourgogne）併吞；1477年比利時成為西班牙哈布斯堡之領邑（歷經Philippe le Beau、Charles-Quint、Philippe II、Albert et Isabelle及Philippe IV等國王之統治）；1714年比利時改隸奧地利哈布斯堡（Habsbourg）（歷經Charles VI、Marie-Therese及Joseph II等國王之統治）；1792年，比利時戰敗，改隸法國，1799年開始採用拿破崙法典、貨幣及度量衡，並進行相關制度改革，沿用迄今。1815年6月18日滑鐵盧戰後，列強在維也納會議中迫使比利時與荷蘭合併，共同對抗法國，比國人民群起反抗；1830年10月4日比利時脫離荷蘭獨立，同年11月3日成立臨時議會，起草憲法，採君主立憲制（由9個省組成單一制之國家）。[8]

由於佛拉芒區與瓦龍區使用語言及文化各不相同，比國北部佛拉芒區主要語言為荷語，南部瓦龍區主要語言為法語，布魯塞爾為雙語區。後因佛拉芒區經濟發展情形逐漸超過瓦龍區，加上政黨立場的改變及布魯塞爾定位問題，比利時於1970年代開始修憲，依佛拉芒區之文化訴求建制「文化社群」，及依瓦龍區之經濟社會訴求建制「地區」，至1993年第四次修憲時將國家型態由單一國轉化為聯邦國（蔡芬芳，2002：60-61）。

臺灣雖非屬異質化社會，但仍有族群、語言上之分歧，比利時以選舉制度、內閣制之制度設計，以分享政治權力，來凝聚共識之方式，實可作為臺灣族群關係與族群政治發展之借鏡。

---

8　參見外交部，〈比利時國情簡介〉，http://www.mofa.gov.tw/webapp/ct.asp?xItem=152&ctnode=1131&mp=1，檢視日期，2010年11月13日。

表1-7　異質化社會代表－比利時社會及政治概況

<table>
<tr><td rowspan="2">語言</td><td colspan="2">北部佛拉芒區：主要語言為荷語</td><td colspan="2">東部：主要語言為德語</td></tr>
<tr><td colspan="2">南部瓦龍區：主要語言為法語</td><td colspan="2">布魯塞爾：雙語區（荷語與法語）</td></tr>
<tr><td rowspan="14">政治制度</td><td colspan="4">1830年獨立建國後行君主立憲，採單一國；1970修憲改採聯邦國</td></tr>
<tr><td rowspan="3">由語言社群（Communities）及地區（Regions）所構成之聯邦國</td><td colspan="3">三個語言社群為(1)the Flemish Community，(2)the French Community，(3)the German-speaking Community</td></tr>
<tr><td colspan="3">三個地區為(1)the Flemish Region，(2)the Walloon Region，(3)the Brussels Region</td></tr>
<tr><td colspan="3">四個語言地區為(1)the Dutch-speaking Region，(2)the French-speaking Region，(3)the Bilingual Region of Brussels-Capital，(4)the German-speaking Region</td></tr>
<tr><td colspan="4">內閣制，設有虛位元首（國王）</td></tr>
<tr><td rowspan="3">二院制國會（參議院及眾議院）</td><td colspan="3">眾議員150名，由十八歲以上公民以比例代表制選出</td></tr>
<tr><td rowspan="2">參議員71名</td><td>40名直選產生</td><td>其中15名由法語選舉人團（French electoral college）選出，25名由荷語選舉人團（Dutch electoral college）選出</td></tr>
<tr><td>31名為任命參議員</td><td>10名由佛拉芒社群議會（Parliament of the Flemish Community）任命、10名由法語社群議會（Parliament of the French Community）任命、1名由德語社群議會（Parliament of the Germanspeaking Community）任命、6名由所有荷語議員聯合提名任命、4名由所有法語議員聯合提名任命</td></tr>
<tr><td rowspan="2">地方層級</td><td>省（province）</td><td colspan="2">10個（West-Vlaanderen、Oost-Vlaanderen、Antwerpen、Limburg、Vlaams-Brabant、Waals-Brabant、Henegouwen、Namen、Luik、Luxemburg）</td></tr>
<tr><td>市鎮（commune）</td><td colspan="2">589個：(1)308 Flemish cities and communes，(2)262 Walloon cities and communes，(3)Brussels-Capital Region covers nineteen communes</td></tr>
<tr><td rowspan="4">主要政黨</td><td colspan="2">荷語自由黨（VLD）</td><td colspan="2">荷語社會黨（SPA）</td></tr>
<tr><td colspan="2">荷語基民黨（CD&V）</td><td colspan="2">荷語佛拉芒利益黨（VB）</td></tr>
<tr><td colspan="2">法語社會黨（PS）</td><td colspan="2">法語改革運動（MR）、</td></tr>
<tr><td colspan="2">法語民主人道中心（CDH）</td><td colspan="2">法語生態黨（ECOLO）</td></tr>
</table>

資料來源：作者整理自比利時憲法及比利時政府網站（http://www.belgium.be/en/about_belgium/government/），檢視日期：2011年4月28日。

　　從表1-7比利時以「權力分享」方式來化解衝突、凝聚共識之觀察，正也給我們一些啟示：諸如「多元族群專章」、「保障少數族群（客家、原住民）之政治代表性」、「族群自治地位之賦予」等。雖然Lijphart之制度係以內閣制為基礎，或許無法直接適用於臺灣，但其以制度設計分權給少數族群，以化解歧見、凝聚共識之核心理念，對多元族群之臺灣，仍應相當具有參考價值。

## 第二節　臺灣民主化與臺灣社會運動

　　《公民與政治權利國際公約》與《經濟社會文化權利國際公約》係本於聯合國憲章揭示原則，依據《世界人權宣言》之昭示所議定；並在該二公約第1條及第2條規範民族自決與族群平等之精神，賦予所有民族（族群）自由決定其政治地位及自由從事其經濟、社會與文化之發展。2009年4月22日總統公布《公民與政治權利國際公約及經濟社會文化權利國際公約施行法》，並自同年12月10日施行。該施行法第1條規定，為實施聯合國1966年《公民與政治權利國際公約》（International Covenant on Civil and Political Rights）及《經濟社會文化權利國際公約》（International Covenant on Economic Social and Cultural Rights），健全我國人權保障體系，特制定本法。意即透過制定國內法方式，讓國際法上之國際公約具有國內法之拘束力。[9]故兩公約所揭示之保障人權規定，

---

[9] 按《公民與政治權利國際公約及經濟社會文化權利國際公約施行法》草案總說明，《公民與政治權利國際公約》及《經濟社會文化權利國際公約》（以下合稱兩公約）乃最重要之國際人權法典，亦是國際上人權保障體系不可或缺之一環，其內容在闡明人類之基本人權，並敦促各國積極落實，期使人人於經濟社會文化與公民政治權利上，享有自由及保障。為提升我國之人權標準，促進人權發展，重新融入國際人權體系及拓展國際人權互助合作，自應順應世界人權之潮流，澈底實踐，進而提升國際地位。參諸司法院釋字第329號解釋意旨，依憲法第63條規定締結之條約，其位階等同於法律。鑑於我國尚非聯合國會員國且國際處境特殊，兩公約經總統批准後能否依其規定順利完成交存聯合國秘書長之手續（《公民與政治權利國際公約》第48條及《經濟社會文化權利國際公約》第26條參照），仍有待克服困難，積極爭取。於此之際，兩公約在我國法律體系上之定位及效力，乃有必要以法律定之。

具有國內法律之效力，並得明確其在我國法律體系中之定位。

　　在國際法規範具有國內法效力之概念下，延續上一節所討論國際社會課予國家保護少數族群之義務，本節將視野轉向至國家內部，討論少數族群如何透過政治動員，以社會運動方式喚起族群意識，爭取族群之集體權與個人權。

## 壹、臺灣民主化歷程

　　1947年12月25日《中華民國憲法》開始施行。1948年由國民大會選出行憲後第一任中華民國總統蔣中正，同時由人民選出第1屆中華民國立法委員760人，並於5月8日自行集會於南京國民大會堂，選出孫科、陳立夫為立法院正、副院長。1949年國共內戰，中央政府遷臺，於1949年5月20日發布戒嚴令；並以《動員戡亂時期臨時條款》凍結部分《中華民國憲法》的條文規定。這段期間，主政當局藉由《戒嚴法》、《刑法》內亂罪、《懲治叛亂條例》、《檢肅匪諜條例》等，並透過情治系統與軍事審判等機制，鎮壓政治異己，產生了白色恐怖（White Terror）之政治氛圍。[10]期間雖於1972年開始依《動員戡亂時期臨時條款》選出增額立法委員，及依1950年公布《臺灣省各縣市實施地方自治綱要》、1967年公布《臺北市各級組織及實施地方自治綱要》、1979年公布《高雄市各級組織及實施地方自治綱要》實施有限度的地方自治；惟因當時執政當局實施「黨禁」、「報禁」及限制集會結社，致民間社會的活力不足，實屬威權政體。

　　伴隨臺灣經濟奇蹟之締造，中產階級與各種社會組織、利益團體出現，獨立於政權控制之外的市民社會（civic society）乃逐漸形成，為臺

---

[10] 白色恐怖（White Terror）一詞，一說源自法國大革命時，以白色為代表色的右派波旁王室對左派雅克賓黨人所採取的報復行動。戰後臺灣的白色恐怖，狹義指右派中國國民黨當局對共產黨及左傾分子的鎮壓；廣義還包括當局對其他如臺獨人士等政治異己的鎮壓，不分左派或右派。可參閱，文建會網站，臺灣大百科全書（http://taiwanpedia.culture.tw/web/content?ID=3864），檢視日期：2010年1月28日。

灣的民主轉型厚植養分，並開啟了1980年代之社會運動黃金年代。1977年曾發生中壢事件。1979年的美麗島事件成為黨外運動的高潮，並促成1986年9月28日民主進步黨之成立，1987年7月15日解除戒嚴，臺灣開始了一連串的民主化工程。

　　依朱雲漢的觀點，臺灣的政體轉型過程可以明顯分為兩個階段，第一階段是由蔣經國開啟政治自由化的過程，第二階段是由李登輝完成民主化改革的過程。在臺灣的民主化過程中，反對運動的發展受制於兩項特殊的歷史條件，使臺灣的政治衝突結構的演變過程也與拉丁美洲及東歐國家明顯不同。這兩項條件簡單來說，一是戰後的國家結構建構過程，一是戰後的外向型工業化策略所塑造的經社結構。前者引發省籍對立的政治化與國家結構的正當性危機，使得民主改革衝突益形複雜；後者使得反對勢力無力發展截然不同的經社發展策略。

## 貳、臺灣社會運動之演展

　　社會運動係指相當數量的人聚集在一起，以求改變或獲取既存秩序中的特定部分（孟祥森，1978：6）。社會運動的發生係為解決社會問題（林嘉誠，1992：106），是社會變遷的機制，涉及社會生活與資源的重心分配，其定義略有「社會變遷說」、「動機說」、「結構說」[11]等三說。Porta與Diani指出社會運動特徵包含(1)非正式的互動網絡；(2)共享的信念與凝聚力；(3)彰顯衝突的集體行動；(4)採行抗爭手段（苗延威，

---

[11] 社會變遷說係指經由集體行動促進社會變遷的大規模與非形式的民眾努力；動機說係指多數人為處理其挫折，爭取個人權益的集體行動；結構說係指因社會結構上的助因與緊張，終於資源再分配（范珍輝等著，1998：4-8）。另以較廣義社會運動概念，社會運動的主要類型略有價值取向者（如基於公平正義的勞工運動）、控制取向者（如民族運動）、分裂取向者（如宗教分裂運動）、參與取向者（如美國原住民彌賽亞運動）、遷徙取向者（如都市化人口向都市遷徙）、表現取向者（如嬉皮）、理想取向者（如共產主義運動）、改革取向者（如女權運動）、革命取向者（如法國大革命）、抵抗取向者（如美國三K黨）等類型（李長貴，1991：79-104）。

2002：17-18）。另Marwell and Oliver以工具式行動描述社會運動[12]；范珍輝教授則以集體行為特性描述社會運動[13]；蕭新煌教授則以較特定看法定義社會運動[14]。楊國樞教授從特定社會問題、群眾參與等條件說明社會運動之發生[15]。又張茂桂教授指出，所有的社會運動的定義，不但是關於集體行動的，針對基本體系的，也應該是符合該社會的俗民認知的（張茂桂，1990：18）。

## 一、社會運動理論簡述

社會運動之理論模型，可分為「群眾心理模型（感染論）」、「相對剝奪模型（結構緊張論）」、「資源動員模型（菁英論）」、「政治過程模型（菁英論）」、「新社會運動模型」。

申言之，「群眾心理模型」，基於感染論觀點，強調個人置身群眾之中，將失去理智，形成情緒與行動的單一體。「相對剝奪模型」，是結構緊張論觀點，強調社會結構中存在某種形式的結構性緊張，造成個人心理的相對剝奪感[16]，進而以參加社會運動來轉移這種心理不安。「資源動員模型」，是一種菁英論觀點，相信外來資源或外力的幫助，是促使弱勢團

---

[12] Marwell and Oliver指出社會運動與公共目標有關，想促成某種社會變遷，主要是工具式行動（惟並未否認其心理情緒表達功能），亦因社會運動目標常需透過集體行動完成，故亦與集體行動有關；又社會運動與抗議、示威、不滿、暴動、革命有所區別，社會運動定義常暗示有規模、範圍及重要性的意義（張茂桂，1990：15）。

[13] 社會運動特性有起於自生的社會抗議，具有集體行為特色（初期階段），目的在創設、補救、革除或其他方式影響社會安排，缺乏中心的控制、組織結構鬆弛（尤其外圍團體）等（范珍輝等著，1998：9-12）。

[14] 蕭新煌認為具有明確訴求主題與目標之集體抗議行動，並以組織性動員來達成其目標訴求者，始可稱為社會運動；至於即興式之特殊抗議事件或無組織性動員之集體行動，尚無法列入社會運動之範疇（蕭新煌，1990：24）。

[15] 楊國樞認為社會運動具有條件為：(1)涉及特定的社會問題或價值觀念，(2)持有鮮明而突出的意識形態，(3)引發持久的群眾參與及行為，(4)產生廣大的社會影響及效果，(5)具有草根性的自發成因（楊國樞，1990：312-314）。

[16] Ted Gurr指出「相對剝奪感」是因社會價值能力（value capacity）小於個人價值期望（value expectation）情況，Gurr依價值能力與價值期望關係，將相對剝奪感分為「遞減型相對剝奪感」、「慾望型相對剝奪感」、「發展型相對剝奪感」等三類型（Gurr,1970:38；趙鼎新，2007：87-92）。

體能夠發起社會運動挑戰的最重要因素，至支持者長期存在的「心理不滿感受」，並非是促發運動之決定因素；社會運動發生是因社會問題經過有效的組織運作，掌握某些菁英分子的權力及資源後，方能形成。「政治過程模型」，亦是菁英論觀點，認為社會運動屬於一種政治現象，而不是一種心理現象；此模型認為社會中例行的權力是集中在少數擁有制度性資源者手中，一般民眾難以維護或擴張自身權益，但也並非不能改變。此模型認為決定社會運動興起的因素有受壓迫人口之間的組織準備性、受壓迫人口之間對於挑戰成功的可能性的集體評估、外在政治環境中的政治結盟情形；即社會運動興起以社會和經濟結構改變為背景，依賴受壓迫者心理上改變自身處境之認知，並認知外在環境可以改變之認知解放（McAdam，1982；范珍輝，1998，13-18；黃子堯，2006：36-38；曾金玉，2000：52-54；張茂桂，1990：29-30）。「新社會運動模型」，關注於人們的生活品質及文化認同（有別於傳統社會運動關心經濟及物質的獲取或重新分配），並強調價值（values），向科技的目的（ends）及環境的遭受破壞進行挑戰，同時也反對社區的商品化（commodification）及生活品質的降低（徐世榮，1999：3）。另Guillermo O'Donnell與Phillipe Schmitter於*Transition from Authoritarian Rule: Tebtative Conclusions*一書提出「民間社會復甦模型」來說明社會運動之運動週期[17]如何在不同的轉型階段展開，及運動週期之動力何在（何明修，2003：37）。

　　1960年代的西方，隨著新左派運動的發展，湧現了女權運動、環保運動、人權運動、和平運動、同性戀運動等為數可觀的社會運動，稱之為「新社會運動」。新社會運動象徵傳統認同基礎（如工人階級意識）日益降低，新的認同基礎（如女性、同性戀）興起；並反映後工業社會中，人們的追求從溫飽轉向後工業價值。[18]有關傳統社會運動與新社會運動之比較，本書整理如表1-8。

---

[17] 依O'Donnell與Schmitter觀點，動員是一種週期性的模型（鐘型曲線），從第一階段的上升，抵達衝突最高潮的混亂時期，最後回歸常態的下降階段（何明修，2003：37-38）。
[18] 有論者從西方實際政治層面，仍存在以經濟利益為主的罷工及新社會運動政治代表的綠黨對公共政策影響力弱，認為新社會運動尚非西方社會主流（趙鼎新，2007：346-349）。

### 表1-8　傳統社會運動與新社會運動比較

|  | 傳統社會運動 | 新社會運動 |
|---|---|---|
| 動機 | 改變被剝削物質生活 | 實現非物質性價值 |
| 基礎 | 意識形態運動 | 單議題運動 |
| 對象 | 統治階級 | 公民社會本身 |
| 組織型態 | 階級化 | 民主平等 |
| 決策機制 | 少數服從多數 | 共識決 |

資料來源：趙鼎新，2007：347-348。

　　事實上，新社會運動實已體現「多元文化／尊重差異」之概念，特別是其決策機制採「共識決」，正好與Lijphart的「共識型民主模型」相呼應。

## 二、臺灣社會運動之發展

　　臺灣的社會運動究竟是從何時開始，是上溯至1947年的「二二八事件」，還是要在上溯至日治時期的「高砂族原住民族運動」。學界普遍都接受應自1980年代[19]威權政體鬆動、臺灣社會力解放[20]開始。

---

[19] 依蕭新煌、顧忠華主編《台灣社會運動再出發》一書觀點，臺灣社會運動的初始出發是1980年代，是臺灣社會力抗威權政體，求社會自主和公平正義的黃金年代。當時風起雲湧的社會運動包括傳統社會運動的環保、人權、教改、婦女、勞工、農民、原住民、身障者、消費者、新約教會、老兵返鄉、校園自治運動等；這反映了經歷政治力與經濟力長期掛帥和壟斷階段，社會力的解放（蕭新煌、顧忠華，2010：Ⅲ、13）。另邱榮舉認為關於近百年來中華民國社會發展史的社會運動，可分為「早期中華民國的社會運動（1912-1949）」與1949年「中華民國政府遷移到臺灣後的社會運動」兩大區塊，其中早期中華民國的社會運動以五四運動較著名（邱榮舉，2011）。

[20] 基本上，蕭新煌將國民政府治臺後，臺灣的變遷與發展分為「政治力」掛帥時期（1947-1962）、「經濟力」當道時期（1963-1978）、「社會力」反動時期（1979-1987）；邱榮舉並以1987年7月15日（解嚴日）為分界點，再加上「文化力」標榜時期（1987-）。邱榮舉更進一步指出，戰後臺灣社會運動之所以會發生且能蓬勃發展，一方面是與政治力、經濟力、社會力、文化力有著密不可分的關係，另一方面則是與許多新興社會問題的產生與解決有一定的相關性；在臺灣發展呈現日漸富裕化、多元化趨勢，社會運動崛起，使政府與民間不得不重視若干社會問題的嚴重性與急迫性，因此促使臺灣朝向更公平、更合理、更良善的願景加速前進，是為戰後臺灣社會運動之正面功能（蕭新煌，1990：22-23；邱榮舉，2011）。事實上，依張茂桂、鄭永年觀點，臺灣社會運動的研究，可說是受到1980初期「自力救濟」刺激；自力救濟是一種草根的自發抗議行動，以集體的力量，從原屬政府、法律所壟斷的公權力中，找回行動之主動權，並直接挑戰公權力所規範之常規行為；此時行動者無

　　至臺灣社會運動發生原因，瞿海源認為係因以往缺乏民主的參與方式，人民長期在扭曲及封閉的系統與制度下解放後所產生之轉型歷程；高承恕認為係因經濟結構改變、政治結構鬆動、社會結構變化等三個因素交互運作結果，並將社會運動視為對現有社會結構的再定義、再詮釋、再評價（張茂桂，1990：21；高承恕，1990：10-19）。張茂桂認為80年代臺灣社會運動風潮主因是國民黨政權先已發生統治的危機，失去完全鎮壓反對力量之能力，被迫進行政治自由化與民主化的改造工作，也無力阻止既有資源投入受排斥民間社會（民眾部門）的社會抗議提升抗議層次，形成民間社會的社會運動資源得以串聯擴大。[21]本書將臺灣社會運動類型整理如表1-9。

　　從表1-9可以看出相同的社會運動在不同指標下，呈現出不同之取向。在不同類型之臺灣社會運動基礎上，進一步看看臺灣社會運動的特徵。有關臺灣社會運動的特徵，邱榮舉指出，具有(1)為了解決某種重要的特定社會問題；(2)具有抗議性質；(3)以政府為最主要的訴求對象；(4)採政治化訴求方式；(5)多運用大眾傳播媒體強化其宣傳內容。而臺灣社會運動之困境為：(1)政治忌諱與社會運動主導者及參與者心懷疑懼；(2)傳統性社會心理妨礙社會運動之推動；(3)社會運動與群眾運動、街頭運動、暴力運動、自力救濟等相互混淆產生誤解；(4)知識分子未能大量且全力投入社會運動（邱榮舉，2011）。

---

須複雜的社會分析，亦不依賴深刻的哲學或文化基礎，僅需樸實但力量強大的關於社會公平（或不公平）概念，向加害者爭取其應得的賠（補）償待遇。而一旦自力救濟過程中出現較深刻的文化反省，行動者開始進一步質疑社會原有的支配邏輯，進而提出替代性的世界觀，建構出跨越個人、社區有限的身體與心靈經驗，創造出新的集體認同，則自力救濟可昇華為改變社會結構性意義的社會運動，如社區的反工業污染自力救濟發展為環境保育運動（張茂桂、鄭永年，2003：Ⅰ-Ⅱ）。依此觀點，臺灣客家運動實已具有社會運動層次，而非自力救濟。

21 張茂桂認為民眾部門既不強調馬克思的布爾喬亞力量，也不必強調葛拉姆西（Gramsci）指稱「私的」組織意識形態力量，故以「民眾部門」取代「民間社會」（張茂桂，1990：27、42）。

表1-9　臺灣社會運動之分類

| 類型一<br>（顧忠華） | 傳統（古典）社會運動 | 勞工運動、農民運動、原住民運動 |
|---|---|---|
| | 新社會運動 | 環保運動、人權運動、教改運動、婦女運動、消費者運動 |
| | 特定時空背景 | 新約教會運動、老兵返鄉運動、校園自治運動 |
| 類型二<br>（邱榮舉） | 政治性（激進抗爭） | 民進黨、工黨、勞動黨、國民黨主導者 |
| | 規範性（爭取自身權益） | 勞工運動、農民運動 |
| | 公益性 | 消費者運動、環境保護運動、宗教運動 |
| | 自發性（同一類族權益） | 婦女運動、學生運動、原住民運動、客家運動 |
| 類型三<br>（楊國樞） | 自發性社會運動 | 女性運動、原住民族認同運動、校園民主運動、教師人權運動 |
| | 導引性社會運動 | 生態保育運動、消費者保護運動、新興宗教運動、勞工運動 |
| | 自發性自力救濟 | 老兵自救行動、果農抗議行動、新約教會抗議行動、高雄縣茄萣鄉民抗議中油施工不當 |
| | 導引性自力救濟 | 身心障礙福利運動 |
| 年代序<br>（蕭新煌） | 第一波<br>（1980-1986） | 消費者運動、反公害運動、生態保育運動、婦女運動、原住民還我母姓和土地運動、學生運動、新約教會運動 |
| | 第二波<br>（1987） | 勞工運動、農民運動、教師人權運動、身障和弱勢團體福利運動、老兵福利自救運動、外省人返鄉運動 |
| | 第三波<br>（1988-1990） | 臺灣人返鄉運動、反核四運動、無殼蝸牛居住運動、客家族群還我母語運動、新聞自由運動、司法改革運動 |
| 當前十大社會運動 | | 環保運動、社福運動、婦女運動、勞工運動、族群運動、司法改革運動、教育改革運動、媒體改革運動、青年運動、國會監督運動 |

資料來源：整理自蕭新煌、顧忠華，2010：16、242；邱榮舉，2011。

# 第三節　多元文化主義

多元文化主義（multiculturalism）包含「多元」與「文化」兩個重要概念，多元係指尊重差異，促使各種不同的言論、觀點與價值觀得以呈現；而文化之概念較為寬廣，包含不同的世界觀、使用不同的語言、擁有不同的生活方式等。

## 壹、多元文化主義文化多樣性

多元文化主義之分析焦點在於擁有特定文化的群體，而群體中的個人。多元文化主義具有三項核心內涵：(1)破除「他者」之迷思，呈現多元的文化樣貌；(2)追求積極的差異性對待，而非一視同仁的消極式平等；(3)強調行動的積極開展（洪泉湖等，2005：7-11）。又以金里卡（Will Kymlicka）之觀點（根據訴求之層次與強度）來檢視多元文化主義：(1)在訴求層次面向上，以其所指涉對象，可分為「事實」、「價值」、「政治」三層次；事實層次係指社會上存在著文化差異為一不可否認之事實；價值層次係指多元文化或文化差異是整體社會與各文化成員所值得珍視的價值；政治層次係指政府須防止少數群體之差異文化在國家社會中受到歧視（消極多元文化論），或確保少數群體之差異文化獲得存續空間（積極多元文化論）。(2)在訴求強度面向上，可分為「弱形式多元文化論」（thin multiculturalism）與「強形式多元文化論」（thick multiculturalism）二態樣，前者主張社會上所能容許的文化差異，仍須以自由主義核心價值（個人自由權）為前提；後者則以族群平等訴求為核心，必要時，為保障少數群體文化之存續，甚至可接受反自由主義之手段（張培倫，2005：27-29）。意即透過多元文化主義所投射出之正當性基礎，賦予各族群有權利維持對其本身文化的自我認同。

在多元文化主義概念下，為尊重文化多樣性，就必須尊重「差異

性」，並於制度上加以「肯認」，也就是說以差異政治（the politics of difference）與制度性肯認（institutional recognition）來確保文化多樣性之存續與發展。基此，「同化[22]政策」（assimilation policy）[23]應被揚棄，而應改採「多元文化政策」。

美國社會學者Norman Yetman將人類歷史上之族群關係分為「多元主義」、「隔離主義」、「壓迫」、「驅逐／排外」、「種族滅絕」等五種（謝國斌，2010：67）。而許多國家所採行以多數統治族群之文化「同化」少數族群之「同化政策」，就帶有「壓迫式」族群關係之意味。

惟伴隨國際社會對少數種族（族群）權利之重視，及各國國內少數族群自主性出現，以爭取其自身權利，各國都已正視該國少數族群問題，並重新檢視其族群政策。

以澳洲為例，該國總理陸克文（Kevin Michael Rudd）於2008年2月13日於國會發表演說時，首度代表聯邦政府向原住民「被擄走的世代」（the stolen generation）提出正式道歉，企圖為多年來的種族糾紛劃下句點，並重新開啟和解共生的歷史新局。[24]這個事件彰顯著澳洲揚棄「同化政策」為基礎之「白澳政策」（White Australia Policy）[25]，而改採以

---

[22] 「同化」一詞源來自於十九世紀歐美殖民地政策中的「assimilation」，其基本精神是把殖民地統治當做是本國施政的延長。一方面盡量排除暴力、殺戮之統治手段，將被統治者的文化、社會組織的特殊性壓抑到最低的程度；一方面則對殖民地當地居民進行血緣、精神、思想上的同質化措施，讓他們融入統治者的社會價值體系中（陳培豐，2001）。

[23] 芝加哥學派帕克（Robert Park）強調以移民者集體行為（collective behavior）解釋同化政策，渠主張兩個群體意識他們因其中一個或雙方遷徙而被迫往來互動時，將產生接觸（contact）、衝突（conflict）、調和（accommodation）、同化（assimilation）等四階段「種族關係循環」發展歷程。另高登（Milton Gordon）區分7種同化之態樣為：(1)文化或行為的同化，或稱為文化適應（acculturation）；(2)結構性的同化，牽涉到移民者在「初級團體層次」（primary group level）上的寄居社會之組織與體制；(3)婚姻上的同化，或稱整合；(4)認同上的同化，代表在社會層次上「共有一體感」的凝聚；(5)態度接納的同化，即偏見之消除；(6)公民的同化，即族群在價值與權力上之衝突，可藉由「公民身分認同感」加以解決（范盛保，2010：1-3）。

[24] 澳洲在1910年到1970年間，強迫十萬民原住民兒童與父母分離，安置於相關機構中學習白人的生活方式；因為官方認定「原住民終將消失」，因此兒童必須盡早融入白人社會，這些失根的兒童後來被稱為「被擄走的世代」（自由時報，2008.2.13）。

[25] 「白澳政策」係指澳洲1901年基於當時流行的種族優越理論所通過一項限制非白種人移入澳洲的法案（Commonwealth Immigration Restriction Act）。這個階段傾向於吸收英國移民，同

「文化之多樣性」（cultural diversity）為基礎之「多元文化政策」。

伴隨著全球化的潮流，多數國家之族群結構與歷史文化已趨向多樣性；加上以《聯合國憲章》及各項人權宣言、公約為基礎所架構之人權保障制度，讓人權之實質內涵擴大化、人權保障價值普世化。因此人權保障意涵，乃從個人權利保障概念，衍生出少數民族或族群之權利保障概念。

如同Will Kymlicka所強調：個人的人權保障與建構少數群體權利必須同時並重，兩者皆是構成正義社會所不可或缺的重要成分；而國家有義務確保其境內各群體之文化活力，並促進其成員對該群體之認同，以促使「少數群體[26]」之成員能與「優勢群體」之成員，得平等享有真正自主選擇權利（鄧紅風，2004：12-13）。也就是說，一個國家要邁向多元文化，應該要先確保少數群體的權利；少數群體權利與個人權利，在重視多元文化發展的國家具有同等之重要性，其理由在於，僅個人權利的保障實無法確保少數群體權利之發展，惟有各個少數群體權利能夠發展，一國中的主流族群才不會以其優勢力量或多數地位壓迫少數群體，如此才有助於多元文化之發展與保障。[27]

意即，時代趨勢與思潮已從種族優越論或種族中心主義（ethnocentrism）[28]為基礎，所投射出之殖民主義[29]的同化政策，轉變為本於差

---

時也接納其他移民，但他們必須放棄自己的文化和語言，接受主體人口的同化，以便很快得跟他們一樣（范盛保，2002：111-150）。

[26] Kymlicka於*The new debate on minority rights (and postscript)*一文中指出少數文化（minority culture）面對一個政治、經濟強勢之多數文化社會，有三個選擇：(1)接受被整合入多數文化，(2)尋求自治權以保存自己的少數文化，(3)接受被邊緣化（Kymlicka，2007：37）。

[27] 相對於Kymlicka意欲在自由主義框架內，修正民族國家傳統（以優勢語言與制度統一國家）文化建構方式，改以建構納入少數群體權利、重視多元文化的國家，並以行政區劃、官定語言、移民政策等方式達成。Samuel P. Huntington則觀察到當代美國認同的衰退，意欲在亞裔與拉美裔移民比重日增的美國，以基督新教與英語為核心重建美國認同與信念，並以塑造主流文化來解決族群間分裂危機（李酉潭，2008）。

[28] 又稱或譯「族群中心主義」，是指以自己的文化標準來評斷其它文化，並認為自身的文化較為優越，而以歧視眼光來看待別人的文化。所以具有族群中心主義文化優越感的族群，常以自身的價值標準衡量其他族群的行為模式，而缺乏對文化相對性的瞭解。資料來源，陳君山，〈族群的關係〉，http://vschool.scu.edu.tw/sociology/dictionary/c9.htm，檢視日期：2010年11月27日。

[29] 殖民主義是指一個比較強大的國家越過自身的邊界而建立移民殖民地或行政附庸機構，藉以對外延伸其主權。而該地區的原住民會被受到直接統治，或被遷徙至其他地區。殖民主義國

異政治（the politics of difference）為基礎，所投射出之制度性肯認（institutional recognition）的多元文化政策。

　　申言之，人類價值不僅歸因於個人作為個體的人性尊嚴，也歸因於特定文化之公眾肯認的脈絡下（Lash & Featherstone, 2009：2）。在差異政治及少數族群權利保障概念下，Kymlicka將族群差異權利分成自治權、多元族裔權、特殊代表權三類；另李維（J. T. Levy）則區分為豁免權、協助權、自治權、排除權、內部限制權、認可權、特殊代表權、符號權等八類。而這些權利之目的在於肯認與容納少數族群之獨特認同與需求，以確保其成員文化認同之穩定性（張培倫，2005：33-34）。

　　而此種理念的轉變，更可從國際上各項宣言及公約中窺見其梗概，如1948年《世界人權宣言》（Universal Declaration of Human Rights）、1966年《經濟、社會與文化權利國際公約》（International Covernant on Economic, Social and Cultural Rights）[30]、2001年《世界文化多樣性宣言》（Universal Declaration on Cultural Diversity）、2003年《保護非物質文化遺產公約》（Convention for the Safeguarding of the Intangible Cultural Heritage）[31]、2005年《保護和促進文化表現形式多樣性公約》（Convention on the Protection and Promotion of the Diversity of Cultural Expressions）[32]等皆強調對文化多樣性之尊重。

---

家通常會控制該地區的自然資源，人力和市場。殖民主義國家亦會強加自身的社會文化，宗教和語言於被征服的民族身上。所以殖民主義實質上是一個比較強大的國家直接干預比較弱小的國家的政治，經濟和文化的系統。資料來源，財團法人浩然基金會，另立全球化知識合作社（http://www.alter-globalization.org.tw/Page_Show.asp?Page_ID=478），檢視日期：2010年11月27日。

[30] 《經濟、社會與文化權利國際公約》於1966年12月16日經聯合國大會通過，並於1976年1月3日生效；與《世界人權宣言》、《政治及公民權利國際公約》等三大核心人權規範，是為國際人權法案（International bill of rights）。

[31] 《保護非物質文化遺產公約》係由聯合國教育、科學及文化組織大會於2003年9月29日至10月17日在巴黎舉行的第32屆會議所通過。

[32] 《保護和促進文化表現形式多樣性公約》係由聯合國教育、科學及文化組織大會於2005年10月3日至21日在巴黎舉行第33屆會議所通過。

## 貳、尊重文化多樣性：差異政治與制度性肯認機制

Iris Marion Young指出近年來政治理論關注的焦點已從地位的差異性（politics of positional diffrernce）移轉到文化的差異性（politics of cultural diffrernce）（Young，2007：88）。為確保文化多樣性之存續與發展，採行差異政治與制度性肯認機制有其必要性。臺灣客家運動可說就是本於文化多樣性，追求以制度性肯認客家文化之特殊性，並促進多元文化平衡發展。

華徹（Michael Walzer）於1997年在其*On Toleration*一書中提出多民族帝國、國際社會、聯盟、民族國家、移民社會等五種寬容機制；Michael Walzer並指出，寬容使差異成為可能，差異使寬容成為必然。[33] 另差異政治與肯認政治論述種族文化差異重要性及族群差異權利必要性，係基於族群差異權利三項特色：(1)族群差異權利超出自由民主社會保障公民所擁有的一般政治、經濟、社會平等權利，為一種不平等權利之設計，並以族群文化成員身分之有無決定公民是否有資格擁有該權利；(2)族群差異權利設計之目的，無論是消極地使少數族群成員免於主流族群文化之傷害，或是積極促進族群存續，皆是用以肯定與容納少數族群的種族文化差異，確保其成員的獨特文化認同與需求；(3)擁有族群差異權利的基本單位，主要為族群，而非族群成員個人（張培倫，2005：60-69）。意即，在寬容基礎上，以差異政治及肯認機制，肯認個體（群體）之差異性，進而尊重及保障其族群文化之多樣性。

SallieWestwood指出肯認機制包含「民主」、「公民身分」、「國家」三個特點；而在諸多自由主義民主體制中，多元文化主義是國家支持

---

[33] 多民族帝國傾向將人們納入團體之中的寬容，團體的結構與規則會被容忍，邊界之外與之間的逾越則不被容忍；國際社會則因民族國家組織及主權原則提倡寬容；聯盟即兩民族（bi-national）或三民族（tri-national）國家，立基於法律之前人人平等體系，並維持特定習俗與語言之實踐與配額；民族國家以公民權為中心，少數團體的權利在公民身分的相關法律中受到保護；移民社會是一種同時符合團體同一性和稱頌個人自由（Walzer，1997；Westwood，2009：353-354）。

的特性，運用一個中立空間及國家作為中立仲裁者概念，成為多元文化議題進程的主軸（張珍立譯，2009：356-361）。Will Kymlicka將文化多樣性分為兩種主要模式：(1)原本自治的、地域上集中的文化併入一個更大的國家，即「少數群體」，此類群體希望自己能在多數群體文化中，要求自治權以保存其獨特性文化之存續；(2)源於個體和家庭的移民，此類移民多屬一些鬆散的聯合體（即族群），渠等期盼能融入、被認同所移入之較大社會中；同時也希望較大社會能承認其群體之認同，並以修改主流社會之制度與法律，以促使這些制度與法律能更好的包容文化差異（范盛保，2010：7）。

　　本於文化多樣性是人類的一項基本特性，亦是人類的共同遺產[34]，聯合國教育、科學及文化組織大會於2005年10月3日至21日在巴黎舉行第33屆會議，通過《保護和促進文化表現形式多樣性公約》。依該公約第4條所定義之「文化多樣性」，係指各群體和社會藉以表現其文化的多種不同形式。

　　復基於文化多樣性保障係屬人權之一部分，捍衛文化多樣性與尊重人的尊嚴是密不可分的，它要求人們必須尊重人權和基本自由，特別是尊重少數人群體和土著人民的各種權利，任何人不得以文化多樣性為由，損害受國際法保護的人權或限制其範圍。[35]而文化權利是人權的一個組成部分，它們是一致的、不可分割的和相互依存的。富有創造力的多樣性的發展要求充分地實現《世界人權宣言》第27條，及《經濟、社會、文化權利國際公約》第13條和第15條所規定的文化權利。因此，每個人都應當能夠用其選擇的語言，特別是用自己的母語來表達自己的思想、進行創作及傳播自己的作品；每個人都有權接受充分尊重其文化特性的優質教育和

---

[34] 《世界文化多樣性宣言》第1條：文化在不同的時代和不同的地方具有各種不同的表現形式。這種多樣性的具體表現是構成人類的各群體和各社會的特性所具有的獨特性和多樣化。文化多樣性是交流、革新和創作的源泉，對人類來講就像生物多樣性對維持生物平衡那樣必不可少，從這個意義上講，文化多樣性是人類的共同遺產，應當從當代人和子孫後代的利益考慮予以承認和肯定。

[35] 《世界文化多樣性宣言》第4條。

培訓；每個人都應當能夠參加其選擇的文化生活和從事自己所特有的文化活動，但必須在尊重人權和基本自由的範圍內。[36]故文化權為文化多樣性創造有利條件。

由於「要求國家扶助」的福利國家式之人權價值，國家有義務尊重文化表現形式多樣性，並提高對文化多樣性價值的認識；並藉由承認所有文化（包括少數民族和原住民的文化），具有同等尊嚴，並應受到同等尊重，以保護與促進文化之式多樣性；同時應致力於將文化納入其發展政策，創造有利之持續發展的條件，並在此框架內完善與保護和促進文化表現形式多樣性相關的各個環節。[37]

事實上，如同《世界文化多樣性宣言》第1條所揭示：「文化在不同的時代和不同的地方具有各種不同的表現形式，文化多樣性是人類的共同遺產，應當從當代人和子孫後代的利益考慮予以承認和肯定。」故國家應該尊重並承認不同文化之差異，並在制度設計上予以肯定，此即差異政治與制度性肯認的概念之具體實踐。

因此，臺灣原住民運動（或稱為臺灣原住民族運動）和臺灣客家運動，皆可根據國際法（包括《世界人權宣言》、《經濟、社會與文化權利國際公約》、《世界文化多樣性宣言》等），繼續推動差異政治與制度性肯認保障機制。

---

[36] 《世界文化多樣性宣言》第5條。

[37] 《保護和促進文化表現形式多樣性公約》第1條第5款、第2條、第11條。另依《世界文化多樣性宣言》第6條：在保障思想通過文字和圖像的自由交流的同時，務必使所有的文化都能表現自己和宣傳自己的言論自由、傳媒的多元化、語言多元化、平等享有各種藝術表現形式、科學和技術知識（包括數碼知識）以及所有文化都有利用表達和傳播手段的機會等，均是文化多樣性的可靠保證。

## 參、多元文化主義與臺灣客家族群

### 一、法制規範與多元文化政策

　　基於國際法、國內法、多元文化主義及差異政治概念，國家在法制規範與政策作為上，便有責任與義務以「多元文化主義」（multiculturalism）為基礎，而採行「多元文化政策」。[38]

　　多元文化主義在臺灣的實踐上，應分成三個層次：一為憲法層次；二為法律層次；三為政策（公共政策/國家政策）層次。在憲法層次，《中華民國憲法增修條文》第10條第11項，便明定「國家『肯定』多元文化」；未來修憲時應增列「多元族群專章」。在法律層次[39]，即先有《原住民族基本法》及其相關法規，後有《客家基本法》，惟《客家基本法》僅具有「法制化的政策宣示」效果（許多條文不具有法的規範性），且相關配套法規仍不夠。在政策層次，就是要採「多元文化主義」，實施多元文化政策，以建構各族群多元共榮共存之社會。

### 二、臺灣客家族群

　　針對「同化」政策的反思，乃有多元文化主義（multiculturalism[40]）

---

[38] 《世界文化多樣性宣言》第2條：在日益走向多樣化的當今社會中，必須確保屬於多元的、不同的和發展的文化特性的個人和群體的和睦關係和共處。主張所有公民融入和參與的政策是增強社會凝聚力、民間社會活力及維護和平的可靠保障。因此，這種文化多元化是與文化多樣性這一客觀現實相應的一套政策。文化多元化與民主制度密不可分，它有利於文化交流和能夠充實公眾生活的創作能力的發揮。

[39] 多元文化主義在臺灣法制上的實踐，除《客家基本法》，另尚有《文化資產保存法》第1條、《原住民族教育法》第2條等。

[40] 「multicultural」指在文化多樣性下各式各樣的產品，如食物、服裝、音樂、戲劇等，一般人樂於處於多元文化社會已讓生活更有色彩；但「multiculturalism」則具有讓不同文化共存之哲學思考與政治實踐，有時會因此發生政治衝突（Watson，2000：106-107）

的興起，鮮明的例子，如澳洲[41]、加拿大[42]、比利時[43]、瑞士等國家。另化解愛爾蘭（Ireland）與英國間長期政治衝突的「受難日協議」（The Good Friday Agreement），以制度性機制（institutional and constitution framework）讓主要社群可以共存（McAleese，2001，vii），更是多元文化主義在政治上的重要實踐。

在「熔爐論」之同化政策下[44]，以主流文化為主幹，弱勢群體之文化是處於被忽視或被壓抑之地位，致弱勢群體文化逐漸被邊緣化、消失化。臺灣客家文化在戒嚴時期之「國語化」同化政策下，就漸趨邊緣化、隱形化，若非臺灣客家運動之帶動與行政院客家委員會（2012年組改後改稱客家委員會）成立後，積極復甦客語與客家文化，客家文化傳承恐將逐漸式微。

由於對同化政策之反思，乃出現了多元文化主義思潮。就臺灣客家

---

[41] 從澳洲1966年終止白澳政策、1974年移民部長Grassby's主張「為未來所建構的多元文化社會」、1975年通過《種族歧視法》，到1999年的「多元文化澳洲之新議程」，澳洲多元文化政策主要面向有四：(1)市民責任：要求澳洲人支持自由和平等價值，俾利澳洲文化多樣性得以發展；(2)尊重文化：透過法律賦予澳洲人表達他們自己的文化和信仰，及接受他人亦有相同權利；(3)社會公平：所有澳洲人接享有不受歧視之平等待遇和機會；(4)生產多樣性：極大化澳洲人因人口的多樣性產生的文化、社會和經濟的優勢。（范盛保，2010：36）。

[42] 以法裔與英裔人口為主的加拿大（Canada），於1963年設立雙語及文化委員會（Royal Commission on Bilingualism and Biculturalism）以執行語言平等政策（Denus，1999：187）；後於1971年通過「在雙語架構之中的多元文化政策」，但此政策反致使非法裔與非英裔族群之反彈，加拿大隨即調整政策，於1988年通過《多元文化主義法案》。

[43] 一般認為比利時的社會間隙主要來自於因語言文化兩極化所導致的社會衝突對立。在地理分布上，比利時南半部的瓦龍區使用的語言為法語，以文化優越者自居，而比利時北半部佛拉芒地區人，使用荷蘭語。在第二次大戰後，由於新的投資多集中在北部，佛拉芒地區取代說法語的瓦龍地區人而成為1950年代的經濟中樞地區，使得瓦龍地區人漸喪失原有的優勢地位，佛拉芒地區人開始要求政治上的獲益。因此，憲法幾經修正，比利時的單一政府被重新建構為聯邦體系，佛拉芒地區與瓦龍地區各自使用其統一的語言，而布魯塞爾則使用雙語。語言文化的社會間隙遂轉變成為政治上的議題。現今的比利時的政治發展，在佛拉芒區荷語與瓦龍區法語這兩個主要語言差異的地區，或許可謂滿足了其住民對於語言權力和自治的主張，有其各自的自主性與自治權。而各自的多元文化主義的社會文化變異則保護與推動了允許和鼓勵學校、媒體、市民社會這類的平行機構創立對次於語言少數的認同，及其在公共領域中應享有的平等地位（闕河嘉，2007：4）。

[44] 同化政策之典型代表可說是美國之「大熔爐」（melting pot）政策，以央格魯薩克遜白人為主之主流文化，「融合」其他非洲裔、西班牙裔、亞洲裔美國人之文化。

族群以觀，1980年代開始推動的臺灣客家運動，歷經1987年7月開始創辦《客家風雲雜誌》（後改名為《客家雜誌》），及1988年12月28日「1228還我母語運動」萬人臺北街頭大遊行等，臺灣客家運動所產生對政治結構[45]、客家族群政治參與強化[46]、語言政策[47]、文化政策、族群政策等之影響，也正反映了當時多元文化主義之浪潮。特別是該場由臺灣客家族群主導的「1228還我母語運動」臺北大遊行，讓過去處於「邊緣化」或「隱形化」的臺灣客家族群，透過找回臺灣各族群母語（包括客家母語）之訴求，不但展現其政治能見度，更對臺灣的國家政策中之語言政策、文化政策及族群政策產生重大衝擊與影響。

再者，為維持本身文化的自我認同（right to cultural identity），又涉及了語言之復育與傳承。臺灣的《客家基本法》第1條，乃以「為落實憲法保障多元文化精神，傳承與發揚客家語言、文化」出發。

更具體觀察，可從《客家基本法草案總說明》首段所揭示「為落實憲法肯定多元文化之意旨，並基於臺灣多元族群文化之社會特質、保障客家族群基本權益與實現平等權，以及客家文化為臺灣本土文化之重要一環，政府應積極建立客家政策機制，逐步落實相關措施，具體調整體制與重建價值，進而重建客家文化及其尊嚴，以實踐一個多元族群和諧共榮之社

---

[45] 除了讓當時的執政者（中國國民黨）必須有更具體的行動與資源來安撫客家族群。更重要的是影響了往後各種公職人員選舉，政黨或候選人必須提出與客家事務有關之政見來取得客家族群之選票。而設立客家專屬行政機關，對民選公職人員來說，便是一個容易達成且具有象徵性之政見。如在2000年總統大選選前，當時執政的國民黨於行政院層級召開「行政院客家事務委員會籌備小組諮詢會議」，並遴聘蕭新煌等23人為「行政院客家事務委員會籌備處」的籌備委員，並投票日之前10天，召開「客家事務委員會籌備處」的首次籌備委員會議，通過行政院「客家事務委員會」成立方式。這並帶動了後來的中央與地方客家專屬行政機關之建構。

[46] 如以鍾肇政為首成立了「台灣客家公共事務協會」，其關心的議題主要有「母語解放」、「文化重生」、「奉獻本土」、「民主參與」，希望藉此訴求來推動客家運動（黃子堯，2006：70）。

[47] 「1228還我母語運動」，所強調的是共同重視臺灣各族群之母語的傳承與發揚，但對臺灣客家族群內部而言，主要就是針對如何搶救與推廣客語為主要的訴求，基於客語一旦消失，語言使用者消失，代表臺灣客家族群也就消失了，故臺灣客語之危機便是臺灣客家族群之危機。在此種思維影響下，推廣客語便成為客家事務行政部門主要的政策方向，這可以從客家委員會所推廣的客語比賽與客語認證考試，及客家電視台之設立加以論證。

會。然而，臺灣客家族群長期以來卻未受到應有之重視，而面臨著身分認同斲失、文化活力萎縮及客家公共領域式微之危機，連帶使得作為族群特色之語言及傳統日益流失。為豐富臺灣多元文化，客家文化之傳承及發揚實刻不容緩。」之立法精神，加以論證。

故以「客家族群有權利維持對其本身文化的自我認同」之基礎上，現有之機制是否足夠？是否需要更強而有力的制度性機制？在這樣的思考面向上，檢視以客家委員會為主體之行政措施，似有所不足，乃成為催生《客家基本法》之驅力。這亦可由《客家基本法草案總說明》第二段所闡明「政府在2001年6月14日成立行政院客家委員會，專責推動全國客家事務及相關行政。數年來積極復甦客家語言、振興客家文化、發展客家產業，雖已獲致相當成果，並奠定扎實基礎，但由於行政措施仍有其侷限，缺乏法源依據，致使無法普遍而深入地推展各項工作，為期建立制度性規範，確保客家事務法制化，以增強推動之力度與效果，確立客家事務未來基本方向，藉此建構客家事務施政總目標，爰擬具客家基本法草案」之立法說明，加以佐證。

## 第四節　臺灣族群意識與族群政治

長期以來，在臺灣我們一般大多將臺灣族群簡要地分為原住民、客家人、閩南人及外省人等四大類。這四類的區分，是由三種相對性的族群對立所構成。第一種相對性為「原住民」與「漢人」的區分；第二種區分是漢人之中「本省人」與「外省人」的區分；第三種區分是本省人之中「閩南人（福佬人）」與「客家人」的區分（王甫昌，2003：10）。這種分類法，雖然見仁見智，但是尚不失為一種較簡要且較可區分臺灣各主要族群之分類法；另外，近一、二十年又增加了不少新住民。

## 壹、族群與族群意識

　　何謂族群？族群之英文用語為「ethnic」[48]，有別於「race」（種族）。Charles W. Mills指出種族側重於生物上（biologically）之差異性，族群側重於文化上（cultural）之差異性（Mills，2007：101；Russwll，1996：97）。依Robertson 觀點，一群擁有共同祖先、語言、宗教或文化的人，而這群人自覺他們是與他人不同之獨特群體（Robertson，1987：286）。依王甫昌觀點，族群是指一群因為擁有共同的來源、或者是共同的祖先、共同的文化或語言，而自認為、或者是被其他的人認為，構成一個獨特社群的一群人（王甫昌，2003：10）。社會學者Melvin Tumin對族群之定義為：族群團體是指在一個主流的文化與社會系統中，因其所特徵呈現的或被其他群體認定的組合特色，而佔有或被賦予某一特殊地位或認同之群體（Tumin，1964：243）。

### 一、族群之界說

　　在族群的界說上，較為人所熟知的應是原生論（primordialism）及工具論（instrumentalism）兩種論述；前者是基於共同之血統、語言、文化之「外觀」上的「與生俱來」特徵，又被稱之為本質論；後者則基於共同歷史、經驗、記憶之「主觀」上的「自我認同」，而此種主觀自我認同是可以後天「社會建構」，又被稱之為建構論（王甫昌，2002：10；施正鋒，1999：68；劉阿榮，2007：6）。依Benedict R. Anderson的觀點，民族或族群是經過想像而來的共同體（imagined community），即民族的認同是可以經過選擇而取得。

---

[48] 從希臘文（Greek）來看，「*ethnos*」指為nation或tribe，而「*ethnikos*」意指nationality（Lott，2010：25）。

表1-10　族群之客觀特質論與主觀認同論

|  | 客觀特質論（本質論） | 主觀認同論（建構論） |
|---|---|---|
| 意涵 | 一群具有可以客觀觀察到的特色 | 建立在主觀上的集體認同（想像共同體） |
| 特徵 | 如相同血統、語言、宗教、風俗習慣的群體 | 如「美國人」或「臺灣人」的集體認同 |

資料來源：整理自（吳叡人，1999：38）。

　　以表1-10為基礎，檢視行政院客家委員會「2002年全球客家文化會議」之分組（客家認同、國家認同與族群關係）結論，係以「認同說」取代「血統說」（行政院客家委員會，2002：75）。臺灣客家族群雖在語言及文化上有其特色，但似乎不易僅以本質論來區分我群與他群，亦無法僅以建構論來彰顯客家族群之存在，致《客家基本法》第2條第1款定義「客家人」為「指具有客家血緣或客家淵源，且自我認同為客家人者」，可謂兼採「認同說」與「血統說」。

## 二、族群意識

　　至於何謂族群意識？可從少數（弱勢）族群之「自我認知」、「母語的使用」二個角度來論述。

### （一）少數（弱勢）族群之自我認知

　　依王甫昌教授觀點，「族群」通常是少數（弱勢）者的人群分類想像，即族群意識。而「族群意識」又可分為三個層次：(1)差異認知：自己與別的群體在文化、祖先來源或歷史經驗上有差異；(2)不平等認知：指成員意識到自己群體受到不平等待遇（關鍵元素）；(3)集體行動必要性認知：因受到不公平待遇而採取集體行動來改變不公平的狀態（王甫昌，2003：14-16）。另外，吳乃德教授與施正鋒教授亦認為族群意識或族群集體認同，是因特定族群對於自身處在不平等的結構位置的集體體

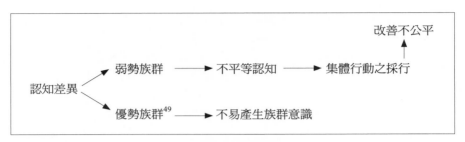

**圖1-1　族群意識的內涵**

（資料來源：王甫昌，2003：14-16）

認，而產生的政治意識或認同。[50]

　　從圖1-1所強調不平等認知與集體行動，可以檢視臺灣的族群運動確實是因為感受到「不平等」，而以「集體行動」之方式，訴求「改善不公平」之情況。臺灣原住民運動和臺灣客家運動皆有此種現象。

## （二）母語的使用

　　美國語言專家James A. Matisoff說：「語言是社群文化最重要的元素。語言死亡了後，那個文化的特有知識就喪失了，觀察世界的一扇獨特窗戶就關上了。」（鄭寶珠，2005：2）中央研究院院士李壬癸在1999年於《台灣原住民史－語言篇》更指出語言係種族（族群）存亡之最重要指標，母語在，種族（族群）在；母語亡，種族（族群）亡。事實上，語言危機的癥兆顯現在母語傳承的衰微，當兒童不再學習母語時，這個語言就是瀕臨死亡的語言（endangered language）。而當一個語言缺少母語使用人口，不再成為社區日常生活溝通工具，並且不再經歷正常的語言變遷時，就變成死的語言（dead language）（張學謙，2003：97），所謂

---

[49] 如美國黑人受到歧視，會將其歸諸於自身之族群身分，但白人則將其成就歸諸於個人努力，而非族群身；而白人一般認為其為優勢族群。

[50] 吳乃德認為族群現象的政治表現，應該是透過「族群身分─族群意識─政治態度與行為」的因果關係展現出來。其中的族群意識牽涉到所屬的族群和其他族群的關係，自身所認同的族群在社會和政治結構中的位置。施正鋒則提出「共同血緣、文化、或歷史經驗─集體不滿、相對剝奪─集體自我認同─族群認同政治化」四階段的發展論（王甫昌，2008：96）。

「母語滅、族群亡」。故母語為族群意識之主要元素，亦是族群存亡指標。

## 貳、族群運動與族群政治

族群運動是一種族群自我醒覺之自我認同運動，是具有共同族群意識一群人，因其為弱勢或少數群體，而產生不平等（injustice）之相對剝奪感（relative deprivation），並為改善此一不平等所進行的社會運動。

### 一、族群運動

臺灣族群運動的發展脈絡，若以民主轉型為界線，可分為民主化前的「二元對立」，與民主化後的「多元併進」兩個階段。

（一）二元對立：省籍情結

早期臺灣族群運動係因國民政府撤守臺灣所帶來外省族群，並賦予外省族群在政治面、經濟面等控制大權，讓本省族群（閩南人、客家人等）產生不平等認知，形成所謂的「省籍情結」。也就是說，臺灣早期的族群運動是一種以「省籍情結」為主的「二元對立」式的的族群運動。

（二）多元併進：臺灣原住民運動、臺灣客家運動

隨著臺灣威權政體之民主轉型（民主化）、社會力解放，各族群認知其自身與統治族群間不平等情況，積極以集體行動來爭取自身權利，並改善不公平之情況，由是臺灣原住民運動、臺灣客家族群運動興起，產生了「多元併進」式的的族群運動，也促成「尊重多元文化」之價值納入憲法架構中，及中央部會增設原住民族委員會及客家委員會。

## 二、族群政治

### （一）不平等結構的集體心理認知

　　吳乃德在討論省籍意識對於政治支持的影響時，認為族群現象的政治表現，應該是透過「族群身分─族群意識─政治態度與行為」的因果關係展現出來（王甫昌，2008：96）。而族群意識的產生就是因為弱勢族群感受到相較於其他族群，其政治、經濟、社會地位上之不平等，並產生「相對剝奪感」之認知。

　　從圖1-2施正鋒的「少數族群認同之政治化架構」，弱勢或少數族群面對結構上之不平等時，族群之相對剝奪感油然而生，此時國家之族群政策，若是不能及時回應弱勢或少數族群之訴求，則族群之自我集體認同乃形塑出「族群意識」，而成為族群政治運作之基礎。

　　特別一提的是，1987年3月下旬，民主進步黨籍立委黃煌雄及吳淑珍，為反駁中國國民黨籍立委趙少康與簡漢生關於「外省人是臺灣社會中的弱勢群體」之說法，遂向行政院長俞國華提出關於「中國結與臺灣結」

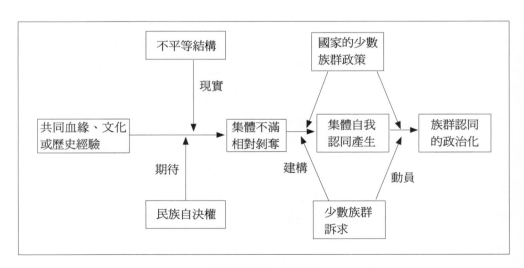

**圖1-2　少數族群認同之政治化架構**

（資料來源：施正鋒，1988：12）

以及要求政府「放棄歧視臺灣人政策」之質詢，引發了究竟本省人或外省人才是臺灣社會中的弱勢族群之論戰；自此，「族群政治」議題已成為臺灣於民主化轉型後，政治上主要議題之一（王甫昌，2008：90-91）。這正是本書論述的主概念：臺灣客家族群在臺灣雖是第二大族群，但仍是少數族群，且是語言、文化上的弱勢族群。

事實上，許多人對minority之意涵，有所誤解，minority實指弱勢。臺灣的客家族群在語言、文化上是弱勢，極需要國家以制度性機制加以保障。

既然臺灣客家族群在臺灣是少數族群且是弱勢族群，是需要國家以制度手段加以保障其語言權及文化權，則應以賦權理論（empowerment theory）短期快速提升臺灣客家族群政治參與，藉此建構臺灣客家族群之語言權及文化權保障機制。

### （二）賦權理論

「賦權理論」強調弱勢團體如何在短期內有效地提升政治參與、掌握政治權力；有別於傳統「社會人口因素」與「心理因素」兩種普遍性觀點（吳重禮、譚寅寅、李世宏，2003：94），本書將兩種觀點整理如表1-11。

表1-11說明了社會人口因素與心理因素係屬「由下而上」之「長期性」發展歷程，賦權理論係屬「由上而下」之「短期性」效果，則臺灣客家族群究應循「由下而上」或「由下而上」途徑？

申言之，依Bobo and Gilliam的觀點，政治賦權的基本邏輯意味著，當少數團體菁英取得政治公職（諸如行政首長、民意代表席位、地方政府教育委員會席次）之後，而且掌握政治權力的時間愈久，其對於政治決策過程產生相當程度的影響，一方面激發所屬團體成員的政治態度，積極參與政治事務，另一方面形成「政策回應」，而有助於提升少數種族的社會經濟地位（吳重禮、崔曉倩，2010：143）。

表1-11　族群政治之社會人口、心理因素與賦權理論比較

| | 社會人口因素與心理因素 | | 賦權理論 |
|---|---|---|---|
| 意涵 | 社會人口因素認為不同族群政治參與的差距主要肇因於不同的「社會經濟地位」 | | 弱勢團體如何在短期內有效地提升政治參與、掌握政治權力 |
| | 心理因素解釋族群政治參與的差別，可再區分為「補償理論」（compensatory theory）與「種族社群理論」（racial community theory） | 「補償理論」認為少數族群選民願意投票，或參與政治事務，係為彌補（或者對抗）主流族群社會所強加的排斥感與自卑感 | |
| | | 「種族社群理論」認為少數族群在發展出族群意識後，將促使團體成員採取特定政治行動、展現高度政治參與，以改善弱勢團體的社會地位 | |
| 途徑 | 由下而上 | | 由上而下 |
| | 須先行改善基層弱勢團體成員的社會經濟地位，或者形成強烈情感歸屬認同，始得提升政治參與程度 | | 政治菁英以政見、選舉策略、個人魅力以贏得選舉掌握公職，再藉由優質施政與領導，刺激所屬弱勢團體成員參與政治的意願，激發部分潛在選民的認同和支持 |
| 政治參與程度 | 長期性 | | 短期性 |

資料來源：整理自（吳重禮、譚寅寅、李世宏，2003：97-99）。

　　雖然一般人認為臺灣客家族群之政治、經濟、社會地位，非居於弱勢；其緣由係因為有許多傑出之臺灣客家人在相關領域都有出色的表現。惟這都是臺灣客家族群「個人性」之積極努力所獲致的，是否即代表臺灣客家族群的「整體性」表現？如考量臺灣客家族群在語言、文化上確屬弱勢，且在客家族群語言文化的傳承上亦有危機，加以臺灣的《客家基本法》已有規定必須要保障客家族群「集體權」，故實有必要透過政治賦權方式，短期且快速地凝聚臺灣客家族群認同與共識，以復興客家文化與語言。

## 參、臺灣原住民運動影響臺灣客家運動

臺灣客家運動是臺灣社會運動的一支，也是臺灣族群運動的一部份，臺灣族群運動主要指臺灣原住民運動及臺灣客家運動；臺灣客家運動是無可避免地會受到臺灣原住民運動之刺激。

目前原住民族保障之制度性機制，已在憲法、法律、政策三個層次有長足的發展，為建構臺灣客家族群之保障及發展機制，實可參酌原住民族之保障機制。意即，本於族群平等，臺灣客家族群可參照原住民族相關保障機制，來建構臺灣客家族群自己的制度性保障措施，在「正當性」與「政策論述」上，較無爭議性，也容易獲得其他族群之支持，而較能順利完成立法程序或爭取資源分配。

### 一、臺灣原住民運動興起因素及正名運動

原住民與外來統治者間之關係，可上溯至1624年開始所經歷之荷蘭、鄭成功、清朝、日本、國民政府等。就對原住民之稱呼，鄭成功時期稱之為「土民」、清朝以「夷、番、東番夷、野番、熟番、生番、化番、平埔番」等稱之、日本稱之為「番、熟番、生番、平埔族、高砂族」、國民政府治臺後，先稱「山胞」後改以「原住民」稱之（田哲益，2010：45-49）。基本上，荷蘭、鄭成功、清朝之統治，舉原住民傳統領袖任頭目或通事，採「以番治番」政策，尚能維持原住民族之自治形式；日本統治則採威權治理，統治末期，更因霧社事件而強化對原住民之控制，進行說日語、信神社、穿和服等「皇民化運動」，並徵調原住民組成8梯次之高砂義勇軍前往南洋為日作戰（汪明輝，2003：102-104）。加上國民政府收復臺灣後，旋因二二八事件、撤守臺灣，實施戒嚴，灌輸大中國思想，讓原住民族在日本、國民政府統治期間遭受文化與民族滅絕之重大危機。

### （一）臺灣原住民運動興起因素

　　臺灣於1980年代社會力解放，各種社會運動大興，原住民運動也順勢而起。有關臺灣原住民運動發展，汪明輝分為80年代至90年代前半由原權會主導之社會經濟抗爭的泛原住民運動時期、90年代部落主義之文化重建轉為原住民民族主義期（汪明輝，2003：105-130）。

　　長期參與臺灣原住民運動的夷將・拔路兒（阿美族，漢名劉文雄）觀點，其認為原住民運動係指被外來族群征服並統治的原住民族後裔，經由族群集體共同痛苦的經驗、覺醒、意識形態之建立，以組織、行動爭取歷史解釋權、傳統土地權，促進政治、教育、經濟、社會地位之提升，及對文化、族群再認同之運動，運動的最終目標是追求原住民族自決（田哲益，2010：11）。許木柱則以原住民的血緣和文化有別於占優勢之漢族、具有相似的適應困境與衍生的相對剝奪感、受1980年代臺灣社會運動之影響等三個因素來說明原住民運動之成因（許木柱，1990：149-150）。

　　臺灣原住民運動最早起源於1983年台北原住民學生發行《高山青》刊物，1984年「黨外編聯會」成立，下設「少數民族委員會」，其後再結合原住民大專青年成立「臺灣原住民權利促進會」，並發行《山外山》雜誌（張茂桂，1990：69）；原權會的成立，確實讓原住民脫離社會中沉默、被忽視之情況，但其重都市、重媒體之發展策略，也遭受缺乏草根支持的批評（田哲益，2010：17）。再者，山地鄉向來以國民黨及教會（長老教會）系統為主要的支配力量，原住民運動更涉及了長老教會系統[51]與國民黨系統間之對抗角力，增加臺灣原住民運動的複雜性。

　　1992年國民大會召開會議，原住民團體積極爭取「憲法原住民條

---

[51] 如1988年至1990年間，為了推動「還我土地運動」，所組成的「臺灣原住民族還我土地運動聯盟」便主要是由臺灣原住民族權利促進會、臺灣基督長老教會總會山地宣道委員會人權與社會關懷小組、臺灣基督長老教會總會社會服務發展委員會、臺灣原住民族發展協會、岱原人還我土地運動促進會、岱原同胄發展研究社等6個團體組成，其中以原權會及長老教會山宣小組為主導力量（田哲益，2010：19）。

款」，主要訴求有四項：(1)山胞正名為原住民；(2)保障土地權；(3)設立部會級專責機構；(4)原住民自治權（田哲益，2010：56）。

　　比較臺灣原住民運動與臺灣客家運動，可以發現臺灣客家運動係從爭取語言權出發，與原住民從正名出發，兩者之訴求顯有所差異；這實係因為原住民之需求與問題較為廣泛[52]，致原住民語言復振之優先性較弱。

　　而臺灣原住民運動受到國際原住民運動，及相關國際宣言、國際公約對原住民族保障所架構之機制規範，投射於國內的憲法、法律、政策作為上，已有相當成果，實可作為臺灣客家運動及建構客家族群制度保障機制之重要參酌。

　　至原住民族之正名運動、還我土地運動、自治運動[53]等運動中，較有具體成果者，當屬正名運動，故本書聚焦於臺灣原住民正名運動，探討如下。

## （二）正名運動：尋求自我認同、凝聚族群意識

### 1. 正名運動內涵

　　原住民正名運動內涵包含山胞正名為原住民、傳統姓名正名、行政區域名稱正名、傳統領域山川地名正名等（田哲益，2010：64），本書以族群集體權、個人權、行政措施三層面整理如表1-12。

---

[52] 依行政院原住民族委員會中程施政計畫（2010至2013年），原住民族社會殷切期待解決之需求與問題，包括原住民族的教育文化、社會福利、經濟及公共建設、土地管理，以及其他原住民族事務之統籌與處理；而原住民母語復振，係屬施政計畫之教育文化中一部分。至如何復振原住民母語？孫大川參酌Crystal所著《語言死亡》一書觀點，提出臺灣原住民母語復振方式為：(1)充分認知原住民族各族系語言之價值，(2)設立官方或民間之原住民語言復振機構，(3)原住民語言之書面化與檔案化，(4)以部落為語言復振之核心，(5)培養族群成員積極使用母語的態度（孫大川，2001：23-25）。

[53] 原住民族自治運動較具體成就為1999年9月10日時為民進黨總統候選人的陳水扁，在蘭嶼和原住民各族代表簽署《原住民族與臺灣政府新夥伴關係》，次年陳水扁先生當選總統，責成行政院積極推動此一文件的內容，並於2002年10月19日以國家元首身分簽署《原住民族與台灣政府新夥伴關係再肯認協定》（雅柏甦詠‧博伊哲努，2007：160）。另立法院刻正審議《原住民族自治法》中，如能完成立法程序，將是原住民族自治運動重要里程碑。

表1-12　原住民正名運動

| 層面 | 正名態樣 | 成效 |
|---|---|---|
| 族群集體權 | 山胞正名為原住民 | 1994年修正《中華民國憲法增修條文》 |
| | 各族系正名 | 曹族正名為鄒族、邵族正名（原歸屬於鄒族）、葛瑪蘭族正名（原歸屬於阿美族）、太魯閣族正名（原歸屬於泰雅族）、撒奇萊雅族正名（原歸屬於阿美族）、賽德克族正名（原歸屬於泰雅族） |
| 個人權 | 傳統姓名正名 | 1995年修正《姓名條例》修正 |
| 行政措施 | 行政區域名稱正名 | 嘉義縣吳鳳鄉正名為阿里山鄉、高雄縣三民鄉正名那瑪夏鄉（現改為高雄市那瑪夏區） |
| | 道路正名 | 臺北市介壽路正名為凱達格蘭大道 |
| | 傳統領域[54]山川地名正名 | 2007年政府公告新竹縣尖石鄉及秀巒村為泰雅族傳統領域土地、邵族文化傳承與發展區 |

　　從表1-12可以發現，原住民正名運動不但是爭取族群的集體權，也是爭取原住民的個人權；其訴求機制包含憲法、法律及行政措施上的改進。

　　原住民族並不是一個單一的民族，「原住民族」只有相對於漢民族之優勢的脈絡中才有意義（張茂桂，1990：68-69）；「原住民族」僅是一個「泛指」的概稱，原住民族本身依其語言、風俗文化尚可分為不同族系，而原住民族之「正名運動」就是一個尋求自我認同、凝聚族群意識的過程，從山胞正名為原住民到各族系之正名，迄今仍持續進行，雖曾造成中央與地方間之爭議，但臺灣原住民族的重要相關問題，已逐步獲得解決。

### 2. 持續進行的正名運動

### (1) 法定原住民族系持續增加

　　目前經政府核定的原住民族有：阿美族、泰雅族、排灣族、布農族、卑南族、魯凱族、鄒族、賽夏族、雅美族、邵族、噶瑪蘭族、太魯閣

---

[54] 目前在法律上承認「傳統領域權」的國家，所界定之傳統領域權概為：在市民政權出現之前，原住民族基於對土地與其自然資源之持續占有、使用而取得之權利（黃居正，2010：49）。

族以及撒奇萊雅族及賽德克等14族。[55]

　　惟事實上，2005年通過臺灣的《原住民族基本法》時，當時原住民族系共有阿美族、泰雅族、排灣族、布農族、卑南族、魯凱族、鄒族、賽夏族、雅美族、邵族、噶瑪蘭族、太魯閣族等12族（《原住民族基本法》第2條第1款）。但隨著臺灣原住民族之族群意識覺醒，積極爭取正名，臺灣原住民族現已增加為14族，未來恐將持續增加。

**(2) 中央與地方之爭：地方走在中央之前**

　　原住民族系除了以取得法定地位14族外，尚有未獲得政府之認可之平埔族[56]；其中，爭議較大者為平埔族中之西拉雅族系，在西拉雅族系積極推動「正名運動」，爭取成為法定族系之影響下，臺南縣政府於2006年訂頒《臺南縣西拉雅原住民事務委員會設置要點》，以設立「臺南縣西

---

[55] 目前各族系地理分布情況為阿美族：阿美族分布在中央山脈東側，立霧溪以南，太平洋沿岸的臺東縱谷及東海岸平原，大部分居住於平地，只有極少數居於山谷中。泰雅族：泰雅族分布在臺灣中北部山區，包括埔里至花蓮連線以北地區。排灣族：排灣族以臺灣南部為活動區域，北起大武山地，南達恆春，西自隘寮，東到太麻里以南海岸。布農族：布農族分布於中央山脈海拔一千至二千公尺的山區，廣及於高雄縣那瑪夏鄉、臺東縣海端鄉，而以南投縣境為主。卑南族：卑南族分布於臺東縱谷南部。魯凱族：魯凱族分布於高雄縣茂林鄉、屏東縣霧台鄉及臺東縣東興村等地。鄒族：鄒族主要居住於嘉義縣阿里山鄉，亦分布於南投縣信義鄉，以上合稱為「北鄒」；而分布於高雄縣桃源鄉及那瑪夏鄉兩鄉者，稱之為「南鄒」。賽夏族：賽夏族居住於新竹縣與苗栗縣交界的山區，又分為南、北兩大族群。北賽夏居住於新竹縣五峰鄉，南賽夏居住於苗栗縣南庄鄉與獅潭鄉。雅美族（達悟族）：雅美族分布於臺東的蘭嶼島上的六個村落，為臺灣唯一的一支海洋民族。邵族：邵族分布於南投縣魚池鄉及水里鄉，大部分族人居住日月潭畔的日月村，少部分原來屬頭社系統的邵人，則住在水里鄉頂崁村的大平林。噶瑪蘭族：噶瑪蘭族，過去居住於宜蘭，目前還居至花蓮和臺東。太魯閣族：太魯閣族大致分布北起於花蓮縣和平溪，南迄紅葉及太平溪這一廣大的山麓地帶，即現行行政體制下的花蓮縣秀林鄉、萬榮鄉及少部分的卓溪鄉立山、崙山等地。撒奇萊雅族：撒奇萊雅族的聚落主要分布於臺灣東部，大致在今日的花蓮縣境內。賽德克族：賽德克族的發源地為德鹿灣（Truwan），為現今仁愛鄉春陽溫泉一帶，主要以臺灣中部及東部地域為其活動範圍，約介於北方的泰雅族及南方的布農族之間。資料來源：行政院原住民族委員會（http://www.apc.gov.tw/portal/docList.html?CID=6726E5B80C8822F9），檢視日期：2011年3月15日。

[56] 日本治臺時期，便開始將臺灣原住民劃分為「高山族」及「平埔族」；一般通稱之「平埔族」，係指居住在平原地區之原住民，漢化程度深。平埔族可再分為凱達格蘭（ketagalan）、道卡斯（Taokas）、巴則海（Pazeh）、巴布拉（Papora）、貓霧悚（Babuza）、和安雅（Hoanya）、西拉雅（siraya）等族系。資料來源：行政院原住民族委員會網站（http://www.apc.gov.tw/portal/docList.html?CID=6726E5B80C8822F9），檢視日期：2011年3月15日。

拉雅原住民事務委員會」，並承認西拉雅具有「縣定原住民」地位[57]。後臺南縣（市）於2010年合併改制為直轄市，臺南市政府設置「臺南市西拉雅原住民事務推動會」，由民族事務委員會[58]擔任幕僚工作。

## 二、原住民已建構之保障機制：可為客家族群之借鏡

臺灣原住民運動具體的成效，可從《中華民國憲法增修條文》之修正、相關法律之制定，加以論述觀察。

1992年《中華民國憲法》第二次增修條文，第18條第5項（現為第10條第12項[59]）規定「國家對於自由地區山胞之地位及政治參與，應予保障；對其教育文化、社會福利及經濟事業，應予扶助並促其發展。」1994年《中華民國憲法》第三次增修條文，將上開條文文字之「山胞」改為「原住民」。

隨後，立法院制定《原住民族教育法》（1998）、《原住民身分法》（2001）、《原住民族基本法》（2005）、《原住民族教育法》（2005）、《原住民族傳統智慧創作保護條例》（2007）、《財團法人原住民族文化事業基金會設置條例》（2008）等相關法律。

---

[57] 臺南縣政府除自2005年即率先承認西拉雅族為「縣定原住民」，並於2009年1月至4月受理日治時期種族「熟」之縣民申請補登記為「平地原住民」。惟內政部將戶政資訊系統民族登記別中的「其他」選項刪除，並發表示，針對戶政事務所辦理原住民身分及民族別登記，原住民身分認定及民族別屬原民會權責，各地方政府應依據原住民身分法及原住民民族別認定辦法相關規定受理民眾申請，臺南縣政府並就此聲請司法院解釋憲法。資料來源：蘇煥智部落格（http://www.ade0720.tw/index.php/tag/%E8%A5%BF%E6%8B%89%E9%9B%85%E5%8E%9F%E4%BD%8F%E6%B0%91%E8%AA%8D%E5%AE%9A%E8%81%B2%E8%AB%8B%E5%A4%A7%E6%B3%95%E5%AE%98%E9%87%8B%E6%86%B2），檢視日期：2011年3月30日。

[58] 臺南市政府民族事務委員會之定位為市府一級單位，下設原住民事務科及客家事務科兩科。

[59] 現行條文文字為「國家應依民族意願，保障原住民族之地位及政治參與，並對其教育文化、交通水利、衛生醫療、經濟土地及社會福利事業予以保障扶助並促其發展，其辦法另以法律定之。」

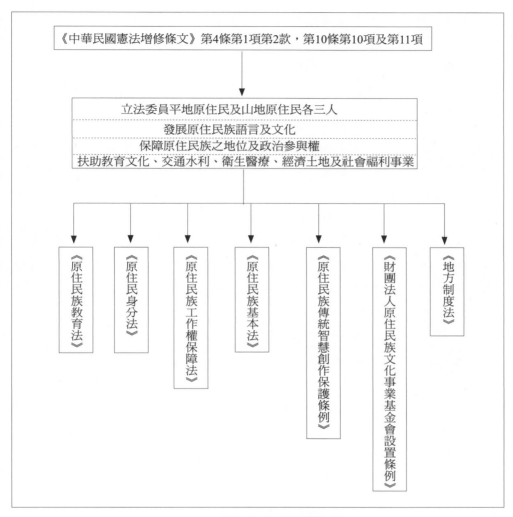

圖1-3　原住民族制度性保障

　　在文化權兼具個人權與集體權特質之國際潮流下，本於「差異政治」與「肯認政治」之觀點，臺灣的《中華民國憲法》1997年第4次修憲時，亦於第10條增訂「國家肯定多元文化，並積極維護發展原住民族語言及文化」規定。在此基礎上，政府陸續制定相關原住民保障與發展之法

律，而目前原住民族正積極推動制定《原住民族自治法》[60]。

## 三、臺灣《客家基本法》與原住民族保障機制

　　從2005年通過臺灣《原住民族基本法》與2010年通過臺灣《客家基本法》，及《原住民族基本法》第1條、《客家基本法》第1條所揭示立法目的，皆為「建立共存共榮之族群關係」，顯見《客家基本法》是受到《原住民族基本法》之影響。臺灣客家運動與臺灣原住民運動之比較，本書整理如表1-13。

　　由表1-13可以看出，兩個族群運動間之主訴求有所不同，臺灣客家運動以母語權出發，臺灣原住民運動以文化權、生存權出發，走向自治權。也就是說，臺灣原住民運動之範圍及面向較廣，且成果較佳；如行政院會於2010年9月23日通過《原住民族自治法草案》並送請立法院審議。另進

### 表1-13　臺灣客家族群與原住民族運動訴求比較表

| 客家族群 | | | 原住民族 | | |
|---|---|---|---|---|---|
| 母語權 | 1228還我母語運動 | 文化權 | 正名運動 | 「山胞」修正為「原住民」（1994年修憲） | |
| | | | | 傳統姓名正名 | |
| | | | | 行政區域名稱正名 | |
| | | | | 傳統領域山川地名 | |
| | | | 破除吳鳳神話 | | |
| | | 生存權 | 還我土地運動 | 反侵略、爭生存、還我土地 | |
| | | | 蘭嶼反核廢料運動 | | |
| | | | 反興建瑪家水庫 | | |
| | | | 反亞泥、還土地 | | |
| | | 自治權 | 自治運動 | 原住民自治區 | |

---

[60] 行政院2010年9月23日院臺內字第0990103890號送請立法院審議之《原住民族自治法草案》，在其草案總說明，闡明多元文化、保障人權、民族自決為世界各國原住民政策及法制之原則，並以承認原住民族集體權及恢復自我管理能力為主要方向。而我國秉持尊重差異原則，以維護原住民族主體性；並本諸推廣自治原則，以促使原住民族享有管理自身事務之權利；加之自主發展原則，以促進原住民族之生存與發展。

表1-14　客家族群與原住民族保障機制比較

|  | 客家族群 | 原住民族 |
|---|---|---|
| 憲法層次 | 國家肯定多元文化 | 國家肯定多元文化 |
|  |  | 語言及文化，原住民族地位及政治參與、教育文化、交通水利、衛生醫療、經濟土地及社會福利事業 |
|  |  | 立法委員平地原住民及山地原住民各三人 |
| 法律層次 | 《客家基本法》（2010） | 《原住民族教育法》（1998）、《原住民身分法》（2001）、《原住民族工作權保障法》（2001）、《原住民族基本法》[61]（2005）、《原住民族傳統智慧創作保護條例》（2007）、《財團法人原住民族文化事業基金會設置條例》（2008） |
|  |  | 《地方制度法》第33條之地方民意代表名額保障、第57條之山地鄉鄉長以山地原住民為限（1999）；第58條之直轄市之區由山地鄉改制者，其區長以山地原住民為限（2010） |

一步比較分析臺灣客家族群與原住民族保障機制如表1-14。

　　就表1-14客家族群與原住民族保障機制比較，可以發現原住民族保障機制較客家族群推動與制定較早，且內容較為完備；也可以發現《客家基本法》[62]之制定受到《原住民族基本法》之影響。故臺灣原住民運動及其法制保障機制，應可作為臺灣客家運動及架構其法制保障之借鏡。

---

[61] 本於陳水扁總統簽署《原住民族與臺灣政府新夥伴關係》，行政院以2003年6月16日院台疆字第0920014502號函送《原住民族發展法草案》予立法院審議；惟立法院親民黨團及立委蔡中涵、林春德、林正二等提出《原住民族基本法草案》，加上立法院無黨聯盟黨團及立委瓦歷斯‧貝林等提出《原住民族基本法草案》，共有3案，最後立法院選擇《原住民族基本法》為法律名稱；嗣後，政府並參照《原住民族基本法》之體例，制定《客家基本法》。

[62] 所謂「基本法」，就規範層次，可分憲法層級與法律層級，就規範目的，係指針對特定領域之原則性、基本性規範，又可分法律名稱外觀上為基本法或法律實質規範上為基本法（即法律名稱沒有基本法的文字）。憲法層級之基本法自具有憲法之最高性。至法律層級之基本法，在於正式宣示過去未受重視的價值理念，或揭櫫未來相關立法目標及其規劃，或統合不同機關部門之權責，或積極創設現行法律中尚無之新措施（謝在全、黃玉振等，2009：50）。簡言之，法律層級之基本法則為該領域根本大法（準憲法）具有確立政策方向、政策目標、架構該領域法體系規範之功能。我國目前法律名稱以「基本法」加以規範者，概有《科學技術基本法》、《教育基本法》、《通訊傳播基本法》、《環境基本法》、《原住民族基本法》、《客家基本法》等。另部分法律雖無基本法之名稱，卻有基本法之實質規範效果，如《地方制度法》。

　　事實上，實有必要重新檢討「客家族群非弱勢族群[63]，無須以制度加以保障」之說法。從《在民族或族裔、宗教和語言上屬於少數群體的人的權利宣言》第4條，及保障文化多樣性之差異政治的制度性肯認以觀，弱勢族群之「弱勢」所指涉者，非僅指政治或經濟上的弱勢，尚亦指涉「文化」、「語言」上之弱勢。而臺灣客家族群實屬「文化」、「語言」上之弱勢族群，自應參照國際人權法體系及多元文化主義之精神，以制度化機制肯認客家文化之特殊性，並保障客家族群。

---

[63] 如客家族群菁英的司法院長賴浩敏於2011年1月21日中央大學客家學院大樓落成典禮致詞時表示，客家的「硬頸」精神就是堅持原則的精神，有韌性；雖然客家人在臺灣是少數族群，但絕非弱勢，總在關鍵時刻出現關鍵人物（經濟日報，2011.1.23）。

　　本章將就臺灣客家運動興起因素及臺灣客家運動主要重點進行討論，並以此為基礎，進一步將臺灣客家政策分為三階段，以第二階段（民主進步黨執政時期）及第三階段（中國國民黨執政時期）客家政策為比較分析主軸。

## 第一節　臺灣客家運動之興起

　　參酌前所討論之國際與國內觀點，本書認為臺灣客家運動興起的因素，是民主化下客家政治參與力強化、其他社會運動（特別是原住民運動）衝擊、本土化下客家族群自我定位等因素交錯影響。

### 壹、臺灣客家運動興起之因素

　　有關臺灣客家運動之興起，具體的來說，是國際因素下的民主化浪潮、多元文化主義趨勢，及國內因素下之社會結構改變與民主轉型、民間社會力解放、客家菁英倡議等多重因素之綜合影響如表2-1加以分析。

**表2-1　臺灣客家運動興起之因素**

| 國際因素 | 民主化浪潮 | 第三波民主化：臺灣民主轉型 |
| --- | --- | --- |
| | | 政治參與擴大化：臺灣民間社團興起 |
| | | 政策議題本土化：臺灣少數族群語言文化認同 |
| | 多元文化主義 | 多元文化保障憲法化：國家（臺灣）肯定多元文化 |
| | | 少數族群保障國際法化：臺灣原住民保障入憲 |
| | | 族群差異肯定化：臺灣族群政治興起 |
| 國內因素 | 社會結構改變與民主轉型 | 農業社會工業化：客家庄沒落 |
| | | 都市化：客家族群隱形化 |
| | | 憲政民主化：原住民族保障入憲之刺激 |
| | 民間社會力解放 | 選舉經常化：政治參與者積極爭取客家族群選票 |
| | | 政治團體多元化：客家族群意識之建構 |
| | | 語言政策本土化：本土化之結構緊張 |
| | 客家菁英倡議 | 客家族群認知解放化：集體心理改變 |
| | | 外來資源挹注擴大化：菁英支持與團體結盟 |
| | | 文化多元化：對主流價值文化性反抗 |

　　就表2-1臺灣客家運動興起因素分析，可以發現並非單一因素觸發或單一團體引導臺灣客家運動，而是整個外在、內在大環境變遷所蓄發之動能。外在環境之全球性的民主化浪潮帶動及多元文化主義作為論述基礎，以及內在環境的以臺灣為主體的本土化之社會結構改變與民主轉型，促使民間社會力的解放，加上客家精英的積極倡議等等動能，綜合而產生一股沛然莫之能禦的臺灣客家運動。

　　以今日的外在及內在大環境，是否還能有上萬人以街頭社會運動方式，推動臺灣客家運動，不無疑問？特別是，當臺灣客家事務漸次法制化後，恐怕更不易再發生大規模的街頭社會運動了。但臺灣客家族群的需求是否已獲得滿足，問題是否已獲得解決？似乎還沒有。為處理臺灣客家族群之需求與問題，仍有必要推動臺灣客家運動，而推動的方略，就是「第二階段臺灣客家運動」，循制度機制強化臺灣客家族群相關訴求的正當性，並設計合宜的制度以健全臺灣客家族群保障及發展機制。

## 貳、臺灣客家運動促使客家意識之醒覺：客家認同

　　在臺灣客家族群隱形化下，易被強勢文化（福佬人的閩南文化）所同化，而產生「客家族群閩南化（福佬化）」的之「福佬客（閩南客）」。這些因經濟、文化、人口數弱勢，經歷閩南化過程而被閩南族群所同化的客家人，進入主流閩南社會中從事各種社會活動，邁入所謂的結構同化階段（賴顯松，2009：256）；長期以往，逐漸促使客家語言、文化面臨消失的危機，並成為客家族群傳承的最大隱憂。

　　因為臺灣客家運動之興起與發生，客家族群意識到自己語言、文化存在之價值性，意識到客家語言、文化傳承之危機性，意識到強化自我族群認同之重要性，意識到建構臺灣客家族群制度保障之必要性；自此，臺灣客家族群意識油然而生。

## 參、臺灣客家問題與臺灣客家運動

　　徐正光指出目前臺灣客家族群所面臨的重大問題有四：(1)客語大量流失及文化即將滅絕困境，(2)重新建立歷史的詮釋權，讓被扭曲的客家族群形象，還其歷史的原貌，(3)建立民主公平的政經體制，爭取客家族群的合理權益，(4)重建合理的族群關係，以做為新社會秩序的基礎（徐正光，2008：8-9）。楊國鑫認為在前述這四個問題中最重要的是客語的流失，而「1228還我母語運動」臺北萬人大遊行正是對客語流失擔憂而產生；並指出臺灣客家運動是客家族群爭取語言文化傳承及掙脫集權專制爭取民主的運動，故臺灣客家運動可說是一種文化運動，亦可說是一種政治運動（楊國鑫，2008：135-136）。

　　張世賢指出臺灣客家族群所面對嚴峻的形勢為：(1)客語幾乎已被擠出家庭，不久可能被擠出臺灣；(2)臺灣客家社群幾已淪為語言文化上的「次殖民地」；(3)缺乏客家意識，權益任人宰割；(4)政治弱勢，經濟上更弱勢（張世賢，2008：301-305）。

　　蕭新煌與黃世明則指出，臺灣客家運動可說是經由長期的民主啟蒙及政經反抗運動經驗所引發之本土性的文化意識之甦醒運動。而臺灣客家運動存有兩個對立主軸：(1)針對國家的不公平之國語語言政策；(2)針對傳統以「閩南」為主流政治反對運動，疏忽客家少數身分，或「閩南」要求「客家」向臺灣中心意識看齊之「同化」要求（蕭新煌、黃世明，2008：161-162）。事實上，臺灣的客家人與閩南人之間過去長期存有「閩客情結」[1]，在臺灣解嚴後，臺灣客家族群更不能接受「閩南沙文主義」的意識形態[2]，以及「客家族群閩南化」之情況，進而強化臺灣客家族群之族群意識。

　　宏觀且包含行動策略之臺灣客家運動，以邱榮舉觀點為代表，臺灣客家運動指涉一種以客家文化為主軸的社會運動、政治運動、族群運動、族群自我改造運動。其行動策略，以其進程可分為三個層次：(1)「遠程之客家文藝復興」，係採擷歐洲文藝復興模式，為客家注入活水，使客家再生，以開創客家文明；(2)「中程之臺灣客家文化運動」，係以持續性社會運動之推動，以其保存與發揚臺灣客家文化；(3)「近程之客家政策」，係具體地要求政府與各政黨，應研究、制定及落實合理的客家政策（邱榮舉、謝欣如，2008：104-105）。

　　另外，范振乾認為，臺灣客家運動是搶救與復興客家的語言文化，臺灣客家社會運動又稱為臺灣客家文化社會運動；並可將此運動過程定位為客家文藝復興運動的序曲，其具體表現形式為客家發聲運動。[3]

---

[1]　臺灣客家族群在大清帝國統治臺灣時期，因為土地開發與資源和閩南人發生衝突，如朱一貴、林爽文等械鬥事件，兩個族群間存有潛在之對立心結，吾人姑以「閩客情結」稱之。

[2]　因民進黨所強調之「本土」，及其所強調的「臺灣話」，是一種以閩南語為主流之本土。對於臺灣客家族群而言，民進黨之「閩南沙文主義」的意識形態是臺灣客家族群所不能接受的；特別是強調公共場合發言必須用臺灣話，而其所謂的臺灣話就是指閩南語而言，這讓客家人懷疑如果臺灣真的獨立，那麼客家話有可能成為主流語言嗎？這樣的疑慮與客語運動的訴求相違背，使得客家族群會傾向把民進黨歸類為閩南人的政黨（張富忠，1988：78-79）。

[3]　范振乾認為臺灣客家社會運動文化面因素為：(1)八十年代臺灣民主社會運動之刺激與鼓舞；(2)重新找回族群認同之標記；(3)籌辦獨立自主媒體，作為客家人發聲管道（范振乾，2008：19-21）。

　　就從臺灣客家運動思索多元臺灣觀點，張維安提出以客家為方法，思考客家的特性，並思索臺灣社會的特色，替臺灣社會的多元族群文化建構基礎。關於「以客家為方法」，指從客家族群的歷史經驗之觀點來理解臺灣社會，特別是因為加入客家族群歷史經驗而產生的省思，例如尊重其他族群的歷史經驗與觀點，肯定其他族群對臺灣社會的貢獻與詮釋。進而從分析客家文化與臺灣社會文化關係，思考臺灣社會的豐富性與多元性，知道客家的貢獻，還有非客家的貢獻（如原住民、閩南、外省、新住民），肯定其在這個社會文化形成過程中的意義與位置，臺灣客家運動長期以來便是在建立這個多元合理的社會結構（張維安，2008：412-413）。

　　從臺灣客家運動到行政院客家委員會成立，再到制定《客家基本法》，本書認為臺灣客家族群發展的核心問題有三（王保鍵，2012）：

## 一、客家族群人數未臻明確：客家政策論述上盲點

　　臺灣客家族群雖在語言及文化上有其特色，但似乎不易僅以本質論來區分我群與他群，亦無法僅以建構論來彰顯客家族群之存在，致《客家基本法》第2條第1款定義「客家人」為「指具有客家血緣或客家淵源，且自我認同為客家人者」。而此種「寬鬆化」的客家人定義，加上客家人口採調查統計推估之方式，無法精準地確定客家人口數（精確化程度不足），可能產生的問題有二：(1)不會使用客語者，長期居住在客庄者（具客家淵源），亦可成為客家人。此雖有助於擴大客家族群的人口數，但也因我群與他群分界易趨於淡化，恐不利客家族群認同與族群意識的建立；(2)已趨於寬鬆化之客家人定義，再加上客家人口採調查統計推估之方式，致無法精準地確定客家人口數（精確化程度不足），除讓制定客家政策或分配政府預算時，無法有一個具體、明確、具科學基礎的標的群體數（受政策影響之具體人數），並讓客家文化重點發展區（Major Hakka Cultural Areas）本身設立依據（客家人口達三分之一以上之鄉鎮市區）之基礎，致生不穩定的問題。

## 二、都會區客家族群的「隱形化」及「族群認同改變化」

　　王明珂所著《華夏邊緣》一書,係依藉著歷史記憶與族群認同理論,以公元前2500年以來華北的氣候與人類生態變化,如何導致華夏邊緣與華夏認同的形成,以及華夏邊緣人群如何接受某些歷史記憶以成為華夏。

　　就客家族群發展來看,第一代從客庄移居大都會區者,為融入都會區的文化,多隱藏其客家族群身分,而使用北京話或閩南語,產生「隱形化」或「閩南化(福佬化)」的問題。

　　丘昌泰以臺北市與高雄市為比較研究,分析臺灣都會客家隱形化現象,獲致臺北市隱形客家人口約占臺北市客家人口的17.2%,高雄市的隱形客家人口則占高市客家人口的26.8%,該研究同時隱形化程度愈高,則其客語能力愈低(丘昌泰,2006)。丘昌泰並指出,客家族群的閩南化與隱形化趨勢,主要是發生於都會化程度較高的地區,但近年來隨著強勢廣播媒體的出現,這種現象正逐步地向半都市地區蔓延(丘昌泰,2004)。故於縣市改制為直轄市,及行政院「三大生活圈、七大區域」之國土再造政策方向,未來人口勢將聚居於都會區,而都會區客家族群的「隱形化」及「閩南化」的問題,亦將更嚴峻地衝擊客家族群之發展。

　　除了「隱形化」問題外,更深一層次的問題是,許多客家族群的第二代或第三代成長於非客庄之福佬地區,致其受成長環境影響所形成的記憶與認同,不但趨向於福佬文化,更可能產生「族群認同改變化」。此類居住於都會區的第二代、第三代客家族群,有些縱使依稀仍保有客家認同,卻可能已不會使用客語,反而能使用流利的福佬語;有些甚至已轉變其族群認同,從上一代自認為客家人改變為這一代自認為福佬人,產生「客家人—閩南客—閩南人」變化的「族群認同改變化」的問題。

### 三、其他族群不易接受客家族群爭取制度保障之訴求

此問題可從臺灣的《客家基本法》之立法過程，行政部門主訴求在通過《客家基本法》，為免影響既得利益者或其他族群權益，致造成立法障礙，乃以「集體權」為主軸來推動《客家基本法》之立法，採取「包容性」而非「競爭性」之規範機制，乃割捨了「個人權」保障之條文，而以「集體權」保障作為《客家基本法》規範主軸，致使臺灣的《客家基本法》恐僅具有「法制化的政策宣示」效果。

進一步對照重視「個人權」之原住民族的保障機制，臺灣的《客家基本法》就顯得「規範性」非常弱，除了原住民運動初始本就以個人權為基礎的「還我土地運動」為訴求之因素外，或許也是因為臺灣社會普遍可以理解原住民之弱勢與發展困境，並接受以制度加以保障（《中華民國憲法增修條文》第10條），但尚無法充分理解客家族群之發展困境，更有許多人尚不認為客家族群是弱勢。故如何讓其他族群理解客家族群在語言及文化傳承上之弱勢與困境，以建構未來制度保障之正當性基礎，應是下一階段（第二階段）臺灣客家運動的核心議題所在。

## 第二節　臺灣客家運動主要重點

有關臺灣客家運動緣起，依邱榮舉觀點，應源自1987年10月創辦《客家風雲雜誌》，接著有1988年12月由《客家風雲雜誌》策劃籌辦之「1228還我母語運動」萬人臺北大遊行，繼而有各種客家新社團、電臺和電視節目出現，及各種客家文化蓬勃發展（邱榮舉、謝欣如，2008：103）。以下就《客家風雲雜誌》及1228還我母語運動，及其影響層面分述之。

## 壹、《客家風雲雜誌》：凝聚客家族群意識

　　1987年6月間，邱榮舉邀集胡鴻仁、梁景峰、林一雄、戴興明、魏廷昱、黃安滄、鍾春蘭、陳文和等人，共同發起並創辦《客家風雲雜誌》（張世賢，2008：307）；並於1987年10月25日正式刊發，試圖以臺灣客家人自己的媒體，指出臺灣客家問題及危機，喚起臺灣客家族群的自主性，並凝聚臺灣客家意識，復振客語及客家文化。

　　《客家風雲雜誌》的藍圖目標，在為臺灣客家族群權益努力，並為臺灣全面民主、開放社會而奮鬥；當時兩大主要議題為「客家族群在臺灣的定位同地位」、「客家語言在臺灣的地位同危機」（梁景峰，2008：339-340）。

　　透過《客家風雲雜誌》各期之報導、論述，讓客家族群意識到自己身處的困境，有效地凝聚客家族群意識，並為下一階段的「1228還我母語運動」蓄積量能。

## 貳、1228還我母語運動：「客家」議題化公共與集體權爭取

　　受到政治大環境變動與其他社會運動之影響，客家意識覺醒並付諸於實際行動者之客家「1228還我母語運動」，是臺灣客家運動重要里程碑。「1228還我母語運動」臺北萬人大遊行具有兩個重要的象徵意義：一是客家議題之公共化；另一是爭取集體權以體現族群意識。

　　1988年12月28日在《客家風雲雜誌》的主導下，結合各地客家社團及工農運人士臨時組成「客家權益促進會」，共同發動「1228還我母語運動」臺北萬人大遊行。

　　在「1228還我母語運動」前夕，《客家風雲雜誌》發表《母語運動基本態度宣言》，開宗明義便宣示客家人維護母語尊嚴的決心，也向政府抗議數十年來錯誤的語言政策，要求重擬合理及多元化的語言政策。宣

言中並清楚提出訴求：(1)我們認為母語是人出生的尊嚴，原無貴賤高低之分，堅持完整母語權之目的，即在維護完整的人性尊嚴；(2)這是客家人維護母語尊嚴及語群延續的運動，故其目的實非對台灣社會人群的分類運動；(3)臺灣本土語言包括原住民語、客家語及閩南語等，都在現行語言政策下受到箝制。因此，只有在臺灣語言政策透過真正民主的方式被批判地重建以後，實現本土和諧之語言生態，我們運動的目標方能達成；(4)我們的運動當然地摒棄各種形式的暴力，而建立於對社會多元價值之承認，及對人權平等之信仰及維護；(5)語言同時也是詮釋權利義務的工具，並且含蘊了文化價值，因此，平等和諧的語言生態不但是民主政治的礎石，更有助文化體系之豐碩壯大。宣言最後則論及：我們的母語運動一方面是，客家人主體亦是覺醒運動的一環，也是臺灣住民母語運動之一環，更是臺灣民主運動及本土化重建運動之一環（客家風雲雜誌，1989：57）。而「1228還我母語運動」大遊行之三大訴求為：(1)開放客語廣播電視節目；(2)實行雙語教育；(3)建立平等語言政策修改廣電法第20條對方言之限制條款為保障條款。

　　還我母語運動讓客家族群再思考，進而發展出「新客家人」概念，並讓「客家」成為公共議題，其重要影響如下：

## 一、HAPA與新客家人

　　1988還我母語運動後，各種客家社團陸續成立，並透過各種政治參與手段爭取客家族群利益。如以鍾肇政為首成立了「臺灣客家公共事務協會（HAPA）」，其關心的議題主要有「母語解放」、「文化重生」、「奉獻本土」、「民主參與」，希望藉此訴求來推動客家運動（黃子堯，2006：102）。讓過去處於「邊緣化」或「隱形化」的客家族群，透過找回其客家母語之訴求，不但展現其政治能見度，更在社會文化認同上產生「新客家人」的相關論述；並以語言弱勢族群之自我認知，建構客家族群意識。

　　曾任總統府資政鍾肇政提到老客家人有兩種；(1)活在過去光輝的客家人；(2)在多數福佬人面前，隱藏客籍身分的客家人。以前談到客家人的認同，多半接受羅香林在《客家源流考》[4]中所建構的客家血緣與認同，意即客家人是純種漢人，是中原貴族，客家人的原鄉是中國。隨著本土化的浪潮，新客家人運動主要意義是對內轉化客家認同原鄉歸屬，對外宣示客家人亦是臺灣人。所謂新客家人要有「新的胸襟，新的識見，新的行動」，應以客家歷史偉人為榮，應勇敢宣示客家人的身分，積極參與臺灣社會，大聲說客家話並傳承母語（黃子堯，2006：100-101）。

## 二、政治結構：成立客家集體權之象徵性機關

　　還我母語運動除了讓當時的執政者（中國國民黨）必須有更具體的行動與資源來安撫客家族群。更重要的是影響了往後各種公職人員選舉，政黨或候選人必須提出與客家事務有關之政見來取得客家族群之選票。而設立客家專屬行政機關，對民選公職人員來說，便是一個容易達成且具有象徵性之政見。如在2000年總統大選選前，當時執政的國民黨於行政院層級召開「行政院客家事務委員會籌備小組諮詢會議」，並遴聘蕭新煌等23人為客委會籌備處的籌備委員，並在總統副總統選舉投票日之前10天，召開客委會籌備處的首次籌備委員會議，通過行政院客委會成立方式。這並帶動了後來的中央與地方客家專屬行政機關之建構。

　　事實上，客家事務行政機關成立，除象徵客家族群爭取集體權之階段性成就外；嗣後，透過專屬行政機關統籌資源，更成為後來推動《客家基本法》之主要行為者。

---

[4]　《客家源流考》的內容，主要論述中華民族的構成和演進，中華民族中客家的源流、系統、分布、語言特點，以及五次遷徙的原因、路線和對客家人的影響（李龍替、梁燕華，2008：131）。

## 三、建構客家知識體系

　　臺灣客家運動另一個重點就是在大學設立客家學院、系所、研究中心。以客家學院為例，目前已有國立中央大學、國立交通大學、國立聯合大學三校設有客家學院。至臺灣最高學府的國立臺灣大學則於該校社會科學院下設有客家研究中心。

　　目前國內大學校院已成立之客家學院及相關系所等正式學制，共計有3所學院、2個學系、11個研究所、2個研究所碩士在職專班及19個客家研究中心。[5]

　　除設立研究機構外，政府亦編列預算開始購置相關客家圖書資料、補助相關客家學術研究等，以強化客家知識體系（客家研究），發展「客家學」。

## 四、設立客家電視頻道

　　學理上所謂「接近使用傳播媒體」之權利（the right of access to the media），乃指一般民眾得依一定條件，要求傳播媒體提供版面或時間，許其行使表達意見之權利而言，以促進媒體報導或評論之確實、公正（司法院釋字第364號解釋理由書）。為落實保障臺灣客家族群之「接近使用傳播媒體」之權利，2003年7月1日，客家電視頻道正式開播，剛開始由行政院客家委員會每年依法招標，並先後由台視、台視文化與東森電視等商業電視台承攬。

　　但因一年一標之穩定性與連續性均不足，遂於2007年1月1日，依《無線電視公股釋出條例》規定，改委託財團法人公共電視文化事業基金會辦理。

---

5　客家委員會網站，http://www.hakka.gov.tw/ct.asp?xItem=83030&ctNode=1871&mp=1869&ps =，檢視日期：2012年5月20日。

　　事實上，就憲法層次來看，臺灣客家族群爭取設置客家電視台[6]，是在體現臺灣憲法所保障之「言論自由」。依司法院釋字第364號解釋理由書意旨：言論自由為民主憲政之基礎。廣播電視係人民表達思想與言論之重要媒體，可藉以反映公意強化民主，啟迪新知，促進文化、道德、經濟等各方面之發展，其以廣播及電視方式表達言論之自由，為《中華民國憲法》第11條所保障之範圍。

　　是以，本書認為臺灣客家電視頻道之設立具有下列意義：(1)傳承客家族群之母語及文化之有力建制；(2)保障客家族群之「接近使用傳播媒體」權利；(3)落實憲法「言論自由」之核心價值。

### 五、確立客家政策主軸：復振客語與復興客家文化

　　還我母語運動，主要就是針對如何維護與推廣客語為主要的訴求，基於客語一旦消失，語言使用者消失，代表客家族群也就消失了，故客語之危機便是客家族群之危機。在此種思維影響下，推廣客語便成為客家事務行政部門主要的政策方向，這可以從行政院客家委員會所推廣的客語比賽與客語認證考試，及客家電視頻道之設立等，看出復振客語之企圖。

　　又後來臺灣的《客家基本法》之制定，更為客語復振建構了原則性之框架。同時為復興客家文化，也推動設置北苗栗、南六堆之客家文化園區，並推廣由客家桐花祭擴大之「客庄十二大節慶」等文化活動。

## 參、創設客家事務行政部門

　　受到臺灣客家運動及主要政黨爭取客家族群選票之影響，2000年間展開了有關臺灣客家事務行政部門（客家委員會）之設置。

---

[6] 目前有線電視頻道第17頻道的「客家電視台」，精確來說，應為「臺灣公共廣播電視集團」中的「客家電視頻道」；因依《無線電視事業公股處理條例》第14條第3項規定，政府編列預算招標採購或設置之客家電視、原住民電視、臺灣宏觀電視等「頻道節目」之製播，應於本條例公布施行後之次年度起，交由公視基金會辦理。這也是為何馬英九2008年競選總統時，會提出「成立全國性客家電視台」之政見。

## 一、從籌備處到正式成立：僅約1年

行政院於2000年5月11日第2681次會議通過《行政院客家事務委員會籌備處暫行組織規程》及《行政院客家事務委員會組織條例》兩草案；爾後行政院於2000年5月18日以院令發布《行政院客家事務委員會籌備處暫行組織規程》，同時將《行政院客家事務委員會組織條例》草案函送立法院審議（當時執政黨為國民黨）。陳水扁總統於2000年5月20日就職後，民進黨政府於2000年9月1日正式成立籌備處，由蒙藏委員會徐正光委員長兼任行政院客家事務委員會籌備處主任；立法院於2001年5月4日三讀通過《行政院客家委員會組織條例》，行政院客家委員會（後來在2012年1月1日改制為客家委員會）乃在2001年6月14日正式成立。[7]

客家事務專責行政體系（行政院客家委員會）之成立，除了彰顯臺灣客家族群有了專屬行政部門來爭取權益外，更重要的是代表臺灣客家族群有了明確的政府預算分配規模，每年國家政府預算資源分配中，都有一定比例分配給客家族群。

而行政院客家委員會之設置，在預算資源分配，以及其與各客家社團（利益團體）互動關係，其影響為：

### （一）資源集中化

就組織結構設計之觀點，因為各機關會有其本位主義，當事權分散於各機關時，常會發生爭功諉過或推諉卸責之情況；專責機關之成立，具有事權統合與資源整合之正面價值。惟也有學者認為集中化有可能也是「邊緣化」[8]的開始。

在早期（客家委員會成立之前），客家文化業務係由文建會（後2012年改制為文化部）所主管的；客家教育、客語教育推廣則涉及了教

---

7　客家委員會網站，http://www.hakka.gov.tw/ct.asp?xItem=7&CtNode=348&mp=346&ps=，上網檢視日期：2011年1月22日。

8　范振乾教授便認為集中化就是邊緣化的開始，因為其他政府機關碰到客家事務時，都要求相對人逕洽客委會，而客委會資源、預算有限，致客家事務推動更形困難（范振乾，2009：165-166）。

育部權責；客家民俗禮儀、客家宗教則與內政部業務相關；客家傳播媒體則涉及了新聞局（後來在2012年裁撤）的職掌；事權是高度分散於各政府部門的。

客家委員會的成立，雖讓客家事務有了專責機關，具有事權統合與資源整合之正面效果；可以有效的統合行政資源，並讓客家事務之推展有明確的政策方向。

### （二）影響客家社團（利益團體）之自主性

客家委員會的成立，讓客家事務有了專責機關，在政府部門層面上，具有事權統合與資源整合之正面效果；但相對的，在客家利益團體層面上，卻產生不利於部分客家社團或客家利益團體之負面效果。

當成立了客家事務專責機關，雖然統合了政府預算與社會資源，有助於明確的客家政策發展方向；在符合當前客家政策發展作為之利益團體，當然能獲得相當的預算與資源，有助於這個政治參與團體的成長。

但相對的，如果特定的利益團體之政治參與訴求，是不符合當前客家事務專責機關所定之客家政策發展方向時，顯然無法獲得預算與資源之分配，對這個政治參與團體的發展來說，是不利的。事實上，有論者便指出現在許多客家社團因仰賴客家委員會之預算補助，致在許多客家重要議題上，不敢表達與政府相違的意見。

從「多元參與」的角度，政府應該保障各種利益團體都有追求其利益價值的機會，應該包容且尊重不同政策訴求之政治參與團體。而統治者掌握了客家事務行政體系之人事任命權與資源分配權，通常確實會有扶植與自己立場相近利益團體之傾向。故客家事務專責機關之設立，讓資源分配權集中在客委會主委手中，而這個資源分配控制權「有可能」轉換為對客家利益團體之控制權。

## 二、設置客家事務行政部門之意義與效果

本書認為中央與地方客家事務委員會之設立，具有一個主要意義及兩

個效果。

## （一）主要意義：客家族群政治參與運動的具體成果

　　如同本書前所論述的有關「1228還我母語運動」對政治結構之影響，客家事務專責機關之設立可說是客家族群政治參與運動的具體成果。讓臺灣四大族群，除最大閩南族群外，皆有專屬行政體系之建立（客家族群為客家委員會、外省族群為國軍退除役官兵輔導委員會[9]、原住民為原住民族委員會）。

## （二）效果一：消除隱形化的困境，強化客家族群認同意識

　　客家委員會之設立，具有「象徵性」之功能，讓客家族群感覺到客家族群有專責行政機關之服務，意識到客家事務有其「特殊性」。從心理學角度，當人們感覺到其與其他人不一樣之特殊性時，就會強化這個特殊性所代表之意義，進而對其更加認同，並讓原本是處於「隱形化」的客家族群逐漸站出來。

　　又客委會成立後，代表客家族群有其專責行政機關，具有「象徵性」之功能，而能產生凝聚客家族群向心力與強化客家族群認同意識之效果。

## （三）效果二：讓非客家族群更瞭解客家語言與文化，有助於促進族群和諧

　　在中央與地方客家委員會成立後，陸續辦理了許多客家文化或民俗活動，如客委會辦理之「客庄十二大節慶」，不但讓新一代客家族群能瞭解與認同其自身客家文化與意識；更重要的是，透過這些活動，把客家語言

---

[9] 政府為使國軍新陳代謝，永保精壯戰力，於1952年建立退伍除役制度，並為使參與東征、北伐、抗戰、戡亂諸役，半生戎馬，功在國家的國軍退除役官兵，能夠於離營後，在政府的妥善照顧下，投入社會，繼續為國家貢獻。於民1954年11月1日成立「行政院國軍退除役官兵就業輔導委員會」，統籌規劃辦理退除役官兵就業輔導及安置事宜，嗣後由於服務層面擴大，不再局限於就業輔導。於是自1966年更名為「行政院國軍退除役官兵輔導委員會」（簡稱輔導會），以使名實相符，統籌辦理輔導榮民就學、就業、就醫、就養及一般服務照顧等工作。又政府為了感念這些曾經為國家犧牲奉獻的捍衛戰士，特授予這些退除役官兵「榮譽國民」的榮銜，簡稱「榮民」。資料來源行政院國軍退除役官兵輔導委員會網站（http://www.vac.gov.tw/content/index.asp?pno=54），檢視日期：2011年7月20日。

及文化推廣出去，讓非客家族群在參與客家文化或民俗活動的過程中，認識客家文化與語言。

　　在讓非客家族群更瞭解客家文化的基礎上，客委會更進一步運用「哈客」[10]的概念，來讓非客家族群瞭解客家文化，以達到族群和諧的效果。

　　臺灣客家運動雖說從母語權出發，但如何復振客語，讓客語成為客家族群日常生活所使用語言，參照Crystal所著《語言的死亡》一書觀點，其途徑為：(1)提高客家族群在支配族群（福佬）中的尊嚴；(2)增加客家族群在支配族群（閩南）中的財富；(3)提高客家族群在支配族群（閩南）中的法律權力；(4)加強客家族群在教育體系中所占的分量；(5)客語的文字化；(6)客家族群善用電子科技，透過價廉且無遠弗屆的網路讓客語進入公共領域（周蔚，2001：246-262）。

　　復從差異政治與制度性肯認觀點，Iris Marion Young以差異公民資格（differentiated citizenship）概念以及特殊權利設計補救少數族群因結構所招致不平等與壓迫之方式為：(1)為促進族群集體認同與集體利益，應尊重族群成員的自我組織權；(2)少數族群意見能被納入決策過程；(3)涉及族群利益之政策，應賦予少數族群否決權（Young，1989：258；張培倫，2005：64）。為使臺灣客家族群能有代言、發聲之機制，專屬行政機關之設立，便成為一個重要的政策議題；又為確保臺灣客家族群權益，法制面之保障亦不可或缺，乃浮現制定臺灣的《客家基本法》議題。

---

[10] 認同客家自然會去學習語言，語言是族群生存最基本的標誌；但是認同語言卻不一定會去學習，這是「哈客」的基本思維。要讓客家人與非客家人認同與接受客家文化，並進而喜愛客家文化；「哈客」仍是延續著認同的概念而出發，只是相較於過去的語言或文化認同，現在的「哈客」所強調從過去文化本身，延伸進文化產業，將客家重新包裝，以行銷、公關的手法，將此文化產業推向整個臺灣島。例如擂茶、陳永淘的歌曲、客家美食或客委會所辦理的油桐花祭活動等就是哈客的行為。透過過精緻化、藝術化的「哈客」方式，讓客家素材能夠從生活中再創造出新意；一方面產生客家庄的新活力，另一方面也讓客家族群之外的人享受到客家產品，創造出客家市場；當客家產品能夠受到肯定，客家的文化內涵也將變得更為充實、有益，如此也會有更多人願意學習客家話（黃子堯，2003：74-76）。

### 三、客委會改制與政策主軸變遷：客家文化產業經濟發展

依2011年6月29日公布《客家委員會組織法》[11]第2條規定，客委會掌理事項：(1)客家事務政策、制度、法規之綜合規劃、協調及研議事項；(2)地方及海外客家事務之研議、協調及推動；(3)客語推廣及能力認證之規劃及推動；(4)客家文化保存與發展之規劃、協調及推動；(5)客家文化產業發展、創新育成與行銷輔導之規劃、協調及推動；(6)客家傳播媒體發展、語言文化行銷之規劃、協調及推動；(7)所屬客家文化機構之督導、協調及推動；(8)其他有關客家事務事項。

若與2001年5月16日公布《行政院客家委員會組織條例》第3條[12]相比較，可以觀察到行政院客家委員會的階段，其主要政策目標在復振客語與復興客家文化（此時尚未有客庄文化產業之經濟政策目標）；而在客家委員會的階段，新增「客家文化產業發展」納入政策目標。

也為達此「客家文化產業經濟發展」之政策目標，2011年9月29日發布《客家委員會處務規程》自2012年起增設「產業經濟處」，專責推動辦理客家文化產業工作，以發展客庄經濟。

## 肆、制定臺灣的《客家基本法》：制度性保障與客家政策明確化

臺灣的《客家基本法》之制定，落實憲法保障多元文化之精神，讓客家事務更明確化、制度化，具有建構制度性保障機制與明確化客家政策之意涵。

---

[11] 依2010年2月3日修正《行政院組織法》第4條第8款規定，行政院設「客家委員會」，配合行政院組織改造，2012年1月1日「行政院客家委員會」改制為「客家委員會」。

[12] 《行政院客家委員會組織條例》第3條規定，客委會掌理事項：(1)客家事務政策、制度、法規之綜合規劃、協調及研議事項；(2)客家文化之保存及推動事項；(3)客家語言、客家民俗禮儀、客家技藝、宗教之研究與傳承規劃及協調事項；(4)客家教育之規劃協調、客家人才之培育及訓練事項；(5)客家傳播媒體、文化團體與文化活動之推動及獎勵事項；(6)客家事務相關資料之調查、蒐集、分析及出版事項；(7)促進族群融合事項；(8)海外客家事務合作及交流事項；(9)議事、文書、印信、出納、庶務及公共關係事項；(10)其他有關客家事務事項。

## 一、建構制度性保障機制

　　政府在2001年6月14日成立行政院客家委員會（已改制為客家委員會），專責推動全國客家事務及相關行政。數年來積極復甦客家語言、振興客家文化、發展客家產業，雖已獲致相當成果，並奠定扎實基礎，但由於行政措施仍有其局限，缺乏法源依據，致使無法普遍而深入地推展各項工作，為期建立制度性規範，確保客家事務法制化，以增強推動之力度與效果，確立客家事務未來基本方向，藉此建構客家事務施政總目標，乃制定《客家基本法》，以建構制度性保障機制，彰顯政府重視客家族群之基本權利，並宣示客家事務進入法制化階段。

## 二、客家政策明確化

　　雖然《客家基本法》的根本問題點，在許多條文不具有法的規範性，嚴格來說，《客家基本法》中許多條文僅具有「法制化的政策宣示」效果。

　　惟如同《客家基本法》之草案總說明所揭示，《客家基本法》具有「建立制度性規範，確保客家事務法制化，以增強推動之力度與效果，確立客家事務未來基本方向，藉此建構客家事務施政總目標」之價值取向。再加上「基本法」之制定，在於宣示未來政治理念及建構基本原則之規範性框架的效果，故《客家基本法》仍具有明確化臺灣客家政策之正面價值。

## 第三節　析論臺灣客家政策

　　對於公共政策（Public Policy）之界說，各家說法不一，吾人以為可概觀分為二大類論點：(1)政策理念的實踐論，此類論點認為公共政策在實踐某特定之政策理念或價值；採此類論點學者如拉

斯威爾（H.D.Lasswell）、卡普蘭（A. Kaplan）、費德烈克（Carl Friedrick）、蘭尼（Austin Ranney）等。(2)權威政府的行動論，此類論點說認為公共政策是政府本其權威性所為之行動過程；採此類論點學者如伊士頓（David Easton）、戴伊（T. Dye）、瓊斯（C. O. Jones）等。[13]

公共政策的動力淵源於普遍民主之制度（李喬，2002：1.10），公共政策無法脫離政治，本於David Easton對「政治」之界說為價值的權威性分配（authoritative allocation of value）的觀點，多可為政治學者所接受，基於政治運作與公共政策無法與政府權威性脫離，本書乃採「權威政府的行動論」以探討客家政策。

另或許公共政策領域中存有「階段論」與「反階段論」不同的觀點[14]，惟「階段論」在先，「反階段論」在後，而透過「階段論」可較系統性探討客家政策，本書乃採「階段論」觀點。

---

[13] 有關公共政策定義，Lasswell認為政策的意義是為了某種目標、價值及實踐而設計的計畫；Dye認為公共政策是政府選擇作為或不作為的行動；Easton認為公共政策是權威人員所採取一系列目標取向的行動；Friedrick認為政策概念在於其必然有一個目標、目的或宗旨；Ranney認為公共政策內容包括有一個或一組特定目標、有一個擬妥的方針、有一條已經選定的行動路線、意圖的宣布、意圖的執行；Jones認為公共政策是政府為解決社會問題，滿足人民需要所採取的一系列行動的過程」。可參閱詹中原，2007，〈臺灣公共政策發展史〉，國家政策研究基金會（http://www.npf.org.tw/post/2/1057），檢視日期：2011年4月12日。

[14] 「階段論」者，認為公共政策在研究某項公共議題在政府機關的全程處理情況，並將其分為若干階段加以研析；一般分為政策問題形成、政策規劃、政策合法化、政策執行、政策評估五階段；主張階段論者之代表，如Chares. O. Jonesm於1984年所著 *An Introduction To the Study of Public Policy*、William N. Dunn於2004年所著 *Public Policy Analysis: An Introduction*、James E.Anderson於2001年所著 *Public Policymaking*、Thomas R. Dye於2002年所著 *Understanding Public Policy*，以及國內的林水波、張世賢、吳定等。「反階段論」者，反對將政策運作過程分為若干階段加以研究，主張外環境因素（如政治因素及其互動）對政策制定之影響；主張反階段論者之代表，如Wayne Parsons於1995年所著 *Public Policy*、Paul A. Sabatier於1993年所著 *Policy Change over a Decade or more*、John W. Kingdon於1995年所著 *Agendas, Alternatives and Public Policies*、R. A. W. Rhodes於1988年所著 *Beyond Westminister and Whitehall*、國內則以丘昌泰為代表。可參閱吳定，2008，《公共政策》，臺北：五南，頁4-10；丘昌泰，2008，《公共政策：基礎篇》，臺北：巨流，頁 I -V。

## 壹、臺灣客家運動的三層次發展策略

　　若要探討1980年代開始的臺灣客家運動，並為了推動長遠的臺灣客家發展，則臺灣客家運動在發展策略方面應有「三層次」的考量：一為憲法層次；二為法律層次；三為公共政策層次。從1980年代迄今所推動之臺灣客家運動，已由早期的公共政策層次的「客家政策」，逐步推進到2010年通過法律層次的《客家基本法》；今後應再向前推進，宜採修憲方式，增訂憲法層次的「多元族群專章」，以利完整而有系統地推動臺灣客家發展，此即本書所主張的「臺灣客家運動的三層次發展策略」。

　　「臺灣客家運動的三層次發展策略」，目前已進入第二階段臺灣客家運動，已在法律層次實踐《客家基本法》。至第三階段臺灣客家運動是否會發生，或何時發生，目前尚無法定論；惟就長遠來看，這三階段之臺灣

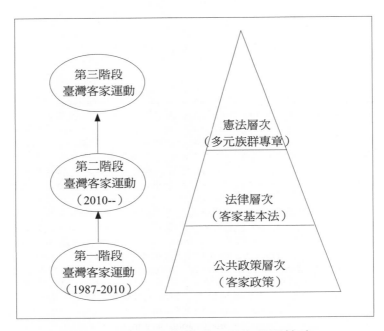

圖2-1　臺灣客家運動三層次發展策略

客家運動，就是「客家文藝復興」的一部分，藉此讓「客家文化」朝向「客家文明」邁進（邱榮舉、王保鍵，2011）。

文明（civilization）源於拉丁文的「Civis」，依Raymond Williams所著 *Keywords: A Vocabulary of Culture and Society* 一書中界定文明為：達到組織化社會生活的狀態（Civilization is now generally used to describe an achived state or condition of organized social life）（Williams，1976：48）。也就是說，文明是文化（culture）進步的結果，當人們的生活進步到一定的程度，出現一個穩定且和諧的社會生活狀態，並將文化中的菁華部分實踐於日常生活之中。

本書所提出「臺灣客家運動三層次發展策略」，就是希望透過客家文藝復興（包含臺灣客家運動）將客家文化中的菁華部分昇華為客家文明，作為客家族群日常生活之價值系統。

## 貳、在第二階段的臺灣客家運動中提升客家政策視野

公共政策是政府為解決特定社會問題所做的努力，從公共政策之階段論觀點，沒有社會問題或政策問題[15]就不會有後續的政策規劃、政策合法化。臺灣因為先有「客家問題」有待解決，後來始有「臺灣客家運動」之產生，而客家政策就是要用來解決臺灣客家問題之公共政策。它是政府所研制與執行之極重要國家政策之一。臺灣的客家政策，是在臺灣客家族群體認到其族群之語言、文化危機，並以社會運動（臺灣客家運動）的方式，讓政府、各政黨與社會各界認知到臺灣客家族群之需求與問題；而政府為解決客家族群之問題，乃逐漸形成客家政策。

臺灣客家政策，自然是解決臺灣客家族群之問題；而臺灣客家問題之

---

[15] 依林水波與張世賢觀點，政策問題之組成要素略有：(1)一種情況，(2)它是察覺的、體認的，(3)關係到大多數人並為其察覺到的一種情況，(4)衝突的利益、價值和規範，(5)需要、受剝奪、不滿足感的產生，(6)團體的活動過程，(7)權威當局有必要採取行動加以解決者（林水波、張世賢，2006：65-68）

所以能獲得政府之重視，進入公共領域，當推「臺灣客家運動」（包括：
《客家風雲雜誌》之創辦、1988年「還我母語運動」大遊行、創辦臺灣
客家公共事務協會、設客家電台、客家電視頻道等）之衝擊。

　　臺灣受到1988年12月28日「還我母語運動」萬人臺北大遊行之影
響，在公共領域開始思考台灣客家族群問題之所在，開始思考研制客
家政策；並讓臺灣的族群政策不再僅指原住民政策，還包括客家政策。
也是受還我母語運動大遊行訴求之影響，臺灣客家政策一開始就是從
語言權及文化權之復振與傳承出發，以政府的力量來復育客家語言、文
化。從2000年5月18日發布《行政院客家事務委員會籌備處暫行組織規
程》（2000）[16]及2001年5月16日公布《行政院客家委員會組織條例》
（2001）之發（公）布，可以得證。

　　臺灣客家運動以「體制外」（衝撞既有體制）社會運動方式，積
極地促成中央與地方層級客家事務之組織與法制發展，諸如行政院客家
委員會及各縣（市）客家事務局（委員會）之設置，再加上《客家基本
法》2010年公布實施。在客家事務之組織、法制建構已然有相當成就的
今日，臺灣客家運動走了20多年後，在《客家基本法》制定後，已然轉
型進入第二階段的臺灣客家運動。第一階段的臺灣客家運動（1987年至
2009年）有客家政策，但尚未有《客家基本法》的出現；第二階段的臺
灣客家運動（2010年之後）不但有客家政策，而且有《客家基本法》作
為推動客家政策之法源依據。

　　1980年代第一階段的臺灣客家運動，是一個客家族群自覺運動，主
要在建構客家族群意識、突出客家族群特色，以找回客家族群的身分認

---

[16] 行政院客家事務委員會籌備處掌理下列事項：(1)行政院客家事務委員會之籌設事項。(2)客
家事務政策、制度、法規之綜合規劃、協調及研議事項。(3)客家文化保存之規劃及協調事
項。(4)客家語言、客家民俗禮儀、客家技藝、宗教研究與傳承之規劃及協調事項。(5)客家
教育、客家人才培育之規劃及協調事項。(6)客家傳播媒體、文化團體與文化活動之規劃及
協調事項。(7)客家事務相關資料之調查、蒐集、分析、出版之規劃及協調事項。(8)促進族
群融合之規劃及協調事項。(9)國際客家事務合作、交流之規劃及協調事項。(10)議事、文
書、印信、出納、庶務及公共關係事項。(11)其他有關客家事務之規劃及協調事項。

同，並復振客家母語及文化。

　　第二階段的臺灣客家運動，係以「多元文化／尊重差異／族群共存共榮」為思惟，推動臺灣各族群（閩南、客家、外省、原住民、新住民）皆可共享之價值理念與生活方式。意即，第二階段的臺灣客家運動，將循「體制內」之方式，強化臺灣客家族群訴求之正當性，並逐漸提升客家研究（建構客家知識體系／客家學），以提高臺灣客家政策之層次與內涵。

## 參、臺灣客家政策演進之三時期

　　臺灣客家政策之演進至少可分為三個階段：(1)第一階段（2000年之前），此階段為2000年臺灣首次政黨輪替，民主進步黨開始執政之前，屬於中國國民黨執政時期；(2)第二階段（2000年至2008年），此階段為民主進步黨執政時期；(3)第三階段（2008年迄今），此階段為中國國民黨再度執政時期。

　　因為在第一時期的時候，臺灣客家問題雖已出現，但當時政府並無具體政策解決方案，屬「無具體客家政策時期」。至2000年臺灣的總統、副總統大選，各陣營總統、副總統候選人相繼提出「客家政策白皮書」，才開始有具體的有關客家政策之政見（基本主張）。惟因本書採「權威政府的行動論」探討公共政策，各陣營候選人提出之政策主張，須俟執政後，再經政府部門審慎評估後施行，始得成為公共政策，故第二時期與第三時期臺灣客家政策之比較，乃以勝選之總統（陳水扁、馬英九）於其競選時所提出之「客家政策白皮書」作為比較主軸[17]如表2-2；並就公共政策之「普遍性」及「實踐性」來比較民進黨（陳水扁）與國民黨（馬英九）之客家政策如後。

---

[17] 事實上，政府的政策是具有延續性的，第三時期國民黨（馬英九）的部分客家政策是延續民進黨（陳水扁）的客家政策，惟國民黨（馬英九）會將其認為重要，與其他競選陣營比較上，具有特色者，始作為其政見主軸，故本書遂以競選政見作為比較基礎。

表2-2　民進黨與國民黨臺灣客家政策比較

| 判準 | | 民進黨（陳水扁） | 國民黨（馬英九） | |
|---|---|---|---|---|
| | | | 2008年 | 2012年 |
| 主軸 | | 客家看見客家，臺灣看見客家 | 牽成客家，繁榮客庄 | 榮耀客家，藏富客庄 |
| 語言權 | 保障 | 制定《語言平等法》 | 主張以「公事語言」取代《語言平等法》；實際上主導通過《客家基本法》 | 客語認證年齡降至4歲，並建立「客語百句」認證，鼓勵客語的普及化 |
| | 傳承 | 客家幼稚園 | 客語家庭及客語薪傳師 | |
| | | 設置客語頻道（電視、廣播） | 主張成立全國性客家電臺，但尚未實現 | |
| 文化權 | 保障 | 客家文化園區 | 設置客家文化重點發展區 | 無 |
| | 傳承與創新 | 客家禮俗技藝研習班／每年舉辦全國性的客家文化節 | 提升客家文化的創新價值（經濟與觀光） | |
| 客家文化創意產業 | | 提倡客家文化創意產業 | 設立客家特色產業發展基金 | 振興客家文化特色產業，協助布建全球商品通路 |
| | | | | 扶助客家文創活動，將客家節慶提升為國際觀光層級 |
| | | | | 輔導客家青年創業，成為客家文創與特色產業的發展尖兵 |
| 客家研究（客家知識體系／客家學） | | 主張成立義民大學／客家社區學院；實際上在十餘所公私立大學陸續設立客家學院、客家系所、客家研究中心等 | 政見中無此類主張，且在國民黨執政後，各大學客家研究系所面臨嚴重裁撤危機 | 厚植客家社群力量，形成多元參與風潮 |
| 組織法制人力 | | 設置行政院客家委員會，並在地方政府開始設立客家專責機構 | 客家事務法制化 | 將成立客家發展基金會，以靈活的機制和豐沛的資源推動客家事 |
| | | | 客家事務預算四年倍增 | |
| | | | 縣市政府建立客家事務整合機制 | 培植客家領導人才，推動客家青年領袖教育課程 |

表2-2　民進黨與國民黨臺灣客家政策比較（續）

| 判準 | 民進黨（陳水扁） | 國民黨（馬英九） | |
| --- | --- | --- | --- |
| | | 2008年 | 2012年 |
| 國際客家交流 | 連結世界各國臺灣客家僑民／大力推動全球客家文化會議／舉辦客家國際學術研討會／赴海外展演客家文化等 | 主張建設臺灣成為全球客家文化與產業交流中心／興建客家主題公園 | 打造臺灣成為世界「客家新都」，吸引海外客家人參訪旅遊 |

　　以表2-2為基礎，進一步比較民進黨（陳水扁）與國民黨（馬英九）之客家政策之優劣及其實踐性如下。

## 一、語言權

### （一）民進黨《語言平等法》政策與國民黨「公事語言」政策

　　民進黨主張以《語言平等法》[18]保障各族群使用其自然語言（國家語言）的權利，政府機關（構）並應提供國家語言溝通必要之公共服務。國民黨主張以「公事語言」取代《語言平等法》，凡「客家文化重點發展區」，客語均屬於「公事語言」。

　　就公共政策之「普遍性」及「實踐性」來比較兩黨語言政策，本書認為《語言平等法》政策實優於「公事語言」政策，理由如下：

1. 《語言平等法》政策將各族群使用之自然語言皆列為國家語言，並規範國民使用國家語言，不應遭受歧視或限制；此政策讓臺灣各族群母語皆立基於平等地位。而國民黨之「公事語言」政策，僅將客家族群母語列為公事語言，其他族群母語是否也可得為公事語言？且客語可為公事語言者為客家文化重點發展區，致客家族群於非客家文化重點發展區洽公時，無法使用客語。兩相比較，民進黨的《語言平等法》政策，較具「普遍性」。

---

[18] 行政院2008年2月1日院臺文字第0970003868號函送請立法院審議之版本。

2. 國民黨（馬英九）之客家政策白皮書，係主張凡「客家文化重點發展區」，客語均屬於「公事語言」，在公事場合均可使用，政府機關設必要的翻譯人員。惟隨後制定之《客家基本法》第6條規定[19]，則弱化為「推動」客語為公事語言，致國民黨之政策主張與政策實踐上產生了落差，「實踐性」不足。

惟需特別加以說明的是，就政策主張來看，民進黨的《語言平等法》政策雖較佳，但僅將法案送請立法院，因當時立法院是朝小野大，民進黨在立法院的力量不如國民黨，以致最後該法案未能完成立法程序，實屬可惜。而國民黨的「公事語言」政策，已透過《客家基本法》，加以實踐，故就「執行力」來說，國民黨的政策執行力較佳。

（二）民進黨與國民黨客語傳承、客家媒體政策之比較

就公共政策之普遍性來看，國民黨的「客語家庭及客語薪傳師[20]」，涵蓋面大於民進黨的「客家幼稚園」，較具「普遍性」。

至在廣播電視部分，客家電視頻道已在2003年7月1日開播，屬民進黨之政績；惟就客家廣播電台[21]部分，國民黨的「成立全國性客家電臺」雖然穩定性高於民進黨的「客語廣播頻道」，但是至今尚未實現，今後如國民黨能將全國性客家電臺，加以實踐，則兩黨間在客家媒體政策上或許可以旗鼓相當。時至今日，總體來看，兩黨在客家媒體方面，尚有許多有待加強之空間。

---

[19] 第6條：客家文化重點發展區，應推動客語為公事語言，服務於該地區之公教人員，應加強客語能力，其取得客語認證資格者，並得予獎勵。

[20] 依《客家委員會推動客語薪傳師資格認定作業要點》第2點，客語薪傳師係指具有客家語言、文學、歌唱及戲劇之才能，並經本要點認定取得證書者，以傳承客家語言文化為使命。

[21] 目前FM93.7之寶島客家廣播電臺，係於1994年成立之財團法人，為中功率電臺，收聽區域僅限大臺北地區。

## 二、文化權

### （一）民進黨「客家文化園區」政策與國民黨「客家文化重點發展區」政策

民進黨客家文化園區政策，國民黨執政後續行推動，目前實踐結果係在行政院客家委員會下設臺灣客家文化中心籌備處，並於籌備處下轄六堆客家文化園區、新瓦屋文化保存區、苗栗文化園區等3個園區。[22]惟這些客家文化園區實際上是以提供展演為主，類似一般的藝文館。

國民黨的客家文化重點發展區政策，可由政府的力量及資源於客家文化重點發展區（以鄉鎮市區行政區為基礎）[23]，加強客家語言、文化與文化產業之傳承及發揚。

事實上，《客家基本法》中最具有發展性的，應是客家文化重點發展區（Major Hakka Cultural Areas），本書將於第五章另行討論。

### （二）民進黨「客家禮俗技藝研習班、客家文化節」政策與國民黨「提升客家文化的創新價值」政策

就政策「具體性」來看，民進黨「客家禮俗技藝研習班、客家文化節」政策較具體明確，國民黨「提升客家文化的創新價值」政策[24]較類似政見口號，具體明確性不足。持平而論，上述兩黨這幾年在客家事務方面的表現，各有千秋，確實比過去改善不少。另近幾年，於國民黨主政下，在臺北市興建的「客家文化主題公園」，或許未來可在客家文化傳承方面扮演較重要之角色。

---

[22] 事實上，各地方政府亦成立了許多客家文化園區，如新北市客家文化園區（新北市三峽區）、高雄市新客家文化園區（愛河畔）。

[23] 行政院客家委員會2011年2月25日客會企字第1000002677號公告發布有69個鄉（鎮、市、區）客家文化重點發展區。

[24] 政府協助客家保存傳統文化及舉辦客家文化活動之餘，更應積極協助開發創新的客家文化，輔導客家文化產業創新發展，使其經由設計、開發、製作、包裝、行銷的商業化過程，將客家文化融入於視聽藝術、數位網路與精緻生活產業中，成為高附加價值且能跨越族群邊境的文化創意產業，深入市場，擄獲人心。同時，結合都市發展、建築、藝術、設計與客家工作者，協助客家聚落運用「農村再生基金」或「觀光產業發展基金」，建設客家庄特有的文化風貌，以提升客家文化產業的經濟與觀光效益。資料來源，馬英九與蕭萬長客家政策（http://www.rdec.gov.tw/public/Attachment/942417372371.pdf），檢視日期：2011年4月16日。

### 三、民進黨與國民黨之客家文化產業政策

　　民進黨執政期間首度推出客家文化產業的政策主張，且在民進黨執政時期，已透過客家委員會積極推動「客家桐花季」，故民進黨實已有客家文化產業之政策與具體作為。而國民黨則主張設立客家特色產業發展基金，今後，如能確實予以落實，對客家文化產業之扶助，應有相當助益；惟在實踐上，國民黨執政後，並未設置客家特色產業發展基金，而係納入「地方產業發展基金」[25]內。

　　國民黨馬英九於競選連任時（2012年）提出以「榮耀客家，藏富客庄」的客家政策白皮書，則將焦點轉向於臺灣客家文化產業，八大政見中的四項可說都跟發展客家文化產業相關。這四項政策倡議為：(1)振興客家文化特色產業，協助布建全球商品通路；(2)扶助客家文創活動，將客家節慶提升為國際觀光層級；(3)輔導客家青年創業，成為客家文創與特色產業的發展尖兵；(4)打造台灣成為世界「客家新都」，吸引海外客家人參訪旅遊。

　　此種政策倡議主軸的改變（榮耀客家，藏富客庄），似乎主政者認為以客家文化產業為核心之經濟發展，是未來臺灣客家族群發展重心所在。

### 四、民進黨與國民黨之客家研究（客家知識體系）政策

　　此項國民黨並無政策主張，僅民進黨有政策主張，雖未能如願成立

---

[25] 地方產業發展基金係屬預算法第4條所定有特定收入來源而供特殊用途者之特別收入基金（主管機關為經濟部），強調發展地方經濟為主要觀點，在形塑「一鄉一品」的精神上，由地方政府扮演重要角色，主動參與規劃；相較於過去地方特色產業輔導計畫偏重由中央遴選地域及個案產業進行加值輔導，間接造成地方參與不足，較難滿足地方產業發展的務實需求等現象而言，明顯強化了地方政府在推動地方產業發展上的重要性，因此，行政院2008年8月22以院臺經字第0970034400號函核定地方產業發展基金設置計畫書，並於2009年由國庫撥款10億元，設置「地方產業發展基金」，除了過往強調由上而下的中央輔導計畫機制以外，更擴大推動地方政府由下而上、主動進行規劃提案的補助計畫，希望透過「地方提案、中央補助」的計畫機制，一方面協助地方產業發展，另方面更能提高對人口外移、所得偏低地區的重視，以增加地方就業機會，吸引人口回流。資料來源：地方產業發展基金網站（http://fund.csd.org.tw/faq_show.php?id=52），檢視日期：2011年5月19日。

義民大學及客家社區學院，但在民進黨執政期間，已有國立臺灣大學、國立中央大學、國立交通大學、國立聯合大學等校，先後分別有設置客家學院、相關客家系所，及客家研究中心的成立，或客家通識課程、客家研究課程的開設，讓大家多瞭解多元文化、多正確認識客家文化。惟近年來，各大學的客家研究已有漸漸弱化、式微的趨勢。

## 五、民進黨與國民黨關於客家事務之組織與法制作為

民進黨設置行政院客家委員會，國民黨制定《客家基本法》，兩黨各有所長。但國民黨「客家事務預算四年倍增及縣市政府建立客家事務整合機制」，則讓國民黨在此面向上，略占上風。惟國民黨在行政院客家委員會增加大量經費後是如何有效運用？成效如何？應該受到嚴格監督。

## 六、民進黨與國民黨之國際客家交流政策

民進黨大力推動有關客家的國際學術文化研究與交流，例如，全球客家文化會議，舉辦客家國際學術研討會，赴海外展演客家文化等。國民黨在此方面，亦有世界客屬懇親大會、兩岸客家文化論壇、海外客家文化交流、舉辦客家學術研討會等。兩黨在國際客家交流表現雖似旗鼓相當，但就政治性與學術性比較，民進黨之客家政策與作為，其學術性與文化性，高於國民黨之客家政策與作為。至於兩岸客家交流與合作，國民黨比民進黨積極且互動較多，惟其政治性高於學術性與文化性。意即，國民黨執政期間所推動之國際客家交流，政治性較濃烈。

## 肆、臺灣《客家基本法》實施後之客家政策

在《客家基本法》公布實施後，政府的客家政策重點為何？如參照總統府網站，當前客家政策重點為：(1)傳承客家語言與文化，促使客語成

為重要公共語言；(2)發展具客家特色產業，盡速繁榮客庄經濟；(3)跨越族群及地理隔閡與海外建立連結，打造臺灣成為全球客家文化與產業交流中心。[26]

依《行政院所屬各機關施政績效管理要點》第2點，「中程施政計畫」係指各機關依其職掌，納入總統治國理念及院長施政主軸，擇定施政重點及關鍵策略目標，訂定未來四年之綜合策略計畫。同要點第2點亦規範「年度施政計畫」指各機關依行政院年度施政方針、中程施政計畫之關鍵策略目標及共同性目標，訂定會計年度之綜合策略計畫。

故若欲探討更具體之政府目前客家政策，自當以客家委員會之「中程施政計畫」為主軸，參照客家委員會2010年至2013年中程施政計畫，本書將客委會之現行客家政策整理如表2-3。

表2-3　現階段馬英九政府之客家政策

| | 一個核心 | 臺灣客家主流化 |
|---|---|---|
| 願景 | 三個主軸 | 薪傳客語、扎根文化、族群和諧 |
| | 六個策略 | 母語傳承家庭化、族群互動緊密化、產業發展國際化、客家事務法制化、媒體傳播平權化、客家交流全球化 |
| | 十個目標 | 客語能力倍增、文化價值創新、客庄產業躍升、客家節慶永續、客庄聚落再造、園區營運活絡、客家研究深化、客家傳播普及、全球客家連結、法令制度完備 |
| 現有施政重點 | 全面推動客語教學，復甦客家語言 | |
| | 創造客家文化復興環境 | |
| | 提升客家社會經濟力 | |
| | 促進客家傳播發展 | |
| | 建構國際客家交流平台 | |
| 未來環境情勢分析 | 重視多元文化理念 | |
| | 客家語言面臨消失 | |
| | 客家文化面臨斷層之危機 | |
| | 營造客家文化生活環境及「客家文化重點發展區」之急迫性 | |

---

[26] 資料來源：總統府網站（http://www.president.gov.tw/Default.aspx?tabid=1092），檢視日期：2012年5月23日。

表2-3　現階段馬英九政府之客家政策（續）

| | | |
|---|---|---|
| 未來環境情勢分析 | | 哈客網路學院為新世代資訊傳遞之主軸 |
| | | 南北客家文化園區設置暨營運計畫之迫切性 |
| | | 客家傳播媒體面臨困境 |
| | | 輔導客家傳統產業升級之必要性 |
| | | 促進海內外客家合作交流之必要性 |
| 未來施政重點 | 建立客語發展機制，營造優質客語環境 | 辦理客語師資培育、建置客語資料庫、客語教學輔助，以及家庭與社區客語薪傳教育推廣計畫 |
| | | 向下扎根客語生活學校計畫及相關競賽之推廣活動 |
| | | 辦理客語能力分級認證 |
| | | 推動公事客語無障礙環境計畫 |
| | | 補助辦理客語薪傳暨認證推廣 |
| | 推動客家事務法制化，奠定客家永續發展之根基 | |
| | 振興客家文化，型塑優質客庄生活環境 | 深耕「客家學」研究，建立臺灣成為全球客家研究中心 |
| | | 分年分期辦理家戶調查、主題調查及社會調查，以建構完整的客家文化資源基礎資料 |
| | | 引領客家後生進行客庄尋根計畫 |
| | | 辦理「數位臺灣客家庄」計畫，永久典藏客家瀕危之文化資產 |
| | | 提升客家文化的創新價值 |
| | | 規劃籌設臺灣客家文化園區管理單位 |
| | | 建設南北園區成為臺灣與全球客家文化交流平台 |
| | | 輔導推動客家聚落保存及客家文化館舍活化經營 |
| | 發展客家產業，繁榮客庄經濟 | 制定客家產業政策，成立推動產業專責單位 |
| | | 客家特色商品設計輔導 |
| | | 客家特色商品行銷推廣 |
| | | 塑造客家產業示範聚落 |
| | | 客庄文化加值，帶動觀光產業發展 |
| | 強健客家傳播力量 | 逐步推動設立全國性客家廣播電台 |
| | | 製播優質客家廣電節目 |
| | | 打造網路平台及數位資料庫，客家影音資訊整合化 |
| | | 形塑「客家新印象」，客家行銷全球化 |
| | 建構全球客家文化交流網絡 | |

資料來源：客家委員會中程施政計畫（2010年至2013年，2010年滾動版）。

　　就客家委員會之中程施政計畫與馬英九總統競選時所提出「客家政策白皮書」比較，顯然未實踐者，便是「客家特色產業發展基金」之政見。

　　客委會之中程施政計畫並未列入「設立客家特色產業發展基金」之事項，係因目前政府係將客家文化產業納入「地方產業發展基金」加以輔導或補助。

　　但因地方產業發展基金係以協助各縣市發展地方產業為目的，從其8項具體目標以觀[27]，客家文化產業只是「地方產業發展基金」輔導或補助的部分項目，對客家文化產業來說，其「專屬性」不足。

　　以2010年地方產業發展基金之「輔導計畫」共有6項，其中僅2項與客家文化相關；至「補助計畫」共有56項，其中僅6項與客家文化相關。[28]意即，地方產業發展基金之有限資源，無法大規模或全面地補助或輔導客家文化創意產業；且參酌《原住民族傳統智慧創作保護條例》、《原住民族綜合發展基金收支保管及運用辦法》之協助機制，故本書認為「地方產業發展基金」之專屬性不足，仍有必要設置客家族群專屬性的「客家特色產業發展基金」以確實落實馬總統政見。至於馬總統2012年競選總統連任所提出「成立客家發展基金會」政見，其後續發展，仍有待觀察。

---

[27] 具體目標有：(1)作為中央各部會執行地方產業計畫之協調平台；(2)運用專業團隊能力，協助地方政府規劃其地方產業發展，以解決地方政府人力不足之問題；(3)發展具國際化潛力之地方特色產業；(4)針對人口外移及所得偏低地區，提供適當協助，以增加就業機會及提高所得收入；(5)配合地方產業發展需要設置微型園區，協助傳統產業及中小企業解決用地問題；(6)支應青年創業「減飛」計畫所需經費，活化政府資源，幫助青年創業；(7)協助具潛力客家特色產業發展，注入資金或提供優惠融資；(8)其他地方產業發展相關計畫或事項。資料來源：地方產業發展基金網站（http://fund.csd.org.tw/faq_show.php?id=7），檢視日期：2011年5月19日。

[28] 本書以計畫中有論及客家文化產業或提出鄉鎮市為客家文化重點發展區者，作為判準；2010年地方產業發展基金之「輔導計畫」中之「風姿綽約，新竹茶花產業實質輔導計畫」與「雅客傳藝，品味竹東產業實質輔導計畫」可歸類於客家文化創意產業；其他「瑞芳文化形象產業整合實質輔導計畫」、「翡翠流域‧甦活秘境：臺北縣石碇鄉自然養生特色產業提升實質輔導計畫」、「桃園縣龜山鄉眷村‧農村主題產業提昇實質輔導計畫」、「花花草蘆竹最好：桃園縣蘆竹鄉草花地方特色產業發展實質輔導計畫」則非屬客家文化創意產業。至「補助計畫」，因項目繁多，本書不一一列出，請參閱地方產業發展基金網站（http://fund.csd.org.tw/project.php?id=2,25），檢視日期：2011年5月19日。

　　當代制度研究者隨行為主義之發展，將相關的社會科學理論引入制度議題之探討，透過自然科學學科之借用，力求擴大制度研究深度及廣度；主要係側重於「制度如何產生（制度之設計或選擇）」之研究。例如，從拋棄共產主義的東歐、俄羅斯等國家為何多採用雙首長制之制度設計？為何在總統制、內閣制、雙首長制、委員制中，選擇了雙首長制？就新制度主義（New Institutionalism）觀點，新制度主義主要是探討「制度如何產生」、「制度之設計或選擇」之研究。依李帕特（A. Lijphart）於《新興民主國家的憲政選擇》（1996）中，對新制度主義之界定係指(1)強調歷史、結構對制度形成的制約；(2)重視選擇「制度」的政治人物，其動機與利益。本章將以新制度主義角度，以動態觀點探討臺灣《客家基本法》立法背景與過程。

　　有關臺灣《客家基本法》形成背景，可就遠因的「臺灣客家運動的累積性成果」與近因的「原住民族基本法之影響」及「馬英九客家政策白皮書之實踐」等三個因素來說明。本書解析臺灣《客家基本法》立法過程，分成行政部門擬議、立法部門審議兩部分，加以論述。而行政部門擬議過程，則以客委會及行政院兩草案版本，以比較分析其差異。

## 第一節　客委會及行政院兩草案版本比較

　　臺灣《客家基本法》最早開始是在民進黨執政期間，於2006年5月間召開「建構臺灣客家文化發展基礎」座談會，於會後成立「客家發展策略

小組」，由徐正光擔任召集人，且由若干政府官員和學者專家共同參與，參酌《原住民族基本法》，開始研議《客家基本法》，惟因當時政治生態與政治氛圍影響，雖已有相當程度的研討成果，但最後卻未有明確具體之結論與政治決定，令人深感遺憾。

## 壹、草案版本的形成

2008年政黨輪替，客委會為實踐馬英九總統的競選政見，積極推動《客家基本法》之立法，於邀集學者專家研擬草案，並於2008年10月間舉辦北、中、南、東4場座談會，同年12月間邀集法律專業人士舉辦專題研討會，以廣徵意見，凝聚共識；又於2009年1月6日邀集內政部等中央相關部會召開協商會議；並於3月10日召開性別平等專案小組會議，進行性別影響評估等程序後，報經行政院院會討論通過，送請立法院審議。[1]當行政院函送《客家基本法草案》予立法院審議，立法委員管碧玲、邱議瑩、侯彩鳳、柯建銘等4人為提案人，經其他22位立法委員連署另擬具立法委員版本之《客家基本法草案》。

### 一、幕僚作業

2008年5月20日總統馬英九就職後，客委會也旋即進行《客家基本法》之草案擬定工作，很快地於2008年6月中旬已有初步版本，再經客委會內部法制作業程序，於2008年9月形成一正式對外版本以供10月間舉辦座談會之用。比較分析2008年6月與2008年9月版本，發現幾個變化：

1. 立法精神「宏觀化」：立法精神從「促進臺灣多元文化平衡發展」到「建立共存共榮族群關係」，並將憲法增修條文國家肯定多元文化之意涵納入條文文字。

---

[1] 資料來源：行政院客家委員會網站（http://www.hakka.gov.tw/ct.asp?xItem=49195&ctNode=2159&mp=2013&ps=1），檢視日期：2012年5月25日。

2. 客家人定義「多元化」：除客家血緣、淵源、客語要素外，並重視「高度認同客家」；甚至2008年6月版本將「參與客家事務而高度認同客家」者亦納入客家人範圍。

3. 客語定義之例示「簡單化」：2008年6月版本所指涉的客語為「國家語言之一」，包含四縣、海陸、大埔、饒平、紹安、六堆、四海、永定、長樂、豐順、武平、五華、揭西、揭陽等腔調；2008年9月版本，則僅保留四縣、海陸、大埔、饒平、紹安等腔調之例示。另「客語係國家語言之一」的文字，也被刪除。

4. 客家人口定義「寬鬆化」：2008年6月版本，尚未對客家人口加以定義，俟2008年9月版本，則定義「客家人口」為「係指在多重自我認定下統計之客家人口」，所謂多重自我認定標準，乃指可多重自我選擇為客家人、福佬人、原住民、大陸各省市人之情況下，自我認定為客家人，同時亦自我認定為福佬人或原住民或大陸各省市人；以較為寬鬆定義來界定客家人口。

5. 客家族群參政權保障「制度化」：2008年6月版本，未有客家族群參政權保障之設計，俟2008年9月版本，則在「中央政府機關（構）」及「國會」賦予客家族群充分代表權，以制度面保障客家族群之參政權。

6. 客家事務辦理人員「專業化」：2008年9月版本，為促使辦理客家事務之公務員具備客家事務相關專業知能，遂增列「政府應於國家考試增訂客家類科，以因應客家服務需求」之規定。

## 二、座談會

為廣徵博議，客委會分別在2008年10月17日（臺北縣）、10月20日（花蓮縣）、10月22日（高雄市）、10月27日（苗栗縣）舉辦北、中、南、東4場座談會，共85位學者專家及社會賢達與會表示意見（北區17人、東區26人、南區27人、中區15人）。約略統計4場座談會各項議題發

言情況，與會者關心的前三項主要議題為「客家母語傳承」、「客家人定義」、「客家專責機關」等三項，而對「設立客家特色產業發展基金」、「成立全國性客家電台」、「建設臺灣成為全球客家文化與產業交流中心」部分則甚是少著墨。整體說來，分析與會者發言意見，可獲致幾個主要爭點：

1. 多數人仍認為影響客家族群發展的關鍵核心問題在母語復振與傳承。

2. 對《客家基本法草案》之客家人的廣義定義有所疑義，並嘗試明確化客家人定義。如與會者曾提出「堂號、戶籍、族譜、世系」等指標，甚有建議在戶籍登記上登記客家人之可行性或辦理全國客家人口普查。

3. 對客家族群參政代表權意見不一，有採否定意見者，認為客家族群參政保障涉及客家人定義，實務運作易生爭議與困難；有採肯定意見者，認為除中央機關外，地方機關及地方議會，亦應有合理比例之代表。

### 三、專題研討會

　　依《行政院所屬各機關主管法案報院審查應注意事項》規定，行政機關研擬法案時，應先整合所屬機關、單位及人員之意見；所屬機關、單位及人員意見整合後，應徵詢及蒐集與法案內容有利害關係或關注相關議題之機構、團體或人員之意見；必要時，並應諮詢專家學者之意見或召開研討會、公聽會；而後，再報行政院審查。客委會乃依上開規定，於2008年12月12日邀集法律專業人士舉辦專題研討會。意即，提請專題研討會討論之草案版本，已屬較為成熟之草案版本，本書乃以專題研討會草案版本為解析標的。

## 貳、客委會與行政院兩版本之比較分析

在行政部門研擬《客家基本法（草案）》過程，可分為二階段的版本，第一階段的版本，即是行政院客家委員會研提供公聽會、專題研討會的版本；第二階段的版本，則是提報行政院審查通過並送請立法院審議的版本。本書將兩個版本差異比較如表3-1。

### 表3-1　客委會與行政院兩版本比較

| 客委會版本 | 行政院版本 |
| --- | --- |
| 第一條　為落實憲法保障基本人權及多元文化精神，傳承與發揚客家語言、文化，繁榮客庄產業經濟，推動客家事務，保障客家族群權益，建立共存共榮之族群關係，特制定本法。 | 第一條　為落實憲法保障多元文化精神，傳承與發揚客家語言、文化，繁榮客庄文化產業，推動客家事務，保障客家族群集體權益，建立共存共榮之族群關係，特制定本法。 |
| 第二條　本法用詞，定義如下：<br>一、客家人：指具有客家血緣或客家淵源者、熟悉客語、深受客家文化薰陶，或自我認同為客家人者。<br>二、客家族群：指客家人所組成之群體。<br>三、客語：指臺灣通行之四縣、海陸、大埔、饒平、詔安等客家腔調，及獨立保存於各地區之習慣用語或因加入現代語彙而呈現之各種客家腔調。<br>四、客家人口：指本條第一項定義下，以政府人口普查為依據所統計之客家人口。<br>五、客家事務：指以增進客家族群於公共領域之文化權、語言權、傳播權、歷史詮釋權、參政權、經濟權及公共行政等面向之族群平等性、族群文化發展及認同等與客家族群有關之公共事務。 | 第二條　本法用詞，定義如下：<br>一、客家人：指具有客家血緣、客家淵源者，或熟悉客語、客家文化，且自我認同為客家人者。<br>二、客家族群：指客家人所組成之群體。<br>三、客語：指臺灣通行之四縣、海陸、大埔、饒平、詔安等客家腔調，及獨立保存於各地區之習慣用語或因加入現代語彙而呈現之各種客家腔調。<br>四、客家人口：指行政院客家委員會就客家人所為之人口調查統計結果。<br>五、客家事務：指與客家族群有關之公共事務。 |
| 第三條　行政院為協調整合本法相關事務，應設置推動委員會，並定期召開相關部會首長會議，由行政院院長或其指定人員召集之。<br>　　前項推動委員會三分之二委員，由客家學者專家及客家代表擔任，其設置辦法及相關部會首長會議實施辦法由行政院定之。 | 第三條　行政院為協調整合本法相關事務，必要時得召開跨部會首長會議。 |

表3-1　客委會與行政院兩版本比較（續）

| 客委會版本 | 行政院版本 |
|---|---|
| 第四條　政府應落實尊重多元族群之意旨，客家族群在中央政府機關（構）及國會，應有合理比例之代表。 | |
| 第五條　政府應定期召開全國客家會議，研議、協調及推展全國性客家事務。 | 第四條　政府應定期召開全國客家會議，研議、協調及推展全國性客家事務。 |
| 第六條　政府政策制訂及國土區域發展規劃應尊重客家族群之意願，並保障客家族群之權利與發展。 | 第五條　政府政策制定及區域發展規劃，應考量客家族群之權益與發展。 |
| 第七條　客家人口達百分之十以上之直轄市、縣（市）政府之客家事務專責單位，應成立跨部門整合會報；行政院應定期召開相關部會首長會議，協調整合客家事務，其實施令以命令定之。<br>　　客家人口達百分之十以上之直轄市、縣（市）政府應設置客家事務一級單位，其餘縣（市）政府應視實際需要，設客家事務專責單位，辦理客家事務。<br>　　客家人口達百分之十以上之直轄市、縣（市）政府之客家事務專責單位，應成立跨部門整合會報。 | |
| 第八條　客家人口達三分之一以上之鄉（鎮、市）[2]，應列為「客家文化重點發展區」，加強客家語言、文化之傳承及發揚。<br>前述地區公教人員之客語能力認證，應列為其考評之一。<br>　　「客家文化重點發展區」之設置及推動辦法由行政院定之。 | 第六條　行政院客家委員會對於客家人口達三分之一以上之鄉（鎮、市、區），應列為客家文化重點發展區，加強客家語言、文化與文化產業之傳承及發揚。<br>　　前項重點發展區，應推動客語為公事語言，服務於該地區之公教人員，應加強客語能力，其取得客語認證資格者，並得予獎勵。 |
| 第九條　政府應於國家考試增訂客家事務行政人員及相關類科，以因應客家公務之需求。 | 第七條　政府應於國家考試增訂客家事務相關類科，以因應客家公務之需求。 |

[2] 行政院客家委員早期的草案版本（2008年6月），客家人口達百分之四十以上之鄉(鎮、市)應列為「客家文化重點發展區」。

**表3-1　客委會與行政院兩版本比較（續）**

| 客委會版本 | 行政院版本 |
|---|---|
| 第十條　政府應設立據公法人地位之客語研究中心，辦理客語認證與推廣，並設立國家客語資料庫，以提供客語復育傳承、研究發展、文字化、教育與人才培訓等運用。<br>　客語研究中心之組織另以法律定之。 | 第八條　政府應辦理客語認證與推廣，並建立客語資料庫，積極鼓勵客語復育傳承、研究發展及人才培育。 |
| 第十一條　政府應於機關、學校、公民營機構、醫院院所、法院監所及大眾運輸工具等公共領域，提供客語播音及翻譯服務，並應推動客語為公事語言，落實客語無障礙環境。<br>　前項機關（構）、醫療院所或相關人員得依實施成效予以獎勵，其獎勵辦法由行政院定之。 | 第九條　政府機關（構）應提供國民語言溝通必要之公共服務，落實客語無障礙環境。<br>　辦理前項工作著有績效者，應予獎勵。 |
| 第十二條　政府應提供獎勵措施，並結合各級學校、家庭與社區推動客語，發展客語生活化之學習環境。 | 第十條　政府應提供獎勵措施，並結合各級學校、家庭與社區推動客語，發展客語生活化之學習環境。 |
| 第十三條　政府應保存、維護與創新客家文化，並設立「客家文化產業發展基金」，積極培育專業人才，輔導客家文化產業之發展。<br>　前項基金之設置、管理及運用辦法由行政院定之。 | |
| 第十四條　政府應積極獎勵客家學術研究，鼓勵大學校院及國家級客家博物館設立客家學術研究機構，發展及厚植客家知識體系。 | 第十一條　政府應積極獎勵客家學術研究，鼓勵大學校院設立客家學術相關院、系、所與學位學程，發展及厚植客家知識體系。 |
| 第十五條　政府應保障客家族群傳播及媒體近用權，辦理及評鑑客家電視及全國性客家廣播電台。 | 第十二條　政府應保障客家族群傳播及媒體近用權，依法扶助規劃設立全國性之客家廣播及電視專屬頻道；對製播客家語言文化節目之廣播電視相關事業，得予獎勵或補助。 |
| 第十六條　政府應積極推動全球客家族群連結，建設臺灣成為全球客家文化交流與研究中心。 | 第十三條　政府應積極推動全球客家族群連結，建設臺灣成為全球客家文化交流與研究中心。 |
| 第十七條　政府應訂定「全國客家日」，以彰顯客家族群對臺灣多元文化之貢獻。 | |
| 第十八條　本法自公布日施行。 | 第十四條　本法自公布日施行。 |

註：為釐清兩個版本差異，以行政院通過送立法院審議的為基礎，原客委會版本規範文字後予以修正部分，以劃底線註記。

　　就客家委員會研提供公聽會、專題研討會的版本與提報行政院審查通過並送請立法院審議的版本，加以研析比較，可以發現有以下幾個重點：

## 一、客委會版本之「涵蓋範圍較強」

### （一）客委會版本之參政權及公共行政面向，行政院版本未納入

　　如客委會版本的「政府應落實尊重多元族群之意旨，客家族群在中央政府機關（構）及國會，應有合理比例之代表」，就未納入行政院版本中加以規範。因客家族群屬語言文化弱勢族群，基於弱勢族群保障思考下，實有必要強化客家族群之政治參與及政治代表性。

　　本書以為，以《地方制度法》第33條原已建構原住民、婦女等二種弱勢群體（身分性）之保障，特別是婦女非少數群體，係以弱勢群體概念「賦權」。又2010年修正《地方制度法》時，新增離島鄉（地區性）之保障；本於擴大弱勢群體保障之政治參與及政治代表性的趨勢，實可再推動將客委會版本之參政權保障納入法制規範。

### （二）客委會版本之「客家文化產業發展基金」，行政院版本未納入

　　如同前所探討的，目前客家文化產業僅透過「地方產業發展基金」加以協助，實對客家族群之「專屬性」不足，既然行政部門客家基本法草案的客委會版本已有規劃，顯見行政部門認知到其重要性，在《文化創意產業發展法》通過施行後，以客家文化產業發展客家經濟權更有其重要性，且客家委員會於2012年組改後增設「產業經濟處」[3]，負責推動《客家委員會組織法》第2條所定「客家文化產業發展、創新育成與行銷輔導之規劃、協調及推動」。為強化客家文化產業推動量能，未來實有必要積極推動設立「客家文化產業發展基金」。

---

[3] 依《客家委員會處務規程》第8條，產業經濟處掌理事項如下：(1)客家文化產業發展之規劃、協調及推動；(2)客家文化產業發展之調查、研究及分析；(3)客家文化產業行銷推廣之規劃及推動；(4)客家文化產業經營管理之輔導；(5)客家文化產業人才之培育；(6)客家文化產業之補助及獎勵；(7)客家休閒產業之規劃、協調、輔導及推動；(8)其他有關客家文化產業經濟事項。

## （三）客委會版本之「公事語言」範圍大於行政院版本

　　客委會版本第11條「政府應於機關、學校、公民營機構、醫療院所、法院監所及大眾運輸工具等公共領域，提供客語播音及翻譯服務，並應推動客語為公事語言」與第行政院版本第9條「政府機關（構）應提供國民語言溝通必要之公共服務」相比較，客委會版本將民營機構、醫療院所、大眾運輸工具等納入公事語言範圍，就民眾日常生活之「需求性」較強者，當以民營機構、醫療院所、大眾運輸工具為主，故客委會版本之規範機制較佳。

## 二、客委會版本之「規範強度較大」

### （一）客委會版本以「基本人權／個人權」保障出發，行政院版本以「集體權」保障出發

　　客委會版本第1條立法目的中的「基本人權」文字，在行政院版本被刪除，減低了客家族群之個人權益保障性，讓最後通過的《客家基本法》偏重於客家族群的集體性。

### （二）客委會版本之「政府義務性」大於行政院版本

　　客委會版本中揭示了許多政府應作為事項，且於法律中明訂相關辦法由行政院定之（第3條、第8條、第11條、第13條）；但行政院版本，這些法律授權（法律要求）行政院訂定之命令，全遭刪除；目前則由客家委員會以訂定行政規則（部分行政規則實際上是在《客家基本法》制定前已發布）方式處理。

　　惟基於「授權命令之法效性高於行政規則」、「行政院層級訂定之行政命令具有統合行政院各部會效果」，顯然客委會版本較佳。

### （三）公教人員客語能力從「列為考評」轉變為「獎勵」

　　客委會版本規範「客家文化重點發展區公教人員之客語能力認證，應列為其考評之一」，行政院版本規範「客家文化重點發展區公教人員，應加強客語能力，其取得客語認證資格者，並得予以獎勵」，兩相比較，顯

然客委會版本規範強度較強，有助於民眾以公事語言洽公之「接近政府服務」之權利的落實。

## 第二節　行政院版與立法委員版草案比較

當行政院於2009年10月30日以院臺客字第0980096891號函送《客家基本法草案》予立法院審議，立法委員管碧玲、邱議瑩、侯彩鳳、柯建銘等4人為提案人，經其他22位立法委員連署所擬具立法委員版本之《客家基本法草案》。

### 壹、立法委員版草案之提出

#### 一、提案案由

立法委員提案之案由為「本院委員管碧玲、邱議瑩、侯彩鳳、柯建銘等26人，為落實憲法肯定多元文化之意旨，並基於臺灣多元族群文化之社會特質、民主國家對人民情感的尊重與基本權利的保障，以及客家文化為臺灣本土文化的重要一環，政府應積極建立客家政策機制，逐步落實相關措施，具體調整體制與重建價值，進而重建客家文化及其尊嚴，以實踐一個多元族群和諧共榮之社會。然而，臺灣客家族群長期以來卻未受到應有之重視，而面臨著身分認同斲失、文化活力萎縮及客家公共領域式微之危機，連帶使得作為族群特色之語言及傳統日益流失。為豐富臺灣多元文化，客家文化之傳承及發揚實刻不容緩」（立法院議案關係文書，院總第1783號，委員提案第9378號）。

#### 二、提案說明

至立法委員提案之說明為「政府在2001年6月14日成立行政院客家委

員會，專責推動全國客家事務及相關行政。數年來積極復甦客家語言、振興客家文化、發展客家產業，雖已獲致相當成果，並奠定扎實基礎，但由於行政措施仍有其局限，缺乏法源依據，致使無法普遍而深入地推展各項工作，爰期望透過法律的制定，確立客家未來的基本方向。《客家基本法》的制定乃係透過立法途逕，建立制度性規範，確保客家事務法制化，以增強推動之力度與效果。準此，本法的立法重點將以增進客家族群於公共領域之文化權、語言權、傳播權、歷史詮釋權、參政權、經濟權及公共行政等面向之族群平等性、族群文化發展及認同為目標，規定設立「客家文化重點發展區」、成立「客語研究中心」、建立「公事語言」制度、設立「客家文化產業發展基金」、協調成立「全國性客家電台」、訂定「全國客家日」、建設臺灣成為全球客家文化交流與研究中心等為規範方向，並藉此建構客家事務的施政總目標。爰擬具《客家基本法》草案，計16條」（立法院議案關係文書，院總第1783號，委員提案第9378號）。

## 貳、行政院與立法委員草案版本比較分析

　　有關行政院送請立法院審議之版本（即行政院版本草案）與立法委員提案版本，本書整理比較如表3-2。

表3-2　客家基本法草案行政院與立法委員版本比較

| 行政院版本 | 立法委員版本 |
| --- | --- |
| 第一條　為落實憲法保障多元文化精神，傳承與發揚客家語言、文化，繁榮客庄文化產業，推動客家事務，保障客家族群集體權益，建立共存共榮之族群關係，特制定本法。 | 第一條　為落實憲法保障多元文化精神，傳承與發揚客家語言、文化，繁榮客庄，提振文化產業，推動客家事務，保障客家族群集體權益，建立共存共榮之族群關係，特制定本法。<br>　　關於客家事務之推動適用本法，本法未規定者，適用其他法律之規定。 |

表3-2　客家基本法草案行政院與立法委員版本比較（續）

| 行政院版本 | 立法委員版本 |
|---|---|
| 第二條　本法用詞，定義如下：<br>一、客家人：指具有客家血緣、客家淵源者，或熟悉客語、客家文化，且自我認同為客家人者。<br>二、客家族群：指客家人所組成之群體。<br>三、客語：指臺灣通行之四縣、海陸、大埔、饒平、詔安等客家腔調，及獨立保存於各地區之習慣用語或因加入現代語彙而呈現之各種客家腔調。<br>四、客家人口：指行政院客家委員會就客家人所為之人口調查統計結果。<br>五、客家事務：指與客家族群有關之公共事務。 | 第二條　本法用詞，定義如下：<br>一、客家人：指具有客家血緣、並熟悉客語，且自我認同為客家人者。<br>二、客家族群：指客家人所組成之群體。<br>三、客語：指臺灣通行之四縣、海陸、大埔、饒平、詔安等客家腔調，及獨立保存於各地區之習慣用語或因加入現代語彙而呈現之各種客家腔調。<br>四、客家人口：指行政院客家委員會就客家人所為之人口調查統計結果。<br>五、客家事務：指與客家族群有關之公共事務。 |
| 第三條　行政院為協調整合本法相關事務，必要時得召開跨部會首長會議。 | 第三條　行政院為審議、協調本法相關事務，必要時得召開跨部會首長會議。<br>前項跨部會首長會議，由行政院副院長召集之。 |
| 第四條　政府應定期召開全國客家會議，研議、協調及推展全國性客家事務。 | 第四條　政府應定期召開全國客家會議，研議、協調及推展全國性客家事務。 |
| 第五條　政府政策制定及區域發展規劃，應考量客家族群之權益與發展。 | 第五條　政府政策制定及區域發展規劃，應考量客家族群之意願，並保障客家族群之權益與發展。 |
| | 第六條　客家人口達百分之十以上之直轄市、縣（市）政府應設置客家事務專責單位，其餘縣（市）政府應視實際需要，設客家事務專責單位或置專人，辦理客家事務。<br>　　客家人口達百分之十以上之直轄市、縣（市）政府之客家事務專責單位，應成立跨部門整合會報。 |
| 第六條　行政院客家委員會對於客家人口達三分之一以上之鄉（鎮、市、區），應為客家文化重點發展區，加強客家語言、文化與文化產業之傳承及發揚。<br>　　前項重點發展區，應推動客語為公事語言，服務於該地區之公教人員，應加強客語能力，其取得客語認證資格者，並得予獎勵。 | 第七條　行政院客家委員會對於客家人口達三分之一以上之鄉（鎮、市、區），應列為客家文化重點發展區，加強客家語言、文化與文化產業之傳承及發揚。<br>　　前項重點發展區，應推動客語為公事語言，服務於該地區之公教人員，應加強客語能力，其取得客語認證資格者，並得予獎勵。<br>　　客家文化重點發展區之設置及推動事項另以命令定之。 |

表3-2 客家基本法草案行政院與立法委員版本比較（續）

| 行政院版本 | 立法委員版本 |
|---|---|
| 第七條 政府應於國家考試增訂客家事務相關類科，以因應客家公務之需求。 | 第八條 政府應於國家考試增訂客家事務相關類科，以因應客家公務之需求。 |
| 第八條 政府應辦理客語認證與推廣，並建立客語資料庫，積極鼓勵客語復育傳承、研究發展及人才培育。 | 第九條 政府應建立客語研究中心，辦理客語認證與推廣，並設立國家客語資料庫，積極鼓勵客語復育傳承、研究發展及人才培育。<br>客語研究中心之組織另以命令定之。 |
| 第九條 政府機關（構）應提供國民語言溝通必要之公共服務，落實客語無障礙環境。<br>辦理前項工作著有績效者，應予獎勵。 | 第十條 政府應推動公事語言制度，於機關（構）、學校、公民營機構、醫療院所、法院監所及大眾運輸工具等公共領域，提供客語播音及翻譯服務，落實客語無障礙環境。<br>　為落實公事語言制度，前項機關（構）、醫療院所或相關人員得依實施成效予以獎勵，其獎勵辦法另定之。 |
| 第十條 政府應提供獎勵措施，並結合各級學校、家庭與社區推動客語，發展客語生活化之學習環境。 | 第十一條 政府應提供獎勵措施，並結合各級學校、家庭與社區推動客語，發展客語生活化之學習環境。 |
| 第十一條 政府應積極獎勵客家學術研究，鼓勵大學校院設立客家學術相關院、系、所與學位學程，發展及厚植客家知識體系。 | 第十二條 政府應保存、維護與創新客家文化，於大學校院設立客家學術相關院、系、所與學位學程，發展及厚植客家知識體系。 |
| 第十二條 政府應保障客家族群傳播及媒體近用權，依法扶助規劃設立全國性之客家廣播及電視專屬頻道；對製播客家語言文化節目之廣播電視相關事業，得予獎勵或補助。 | 第十三條 政府應保障客家族群傳播及媒體近用權，依法扶助規劃設立全國性之客家廣播及電視專屬頻道；對製播客家語言文化節目之廣播電視相關事業，得予獎勵或補助。 |
| 第十三條 政府應積極推動全球客家族群連結，建設臺灣成為全球客家文化交流與研究中心。 | 第十四條 政府應積極推動全球客家族群連結，建設臺灣成為全球客家文化交流與研究中心。 |
|  | 第十五條 政府應訂定「全國客家日」，以彰顯客家族群對臺灣多元文化之貢獻。 |
| 第十四條 本法自公布日施行。 | 第十六條 本法自公布日施行。 |

註：本表以行政院版本為基礎，立法委員版與行政院版有差異之處，以劃底線註記。資料來源，作者自行整理。

## 一、立法委員版大幅參照客委會版

　　立法委員版的第5條、第6條、第7條、第9條、第10條、第15條實係參酌客家委員會所研擬《客家基本法草案》版本。為何身為最高民意機關的立法院立法委員會偏好客委會的版本，是不是客委會的版本民意支持度比較高？如果是的話，那行政部門為何放棄涵蓋範圍較大、規範強度較強的客委會版本，而推出涵蓋範圍較小、規範強度較弱的行政院版本？

　　其可能的理由，就是立法策略的考量：「以順利完成立法程序為核心目標」。有關立法策略，將於下段討論。

## 二、客家人界定之爭議性

　　比較行政院版本與立法委員版本對客家人定義，行政院版本之界定較為寬鬆，係最廣義的版本。惟立法委員認為行政院版本對客家人之界定過於寬鬆，另提出立法委員版；依立法委員邱議瑩於內政委員會審查《客家基本法》時，代表立法委員所提版本進行提案說明時表示「基本上，我們提出的版本和行政院的版本大同小異，唯獨第二條關於客家人的定義上，我們做了些許的修正；行政院版本第二條指出，客家人的定義是指指具有客家血緣、客家淵源者，或熟悉客語、客家文化，且自我認同為客家人者。我們覺得這樣的自我認定太過寬鬆，根據過去所做的客家人口基礎調查資料顯示，如果定義太過寬鬆的話，臺灣的客家人口將近有600萬，如果定義稍微嚴謹的話，客家人口也將近有310萬人，這中間的差距將近有300萬人，所以在客家人口的定義上，我們認為應該要有更嚴謹的規範」（立法院，2010：313）。

　　在行政院版對客家人定義趨向於寬鬆，立法委員版對客家人定義趨向於嚴謹，經內政委員會審查時之折衝協調，第2條修正為「客家人指具有客家血緣或客家淵源，且自我認同為客家人者」，並由立法院內政委員會以2009年12月28日台立內字第0984000308號函提報院會公決。

## 三、全國客家日的爭議性

行政部門的《客家基本法（草案）》客委會版本原有政府應訂定
「全國客家日」規定，後行政院版本拿掉「全國客家日」[4]規定；惟立法
委員版又將「全國客家日」納入規範，最後通過的《客家基本法》，則將
「全國客家日」納入規範。

透過「全國客家日」之訂定，讓政府重視客家族群之代表日，並以政
府資源舉辦各種慶祝活動，讓非客家族群注意到客家族群，讓客家族群更
有向心力，「全國客家日」本應極具象徵意義的。然而，因為全國客家日
究竟應該訂在哪一天，產生了爭議性。

依客委會的說法，該會於2010年1至8月分兩階段，進行「全國客家
日」調查，並經綜合評析訂出具有客家文化獨特性，內蘊崇敬天地、尊重
自然作息環保意義，同時兼具國際發展性，且無族群排他性的農曆正月
二十「天穿日」為「全國客家日」（黃玉振，2011：26）。

惟臺灣南部六堆因無正月二十日蒸年糕象徵「女媧補天」的習俗，
所以六堆地區並不贊同以此日做為「全國客家日」，如臺灣客社副社長馮
清春表示，他活了一輩子從沒聽過「天穿日」，並以〈誰的客家日〉為題
撰文發表在《六堆風雲雜誌》；又地方文史學者曾彩金、客家音樂製作人
傅民雄也不表贊同（中央社，2011.2.18）；另黃森松亦在《今日美濃》
撰文批判。再者，出生於桃竹苗地區，長期推動臺灣客家運動，且任教於
臺灣大學推動客家研究的邱榮舉教授亦批判所謂「天穿日」，在臺灣、大
陸、其他海外地區的客家庄並不普遍，既不具科學性，亦與臺灣客家族群
無關連性，更不具代表性及任何意義性。事實上，政府對於臺灣客家族群
訂有「全國客家日」之立意甚佳；但日子的選擇，未獲致共識，加以外界
多所批評，實有必要再加以研議修正。

---

4　行政院客家委員會2008年6月的《客家基本法草案》原無「全國客家日」之規定，後於2008
　年7月至9月召開數次的學者專家諮詢會議後，於2008年9月的《客家基本法草案》，始納入
　「全國客家日」之規定。

## 壹、行政部門改採行政院版本：求盡速完成立法之考量

行政部門為何割捨具「個人權」保障的客委會版本，改採以「集體權」保障的行政院版本？本書認為可能理由如下。

### 一、以爭取集體權策略，免除其他族群之憂慮：降低立法困難度

為順利完成《客家基本法》之立法，免除其他族群之憂慮，降低立法困難度，行政部門以涵蓋範圍較小、規範強度較弱的行政院版本，並以爭取集體權策略，來推動立法。這可由立法院內政委員會審查《客家基本法》時，客委會主任委員黃玉振說明立法旨趣時表示：「本法係著重在原則根本，各條文要旨皆屬正面性、非排他性措施，並不會限制或影響一般人民的基本權利」（立法院，2010b：312）。另黃玉振與立法委員吳育昇間之詢答，吳育昇詢問黃玉振：「本席總覺得比較缺少實質內容，或者像有些學者說的，有些爭議性的東西，你們都不敢放進去」；黃玉振答詢：「原住民基本法有許多是針對個人權益的保障，今天客家人不是要爭特權，而是平權、平等的對待，所以條文談的很多是集體的權利。集體權利不可能很具體的做某種程度的規定或強制，所以我們作比較原則性、正面性的規範與訴求」（立法院，2010b：322）。

由是，可以發現行政部門主訴求在通過《客家基本法》，為免影響既得利益者或其他族群權益致造成立法障礙，乃以「集體權」為主軸來推動《客家基本法》，採取「包容性」而非「競爭性」之規範機制。

此種策略有利有弊；就優點而言，如同本書訪談參與《客家基本法》起草之相關學者專家觀點，此種策略確實讓《客家基本法》能順利完成立法程序；就缺點而言，因為避免造成其他族群疑慮，僅採集體權之原則性規範之立法，致《客家基本法》之實質強制力較低，有論者便認為《客家基本法》是一個虛有其表、過於空洞的法律。

## 二、刪除客委會爭議性條文：求取盡速完成立法

在客委會辦理的《客家基本法草案》專題研討會會議中，與會學者專家認為針對客家族群給予較多支持性措施法律，尚無違憲問題；惟客委會版本之規範保障機制，涉及地方制度法、公職人員選舉罷免法、公務人員考試法，以及各種機關的定位（中央機關或地方機關、三級機關或四級機關）等相關問題（謝在全、黃玉振，2009：68、71）。

在客委會版本有著相關爭議，並涉及其他法律規定競合問題，行政部門為求盡速完成立法程序，乃刪除爭議性較高之條文，以涵蓋範圍較小、規範強度較弱之行政院版本，送請立法院審議。

惟也是此種立法策略考量，致《客家基本法》之實質規範力較弱。這也是立法委員趙麗雲於立法院內政委員會質詢黃玉振時表示：「沒有有效執行機制，只靠單一主管機關的行政裁量，我可以預言它會變成公關立法」（立法院，2010b：318）。

## 貳、立法評價

做為臺灣客家運動重要里程碑之《客家基本法》，有其優點及缺點，亦有其改進之處。

## 一、優點

### （一）象徵意義重於實質規範：確立客家族群品牌

雖然《客家基本法》以預算獎勵或補助措施做為主要政策工具，在法的實質規範性上不足。惟《客家基本法》仍是有其重要的象徵意義：確立客家族群品牌，藉以凝聚客家意識，強化客家族群之自我認同。

亦即，《客家基本法》具有國家宣示對客家族群之重視，肯定客家族群應有之基本權益，讓客家族群感受到有尊嚴，有受到尊重。

（二）作為研訂其他法律之基礎性框架

　　除了象徵意義外，本於「基本法」係屬未來政治理念之基礎性框架，未來吾人可在《客家基本法》之基礎上，再行研訂相關法律。例如：《原住民族傳統智慧創作保護條例》，便是以《原住民族基本法》第13條為依據所制定的。

　　前司法院大法官謝在全於《客家基本法草案》專題研討會會議中便表示：「對於基本法，是希望立法機關、司法機關、行政機關要在這個基本法上來推動基本法所涉及之事務；換句話說，未來法律的制定，任何行政措施，都要受到基本法框架性的拘束」（謝在全、黃玉振，2009：64）。

　　故透過相關法律之制定，強化現行《客家基本法》不足之處，將可促使臺灣客家族群保障機制更加健全化。

二、缺點

（一）已施行的行政措施之法制化：前瞻性不足

　　就最後通過的《客家基本法》相關條文來看，係將許多既有的行政措施予以法制化，如《客家委員會推行公事客語無障礙環境補助作業要點》係於2003年6月18日客會文字第0920004536號函訂定、《客家委員會推動客語生活學校補助作業要點》係於2003年12月3日行政院客家委員會2003年度第42次擴大主管會報修正通過、《客家委員會推行客語能力認證作業要點》係於2005年3月4日客會文字第09400018682號令訂定、《客家委員會補助優良客語廣播節目作業要點》係於2004年12月21日客會傳字第0930010662號函訂定。故《客家基本法》係將許多既有的行政措施予以法制化，作為一個「基本法」應具有宣示未來政治理念或政策原則的價值，《客家基本法》之前瞻性顯然有所不足。

## （二）無強制力之給付行政：人存政舉、人亡政息

就已施行的《客家基本法》以觀，如欲落實其所規範事項，可採行之政策工具多係以預算之獎勵或補助措施，屬無強制力之「給付行政」性質。

所謂給付行政者，係國家基於現代福利國家理念，透過行政作為改善國民之生活環境或生活品質；復《客家基本法》以給付行政達成其價值目標，在法律上之強制性不足，全賴政府預算編列情況，如政府預算寬列，可能會有較佳之推行成效，如政府預算刪減，則獎勵或補助措施恐無以為繼。

意即，以預算獎勵或補助措施做為《客家基本法》主要政策工具，恐因主政者施政重點變異，從現行「客委會預算倍增」轉變為刪減預算，產生人亡政息情況，致《客家基本法》無法有效落實與實踐。故未來有必要再制定相關法律加以補強。

## （三）法制化的政策宣示：規範性不足

《客家基本法》的根本問題點，在許多條文不具有法的規範性，嚴格來說，《客家基本法》中許多條文僅具有「法制化的政策宣示」效果；整部《客家基本法》雖揭示了許多的發展策略，惟皆欠缺以「罰則」為基礎之「強制性」效果；亦即縱使違反《客家基本法》之條文規定，並無任何處罰之規定，實不易驅使相關機關、團體認真遵守與執行。

　　語言是思想的表現（徐杰，2007：156），人類語言的結構，是人類致智能成就的證言，反映一個族群的性格與文化特色；因此語言便是民族的族譜，是自我身分認同的線索，喪失自己民族的聲音，猶若失去民族靈魂的安宅，死去的不只是語言，民族與文化也隨之死亡了（周蔚，2001：22）。面對語言瀕危的憂慮，在制度層面上，以語言人權（linguistic human rights）為基礎，透過法律規範之機制，要求國家應給予弱勢語言與強勢語言平等之地位，甚至要求國家應扶助弱勢語言及其使用者。

　　本書認為臺灣《客家基本法》具有十個主要重點：(1)客家事務相關概念、名詞之基本性定義；(2)強化客語之復振與傳承；(3)客語之公共化：公事語言之推動；(4)創設客家文化重點發展區；(5)發展經濟權之文化產業；(6)推動客家知識體系之發展；(7)客家族群傳播與媒體近用權之保障；(8)客家公務專業化：國家考試增訂客家事務相關類科；(9)全球客家文化交流與研究中心；(10)全國客家日與客家族群意識凝聚。

　　以上開十大重點為基礎，本章將客家母語權、文化權、文化創意產業、知識體系四部分，解析臺灣《客家基本法》內容。

## 第一節　客家母語權

　　有關語言人權之發展，因其意識形態基礎而異，進而反映出不同之語言政策。本節嘗試以「語言意識形態」、「語言人權」、「語言政策」三層次加以論證。

# 壹、語言意識形態

## 一、語言歧視主義：法西斯主義

　　從政治意識形態觀點，以義大利墨索里尼（Mussolini）與德國希特勒為代表之法西斯主義（Fascism），具有一黨獨裁、強烈民族主義、強調種族優越感、軍國主義等成分，這些成分的混合，並以及強烈的方式展現（呂亞力，1991：453）。而德國希特勒之納粹政權對猶太人的種族屠殺（genocide[1]），可說是二十世紀最大的歷史傷痕；迄今，非洲部分國家仍有以種族淨化（ethnic cleasing）為名之種族屠殺事件發生。足見法西斯主義之種族優越觀，是對「共存共榮族群關係」的一個重大威脅。

　　事實上，德國納粹法西斯主義可說是淵源於極端民族主義（ultra-nationalism），如德國費希特（Johann Gottlieb Fichte）的《告德意志民族書》或阿恩特（Ernst Arndt）的《愛國者的答問書》、《祖國之歌》；或如法國新共和主義者的巴列（Maurice Barres）藉德雷佛事件宣傳社會集體及反猶太主義，以重建民族、更生民族，把外族徹底吸收、同化，或是予以放逐、清洗（洪鎌德，2004：287）。而極端民族主義或法西斯主義因其種族優越及歧視其他族群之觀點，投射於該國語言政策上，乃產生以同化政策為主之語言歧視主義。

　　作為同化主義式的單語政策基礎之「語言歧視主義」（linguicism），指涉的是以基於語言之區別、排斥、限制或優惠，其目的或效果為取消或損害政治、經濟、社會、文化或公共生活任何其他方面人權及基本自由在平等地位上的承認、享受或行使。[2]意即主流語言長時

---

[1] 為避免種族屠殺，聯合國1948年通過防止及懲治殘害人群罪公約（Convention on the Prevent and Punishment of the Crime of Genocide），並於1951年生效。該公約內所稱滅絕種族係指蓄意全部或局部消滅某一民族、人種、種族或宗教團體，犯有下列行為之一者：(1)殺害該團體的成員；(2)致使該團體的成員在身體上或精神上避免嚴重傷害；(3)故意使該團體處於某種生活狀況下，已毀滅其全部或局部的生命；(4)強制施行辦法，意圖防止該團體內的生育；(5)強迫轉移該團體的兒童至另一團體。

[2] 此定義是借用《消除一切形式種族歧視國際公約》第1條「種族歧視」之定義。

間居於優勢地位，讓使用少數語言者被歧視，致少數語言使用者積極學習主流語言，產生少數語言族群被融入（同化）至多數語言族群中。

## 二、語言公平主義：自由主義

基於基督教文明[3]與自然法之正義觀[4]，西方產生了平等權之思維，並以平等權來體現「正義」[5]之價值。本於羅斯（John Rawls）「正義即公平（平等）」之（justice as fairness）之核心價值，少數族群為滿足其「獲得其應得的東西」之「正義」，必須訴求其語言權之「平等」。

平等權，概念上係指「同則同之，不同則不同之」[6]，即相同的事件應為相同的處理，故亦稱禁止差別待遇原則或禁止恣意原則[7]。

---

[3] 但是由於沒有自然法，也沒有上帝的明文法來確定在任何場合誰是合法繼承人，就無從確定繼承權因而也無從確定應該由誰來掌握統治權。即使這也已被確定，但是誰是亞當長房的後裔，早已無從查考；則人類各種族和世界上各家族之中，沒有那個比別的更能自稱是最長的嫡裔而享有繼承的權利（葉啟芳、瞿菊農，1986：1）。既然沒有人能證明自己是上帝所創造在人世間的統治者，那就沒有人有義務必須去服從其他人之領導統治。而從基督徒之教義，「所有人的靈魂，在上帝面前都是平等的」，那每個人都應該是生而平等的。則多數語言族群與少數語言族群間也不應因語言而有所差異，應該是語言平等的。

[4] 自然法下強調「正義」的概念。所謂正義（justice），依查士丁尼《民法大全》提出並被認為是古羅馬法學家烏爾庇安（Ulpian）之定義為：「正義乃使每個人獲得其應得的東西的永恆不變的意志。」羅斯進一步闡明正義觀念是由二個基本原則所構成的：(1)每個人對與其他人所享有的類似自由一致的最廣泛的基本自由都應有一種平等的權利；(2)社會的和經濟的不平等將被安排得使人們能夠合理地期望它們對每個人均有利，並使它們所依系的地位與職務向所有人都開放（鄧正來，1999：319、309）。

[5] 羅斯於《正義論》A Theory of Justice一書提出「正義即公平（平等）」之核心價值：每一個人都具有以正義為基礎的，即使是社會福利整體也不能踐踏的不可侵犯性。因此，正義否認了為了一些人的更大利益而損害另一些人自由的正當性。正義不能允許為了大多數人的更大利益而犧牲少數。在一個正義的社會中，公民的平等之自由權利是不容置疑的；正義所保證的權利不能屈從於政治交易或對社會利益的算計（趙敦華，1988：32）。

[6] 參照行政程序法第6條及司法院釋字第578號解釋理由書意旨，平等原則之精義為：(1)相同的事件應為相同的處理；(2)但有合理考量與正當理由時，得容許差別待遇。

[7] 參照最高行政法院94年判字第1530號裁判意旨，平等原則，原則上是禁止差別待遇，但有合理考量與正當理由時，得容許差別待遇。即建立平等原則無非係為禁止恣意行為，而非全然要求不得為差別處理。苟行為非屬恣意，而係依法行為，即無違反平等原則之可言。另司法院釋字第614號解釋，平等原則之內涵並非指絕對、機械之形式上平等，而係保障人民在法律上地位之實質平等。

**圖4-1　平等原則與權利保障機制建構**

　　從平等原則之正義價值出發，透過建構客觀法規範，以保障個人主觀公權利[8]，實為古典自由主義理念之展現。古典自由主義溯源自洛克（John Locke）思想，以自然權利為本，高度重視個人本身之價值，積極擴大個人之自由。古典自由主義成為現代人權之濫觴，並落實於政治層面而為民主主義。這可從《美國獨立宣言》中前言部分所載「凡人生而平等，皆受造物者之賜，擁諸權利，包含生命權、自由權、與追尋幸福之權。茲確保如此權利，立政府於人民之間，經受統治者之同意取得應有之權利；基此，無論何種政體於何時壞此標的，則人民有權改組或棄絕之，並另立新政府，本諸此原則，組織此型式之政權，因其對人民之安全與幸福影響最鉅」，獲得論證。

　　以自由主義之平等價值觀，投射於國家語言政策上，便是強調「非歧視性」之「語言公平主義」，國家必須在制度機制上賦予各種不同語言公平並存之環境。

## 三、語言多元主義：社會主義

　　十八世紀中葉，英國人瓦特（James Watt）改良蒸汽機之後，由一系列技術革命引起了從手工勞動向動力機器生產轉變之工業革命。在工業革命發生後，因為當時的工廠簡陋不堪，而政府又無勞工立法，所以產生了

---

8　人民依公法所賦予之法律力，主張自己享有特定之權利，要求國家為一定作為或不作為，稱之為「公法上權利」。另因憲法所保障之基本權利，除具有傳統防止國家的侵害之功能外，另具有主觀的功能，可作為要求國家依憲法或行政法為特定之給付，故又稱之為主觀公權利。即主觀公權利，則係從公民之立場，指公法所賦予個人為實現其權利，要求國家為一定作為或不作為之權能。

些人間的痛苦。如無限制的工作時間，齷齪黑暗的工廠與工人住處，榨取婦女童工等。馬克思（Karl Marx）看到勞工階級的困苦，認為勞工們將會因被剝削而產生階級意識，進而產生階級革命，最會國家或政府會消亡。但有些學者持與馬克思相反的觀點，認為可以透過國家機制或政府機器的作用，運用法律規範及公權力來調和社會階級間之落差，降低貧富差距，使社會財富更趨於平等，此即社會主義思想。今日西方社會主義意識形態主要有「民主社會主義」、「基督教社會主義」、「費邊社會主義」三種。[9]

此種對社會弱勢者的關注，並積極地以國家機制來促進弱勢者福祉之價值觀，投射於語言政策上，則重視弱勢語言族群之困難處境，藉由國家機制來扶助弱勢語言族群發展。讓語言政策由消極面之「語言公平主義」昇華至「語言多元主義」，國家必須尊重少數語言之獨特性，在制度上給予少數語言較佳優惠措施、在資源分配上給予少數語言更多社會資源，參照本書前所論述的國際人權法機制，以「制度保障」與「創造誘因」方式，復振少數語言。

## 貳、語言人權意涵

日籍學者鈴木敏和定義語言權係指自己或自己所屬的語言團體，使用其所希望使用的語言，從事社會活動，不受他人妨礙之權利；即每個人有

---

9　民主社會主義（Democratic Socialism）是一種主張循民主的手段，在憲政之體制架構中進行社會主義運動。而另一相類似的則為社會民主主義（Social democracy），所謂的「社會民主主義」，係強調對社會下層人民、弱勢者的關注，在福利主義、重分配與社會正義等原則之基礎；透過立法過程以改革資本主義體制，使其更公平和人性化，逐漸演變成一種「福利社會主義」。基督教社會主義（Christian Socialism）是嘗試把基督教的社會原則，如基督之合作、互助、友愛的精神，投射於社會結構之改造上，保障社會弱勢及勞工。費邊社會主義（Fabian Socialism），可說是發軔於英國費邊社（Fabian Society），重要成員為蕭伯納（George Bernard Shaw）、韋伯（Sydney Webb）；費邊社不但協助英國工黨（Labour Party）的成立，有不少社員擔任工黨的議員。費邊社會主義主張以「民主途徑、和平手段、漸進改革」的方式來實現社會主義的理想。

權使用自己所傳承之語言（right to use the language of one's heritage）。
至語言權來源略有：(1)直接源自基本人權；(2)衍生自其他基本人權；(3)
公平正義原則，即平等原則；(4)反歧視原則（施正鋒、張學謙，2003：
136-139）。

　　以Skutnabb-Kangas和Phillipson的觀點，來說明語言人權在個人層次
與集體層次之意涵如下（張學謙，2007：178）：

  1. 個人層次：從平等權角度出發，語言人權指涉每一個人無論其母
     語屬多數語言或少數語言，都有權認同、使用其母語，他人必須
     對此認同與使用權加以尊重。個人有學習母語之權利，包含以母
     語做為基礎教育之教學語言權，以及享有在公共領域或正式場合
     中，使用其母語之權利。同時在其所居住國家中，個人也享有學
     習至少一種官方語言的權利。而對上述權利之限制，即可視為對
     基本語言人權之侵害。

  2. 集體層次：語言人權指涉少數團體存續之權利，即與主流社會不
     同之權利。弱勢語言團體（族群）享有建立並維持學校或其他教
     育機構，使用其母語教學之權利，以發展其母語。少數團體（族
     群）也享有參與國家政治決策之權利，以保障該團體內部之自治
     權，至少在文化、教育、宗教、資訊、社會事務領域上，政府須
     提供租稅優惠或補助金措施。同樣的，對上述權利之限制，亦可
     視為對基本語言人權之侵害。

　　又Heniz Kloss於1977年所著*The American Bilingual Tradition*一書，
將語言權區分為趨向容忍（tolerance-oriented）與趨向推廣（promotion-
oriented）的權利。[10]另kutnabb-Kangas與Phillipson則以同化或保存取
向，將語言權分為壓制、容忍、非歧視、允許、促進語言權等態樣（施正
鋒、張學謙，2003：140）。

---

[10] 趨向容忍，指僅容許語言的使用，國家並未提供資源、未保留使用領域；趨向推廣指國家透
　　過法令提供推廣特定語言所需之資源（如經費、人員、空間）（張學謙，2007：180）。

　　事實上，就人權發展觀察，十七、十八世紀之人權，係以爭取自由權為基礎所主張夜警國家式（watch-dog state）之「排除國家之干預」；到二十世紀之人權，係以視社會權為基礎所主張福利國家式（welfare state）之「要求國家之扶助」。語言人權實兼具「自由權」（個人層次）與「社會權」（集體層次），並發展出「集體權」。

## 參、語言政策

　　參酌Matthias Konig於1999年所著*Cultural Diversity and Language Policies*一書觀點，將語言政策類型[11]分為「同化主義式的單語政策（monolingualism）」、「差別待遇式／排他式的語言政策（differentialist/exclusionist）」、「雙語／多語的語言政策（bilingualism/multilingualism）」等三大類（李酉潭，2008），並納入前述語言意識形態及語言人權之觀點，整理語言政策之態樣如下：

### 一、同化式之單語政策

　　以語言歧視主義為基礎之同化政策嘗試透過語言的單一化（homogenization）來達到凝聚民族與國家認同（national identity）之目標，因此官方語言的使用被視為是否效忠國家之指標，學校教育系統僅能使用官方語言。至少數族群語言可能被壓抑或有程度地被容忍，但少數族群會產生語言歧視之感受，進而引發政治衝突。

---

[11] 另依據杜意契（Karl W. Deutsch）觀點，可將語言政策分為(1)推動整合或進行同化，(2)允許獨立或成立地區性自治政府，(3)提倡多元主義（丁元亨，2002：160）。

## 二、差別待遇式／容忍式之語言政策

在政府機關、教育機構等公共領域必須使用官方語言，而容忍少數族群語言能在家庭、民間日常溝通等私領域使用。政府透過「積極鼓勵使用官方語言、消極容忍使用少數族群語言」之語言政策，讓少數族群之語言使用人口及場域逐漸減少，進而讓少數族群語言逐漸趨向死亡。

## 三、多語公平並存式之語言政策

本於語言公平主義概念，承認少數族群之語言權，並在制度上予以保障；國家承認多種的官方語言，以促使少數族群在公共領域中自由地使用其母語。理想的雙語（多語）環境，是每個國民能流利地使用二種（多種）語言。如瑞士有德語、法語、義大利語、英語等4種官方語言，多數瑞士民眾可使用2種以上語言。政府提供一個非歧視之語言公平的環境。

## 四、復振／促進少數語言式之語言政策

植基於語言多元主義概念，除承認少數族群之語言權外，更進一步課予國家應以制度誘因或資源分配方式，對少數族群語言或瀕臨死亡危機語言，加以復振（復甦）[12]，以促進語言的多元發展。相較於多語公平並存式語言政策之消極保障，少數語言式之語言政策，具有積極扶助之政策作為。

---

[12] 如何讓少數族群能再使用其母語及增加母語使用之人口，有稱之語言復振（language revitalization）者，亦有稱之語言復甦（language revival），行政院函請立法院審議之「國家語言發展法草案」第5條以「復振」稱之；《客家基本法》第8條則以「復育」稱之。

圖4-2　意識形態與語言政策光譜分布

　　在世界多元文化主義趨勢下，在意識形態與語言政策光譜上，各國也逐漸揚棄同化式語言政策，而朝向保障及復振少數族群語言，這正體現了國際人權法建構少數語言族群保障之「制度保障」與「誘因創造」之制度機制的價值。

　　臺灣也在此潮流趨勢下，以《中華民國憲法增修條文》第10條第11項課予國家肯定多元文化之義務，並進一步要求國家應積極維護發展原住民族語言及文化。


## 肆、從語言公平走向語言復振

　　基於主觀公權利之保障與客觀法規範之建構，並彰顯少數語言族群之正義，在國際法規範層次，《聯合國憲章》第1條、《世界人權宣言》第2條、《公民與政治權利國際公約》第2條第1項、第14條、第24條、第26條、第27條、《保障少數民族或宗教和少數語言族群權利宣言》第1條、

第2條、第4條等皆重視語言平等之保障。

　　從保障語言平等出發，透過制度上保障少數語言族群文化獨特性（制度保障），與資源分配上給予少數語言族群優惠措施（創造誘因）之政策作為以復振少數語言，以成為現今世界趨勢。在此潮流引領下，臺灣制度規範內涵亦有所變化。

　　就臺灣制度規範內涵之變化，進一步說明如次，《中華民國憲法》第7條「中華民國人民，無分男女、宗教、種族、階級、黨派，在法律上一律平等」為原則規範；而第5條更明確規範「中華民國各民族一律平等」。除上開第5條（規範於第1章總綱）及第7條（規範於第2章人民權利義務）外，另於第13章基本國策之第6節邊疆地區，以及第168條、第169條保障邊疆地區各民族地位，並扶助經濟、社會事業之發展。在此憲法規範價值下[13]，1992年5月8日公布《就業服務法》[14]雖已有保障語言平等之概念，但卻是以「非歧視」思維加以建構。

　　其後臺灣民主政治漸趨開放，1987年解除戒嚴，並推動一連串的民主改革，1991年開始修改《中華民國憲法》[15]，至1997年第4次修憲時，於《中華民國憲法增修條文》第10條第8項（現為第10條第11項）規定「國家肯定多元文化，並積極維護發展原住民族語言及文化」。也就是說，臺灣憲法價值已受到國際上多元主義思潮，肯認文化的多樣性，並加以扶助保存。

　　伴隨憲法價值之轉變，在法律層次上，也開始以制度機制促進多元文化之發展，如2000年4月19日公布《大眾運輸工具播音語言平等保障

---

[13] 1947年公布之《中華民國憲法》，因國家發生重大變故，國民政府退守臺灣，1949年宣布戒嚴。在主政者堅持「法統」下，憲法無法配合時勢變遷加以修改，乃以《動員戡亂時期臨時條款》方式來適應當時需要，如調整中央政府之行政機構、人事機構及其組織（第5條）、增補選中央民意代表（第6條）。

[14] 就業服務法第5條規定：「為保障國民就業機會平等，雇主對求職人或所僱用員工，不得以種族、階級、語言、思想、宗教、黨派、籍貫、性別、容貌、五官、殘障或以往工會會員身分為由，予以歧視。」

[15] 當時修憲採「一機關兩階段修憲」，1991年5月1日之修憲屬程序性修憲、1992年5月28日之修憲始為實體性修憲；故《就業服務法》制定時，實仍係反映憲法本文之價值。

法》[16]，以及行政院以2008年2月1日院臺文字第0970003868號函送請立法院審議《國家語言發展法（草案）》。

　　從《國家語言發展法（草案）》總說明，「臺灣社會擁有多元族群，為多元語言及多元文化之國家。近年民間迭有以『還我母語』表達族群平等之訴求，相對於國際人權理念推動文化權之保障，以及聯合國教科文組織將我國母語列為瀕臨消失地區之情況，有關語言文化之保存與傳承成為備受關注之議題，而制定語言發展專法，藉以促進族群溝通與交流，亦為時勢所趨。為尊重語言之多樣性及平等發展，應承認本國各族群使用之自然語言均為國家語言。國民使用國家語言，不應遭受歧視或限制；語言為文化傳承之一環，為促進多元文化成長，豐富國家之文化內涵，政府應規劃及推動國家語言之保存、傳習及研究，並建立保存、傳承機制，以活化及普及國家語言；為具體落實及保障國民使用國家語言之權利，政府應提供學習國家語言機會，並於國民利用公共資源時提供國家語言溝通必要之服務。」及第1條所揭示立法目的，「為尊重及保障國民平等使用國家語言之權利，促進多元文化成長，豐富國家之文化內涵，特制定本法」；基此，吾人觀察到臺灣語言政策係以透過制度上保障少數語言族群文化獨特性（制度保障），與資源分配上給予少數語言族群優惠措施（創造誘因）之政策手段以復振少數族群語言。本書進一步具體地以我國相關法令規範分析如表4-1。

---

[16] 《大眾運輸工具播音語言平等保障法》第1條規定：「為維護國內各族群地位之實質對等，促進多元文化之發展，便利各族群使用大眾運輸工具」。同法第6條規定：「大眾運輸工具除國語外，另應以閩南語、客家語播音。其他原住民語言之播音，由主管機關視當地原住民族族群背景及地方特性酌予增加。但馬祖地區應加播閩北（福州）語。從事國際交通運輸之大眾運輸工具，其播音服務至少應使用一種本國族群慣用之語言。」

表4-1　臺灣語言保障及復振政策機制

| | 國家語言發展法（草案） | 客家基本法 | 原住民族基本法 | 其他法律 |
|---|---|---|---|---|
| 制度保障 | 本法所稱國家語言，指本國各族群使用之自然語言。（第2條） | 第4條<br>第5條<br>第6條第1項<br>第9條第1項 | 第30條 | 《通訊傳播基本法》第5條、第13條。 |
| | 國民使用國家語言，不應遭受歧視或限制。外國人及他國移入本國並取得本國國籍者，應尊重其使用該國語言之權利。（第3條） | | | 《國籍法》第3條、《歸化取得我國國籍者基本語言能力及國民權利義務基本常識認定標準》第6條。[17] |
| | 政府規劃及推動國家語言發展，應包容及尊重語言之多樣性。（第4條） | | | 《行政院原住民族委員會組織條例》第5條 |
| | 國民得要求政府以其使用之國家語言提供服務及利用公共資源。政府機關（構）應提供國家語言溝通必要之公共服務。（第8條） | | | 《客家委員會組織法》第2條 |
| 創造誘因（資源分配） | 政府應辦理國家語言之保存、傳習及研究；對於面臨傳承危機之語言，應訂定復振計畫及建置國家語言資料庫，積極鼓勵進行語言復育、傳承及記錄。（第5條） | 第6條第2項<br>第7條[18]<br>第8條<br>第9條第2項<br>第10條<br>第11條<br>第12條 | 第9條<br>第12條 | 《公共電視法》第38條[19] |
| | 政府應獎勵廣播電視事業製播國家語言相關節目。（第6條第2項） | | | 《原住民族教育法》第28條、第30條 |
| | 政府應鼓勵大學校院設立研究面臨傳承危機語言之系所，各級學校及學前教育機構應提供學習機會，傳承國家語言，並提供相關歷史文化教材，以鼓勵國民學習多種語言，促進族群溝通及文化交流。（第7條） | | | 《財團法人原住民族文化事業基金會設置條例》第4條 |

---

[17] 依《國籍法》第3條規定，外國人或無國籍人申請歸化我國國籍者須具備我國基本語言能力，並依《歸化取得我國國籍者基本語言能力及國民權利義務基本常識認定標準》第6條規定，參加歸化測試者得就華語、閩南語、客語或原住民語擇一口試；顯見具有制度保障性質。另依《歸化取得我國國籍者基本語言能力及國民權利義務基本常識認定標準》第6條條

　　從我國研擬的法律草案或已通過施行之相關法律來看，臺灣以制度機制保障少數族群之語言權，並以預算資源之誘因提供，積極復振少數族群之語言權，對照上一節所討論之意識形態與語言政策光譜，顯見臺灣語言政策已漸漸朝向「復振／促進少數語言式之語言政策」發展。

## 伍、語言瀕絕度與客家語言

### 一、語言活力與瀕絕度

　　聯合國教科文組織2009年2月19日發表最新的「語言的世界地圖」報告表示，目前全球6,900種有人在說的語言裡，其中2,500種正瀕臨消失的危險（endangered）。在教科文組織的估計裡，目前有538種語言面臨消失的程度是「嚴重危險」（critically endangered）；502種是「非常危險」（severely endangered）；632種是「真的危險」（definitely endangered），607種是「不安全」（unsafe）。如最後一位說曼島語（Manx）的人於1974年去世；2009年，最後一位說埃雅克（Eyak）原住民母語的人瑪麗史密斯，以89歲高齡在阿拉斯加去世。上述語言也隨著最後一位使用者撒手塵寰而歸於寂滅。過去50年來，已有200種語言「滅音」。[20]故挽救流失語言或復甦瀕危語言（reversing language shift，

文說明「查美國、加拿大、澳洲、韓國及巴西等國家，係要求應試者以該國官方語言或文字回答或寫下應試者所詢問有關公民權利義務等相關問題，作為應試者是否具備語言能力及公民權利義務知識之認定標準。考量上揭作法確實能瞭解申請歸化者之語言及國民權利義務基本常識之能力，且作法明確統一、公平、公開，經予參考採行」，我國官方語言似應包含華語、閩南語、客語、原住民語等4種。

[18] 基於第7條之立法說明中「可藉由增設客家事務相關類科之考試科目，讓不瞭解客家文化之考生，透過考試而學習及認識客家歷史及文化。」，本書乃將本條歸類於誘因之創造。

[19] 就少數語言族群之媒體近用權，《通訊傳播基本法》係為國家規範通訊傳播之準據法，以保護弱勢權益；再以《公共電視法》設立非商業性電視臺，於教育、資訊及娛樂性節目顧及各語群需要，並提供地方語言教學節目；加以為表達地方戲劇或文化藝術節目特色，應以地方語言製播之規定。故《通訊傳播基本法》屬制度保障性質，《公共電視法》屬創造誘因（資源分配）性質。

[20] 資料來源：今日新聞網（http://www.nownews.com/2009/02/20/334-2411500.htm），檢視日期：2010年11月4日。

RLS）乃成為重要議題，如Joshua Fishman於1991年出版*Reversing Language Shift: Theoretical and Empirical Foundations of Assistance to Threatened Languages*一書。

　　而究竟如何評估語言是否已瀕臨危險？其具體評估分析指標為何？吾人進一步討論如下：

### （一）判定標準

　　關於哪種語言是不安全？哪種語言是嚴重危險？可參酌聯合國教科文組織專家會議2003年3月12日通過「語言活力與瀕絕度」（Language Vitality and Endangerment）判定標準。該判準分為三個面向（共9個要素），整理如表4-2：

表4-2　語言活力與瀕絕度判定標準

| 面向 | 要素 | 內涵 |
|---|---|---|
| 評估語言活力和瀕絕狀態 | 要素1：語言的世代傳承 | 語言由上一代傳到下一代。世代與世代間有的傳承越多，語言也越強健。 |
| | 要素2：語言使用者的確切人數 | 人口少的族群比人口大的族群，更容易因為疾病、戰爭、天然災害、或因融入其他較大族群而消亡。一個社群認同的一致性越強，語言也越強健。 |
| | 要素3：語言使用者占總人口的比率 | 在一個團體中，某語言使用者的數量與總人口之比，是判定語言活力很重要的指標。越多人使用該種語言，語言也越強健。 |
| | 要素4：現存語言應用範圍的喪失 | 語言在何處被使用？用在跟誰對話？用在多少主題上？一種語言越被一貫而持續地運用，就越強健，這代表著此語言被應用在社群的各生活層面。 |
| | 要素5：對新領域和媒體的回應 | 當社群的生活環境改變時，語言也跟著改變嗎？當語言越被積極運用於新的領域時，語言也越強健。新的領域包括了學校、新型工作環境、以及廣播和網際網路等新媒體。 |
| | 要素6：語言教育和學習讀寫的材料 | 教育過程中，是否藉由這種語言的口語、書寫、和其他的媒介型式來引領學習嗎？現存語言材料的多樣性越大，在教育中被運用的機會越大，語言也越強健。 |
| 語言態度和政策 | 要素7：政府和機構對待語言的態度和政策（包括官方地位及使用） | 政府和機構對於優勢和非主流語言，有明確的政策和（或）非公開的態度。當官方對待社群語言的態度和政策越正面，語言也越強健。 |

表4-2　語言活力與瀕絕度判定標準（續）

| 面向 | 要素 | 內涵 |
|---|---|---|
| | 要素8：社群成員本身對自己的語言的態度 | 某一語言社群的成員可能會認定自己的語言，對本身的社群和認同很重要，因而推廣這個語言。當他們的態度越正面，對自己的語言越感到驕傲時，此語言也越強健。當成員越重視認同本身的傳統時，這個社群的語言也越有可能被保留和推廣。 |
| 典藏的急迫性 | 要素9：典藏的數量和質量 | 有充足的完整記錄、轉寫、翻譯、和分析過的材料嗎？有越多的歷史和當代語料，語言也越強健。這些語料包括了完整的文法和字典、大量的文本、不間斷的語料流通、以及加註過的豐富高品質聲音及影像記錄。 |

資料來源：整理自數位典藏國家型科技計畫（http://www2.ndap.org.tw/newsletter06/news/read_news.php?nid=504），檢視日期：2010年11月4日。

## （二）語言活力指標

　　從語言生態的角度以觀，語言活力大小的指標尚可進一步說明如下，(1)城鄉位置指標：越接近都會中心語言，其使用頻度越高，語言活力越強；(2)語域占有指標：占有場域越多、影響力越大，語言活力越強；(3)語碼轉換指標：語碼轉換意謂本語言某些語碼不足，須借重其他語碼，語碼轉換越多，語言活力越弱；(4)人口動態指標：語言使用人口越多、影響力越大，語言活力越強；(5)網絡分布指標：一個社會中，存有無數的社會網絡，某一網絡結構越嚴密，其語言活力越強；(6)群體地位指標：社會階層地位高的語言，其影響力較大，語言活力較強；(7)語言地位指標：語言地位越高，語言活力越強；(8)經濟基礎指標：一語言社群之經濟基礎越高，語言活力越強（何大安，2007：3-5）。

　　依語言活力，可進一步將語言分為五個等級：(1)存活的語言，指語言族群的人口數目、興盛程度佳，長時間內，不致出現威脅存活的狀態；(2)存活但小眾的語言，指語言族群人口數超過千人，族群較孤立，或內部凝聚力強，語言使用者也意識到語言是其身分表徵；(3)瀕危的語言，指語言使用者之人口數僅足以維持語言存活；(4)幾近滅亡的語言，指只剩少數老人尚在使用的語言；(5)滅亡的語言，指最後一位可以流利使用

```
┌──────────────────────────────────────────────┐
│        第一階段：學習支配語言或強勢語言              │
│                    ↓                          │
│        第二階段：雙語併行（新語言日趨興盛）          │
│                    ↓                          │
│        第三階段：舊語言成為家用方言（family dialect）  │
└──────────────────────────────────────────────┘
```

**圖4-3　語言同化三階段**

（資料來源：整理自周蔚，2001：167-168）

語言者已經死亡（周蔚，2001：71-72）。

　　（三）語言步向死亡因素

　　　　依David Crystal於*Language Death*一書指出，語言步向死亡因素為：(1)族群人身安全受威脅，即使用語言者因天災、疾病、戰爭而大量減少；(2)文化同化因素，即一民族受另一民族優勢文化影響，致成員開始使用優勢文化之行為與禮法，而喪失原固有文化，常見於澳洲、北美洲殖民地；此語言同化過程可分為三大階段，整理如圖4-3，如要減緩語言衰弱或流失，應在第二階段著力（周蔚，2001：155-169）。

　　　　就上開語言同化三階段以觀，客語介於第二階段與第三階段之間，在客家庄屬雙語併行，在非客家庄則偏向成為家用方言，客語之傳承已有迫切的危機。

## 陸、客家語言活力與與瀕絕度

### 一、客語傾向「瀕絕」一方

　　　　參酌上開指標，以《99年至100年全國客家人口基礎資料調查研究》以觀，並以「客家民眾家庭語言使用習慣」、「客家民眾在不同場合使用客語情形」二個面向分析：

(1) 客家民眾家庭語言使用習慣：有95.3%的客家民眾在家庭使用國語（普通話、北京話）交談、58.1%使用閩南語交談、51.6%使用客語交談。國語、閩南語及客語是客家民眾在家庭最主要的使用語言，幾乎所有客家家庭都會使用國語，閩南語的使用比例較客語為高，客語則是客家家庭第三種較常使用的語言。（行政院客家委員會，2011：90）。

(2) 客家民眾在不同場合使用客語情形：從客家民眾在不同場合使用客語的情形發現，以與親戚長輩相聚說客語（幾乎全講及大多數講客語）的比例最高（51.7%），其次是與自己的父母親交談（50.5%）及與自己的兄弟姊妹（44.2%）；在工作場合會講客語的比例則僅有14.7%。（行政院客家委員會，2011：148），顯見客家族群在公眾場合，較不會使用客語。

　　基於廣義定義的客家民眾，客語之世代傳承不佳、客語使用者的確切人數及占總人口比例低、客語應用範圍小、客語材料及典藏量偏低，再加上客語在城鄉位置上，多偏於鄉村聚落；致客語在語言「活力」與「瀕絕」之天秤兩端上，無疑地係向「瀕絕」一方傾斜。

　　可行之改善之道，一為政府的語言政策，另一為客家族群成員本身對自己的語言態度。

## 二、客家族群為語言弱勢族群

　　所謂「沒有語言的民族，就是沒有心靈的民族」，語言流失之所以悲哀，正因為語言無法互換，正因為語言是一民族有歷史以來，以思想、溝通不斷提煉而成的結晶（周蔚，2001：98、101）。在族群之分類上，外省人之母語（北京話）係屬目前官方語言，外省族群長期以來都享有國家機器之保護與社會資源之分配保障；閩南語（台語）亦屬強勢語言，閩南族群人數又是三大族群中最多的，在臺灣民主化與政黨輪替後，已逐漸控

制國家機器。只有母語使用客家話[21]之客家族群，因為社會經濟上，不似原住民般之絕對弱勢，而政治代表性又不夠強大，乃常是國家政策較易忽略的一個族群。

　　如進一步對照國家對原住民保障機制，原住民以人口數而言係屬少數，國家除制定有《原住民身分認定法》及《原住民族基本法》以保障原住民族基本權利（如智慧創作權、工作權、社會福利等）及集體權（如原住民族之平等地位及自主發展、寬列預算協助原住民族自治發展等）外；並於憲法與《地方制度法》中保障其參政權（原住民立法委員與地方民代）[22]。進而，維護原住民族權益，行政院院會2010年9月23日通過《原住民族自治法草案》[23]，並函請立法院審議。顯見我國對原住民之制度性保障機制相當高。

　　弱勢語言在語言權利之制度性保障上不如強勢語言，且無法在公共領域中被使用，造成弱勢語言使用者（族群）必須轉而學習強勢語言，致弱勢語言的活力逐漸降低而瀕危（Allard、Landry，1992：180）。

　　依范振乾在2002年〈客家事務行政體系之建構〉一文中所提出觀點，臺灣客家人長期作為社會中的「隱形人」，這個「隱形人」，並非指血統上的意涵，而是指客家語言文化的政治社會地位而言；因客家語言文化幾無政治社會地位可言，所以客家族群在台灣社會是沒有聲音的一群人，客家臺灣人的形體是以其他語言文化的形式，如閩南化（福佬化）或華語化的形式存在於臺灣社會。

　　另客家委員會主任委員黃玉振於立法院內政委員會審議《客家基本

---

[21] 臺灣客語約略有四縣腔客語、海陸腔客語、大埔腔客語、詔安腔客語、饒平腔客語、永定腔客語等。目前客家文化委員會所辦理之客語認證考試為海陸、饒平、詔安、四縣。

[22] 地方民代（直轄市議員、縣市議員、鄉鎮市民代表）中設有原住民之特別保障；在地方行政首長部分，亦設有山地鄉之鄉長以原住民為限之特殊保障。

[23] 《原住民族基本法》第4條規定政府應依原住民族意願，實行原住民族自治。原住民族自治區將依「尊重原住民族自治意願，保障原住民族平等地位及自主發展」原則設立。未來行政院原民會將就自治區之整體規劃、實施期程、執行步驟等擬訂自治區實施進程計畫，俾利各族自行或與分布區域相鄰之其他原住民族，會同原住民鄉（鎮、市、區）公所成立自治籌備團體，經完成籌備後，由行政院核定設置自治區。資料來源：行政院新聞局網站（http://info.gio.gov.tw/ct.asp?xItem=73136&ctNode=919&mp=1），檢視日期：2010年11月12日。

法草案》答復立法委員鍾紹和時表示：「客家在教育、經濟、社會各方面都不能算弱勢，但是在語言、文化方面，現階段還算是弱勢」（立法院，2010b：332）。

故如以語言作為我國約定俗成之四大族群分類，客家族群實屬「語言弱勢族群」；而客家族群之危機可簡化說是「客語傳承」之危機。對照國家對原住民族之高度保障機制，客家族群之權益是被忽視的，為爭取客家族群之「集體權益」[24]，並將客語由「私領域」帶入「公領域」，臺灣客家族群曾於1988年12月28日透過政治動員（「1228還我母語運動」）方式，開始聯結臺灣其他族群及各方力量，必須共同重視各族群母語，要在有共同國家語言政策下，也能有適度的發展空間；也同時爭取其族群自我認同與集體權益。

## 柒、《客家基本法》強化客語復甦之量能

依David Crystal於*Language Death*一書指出，拯救或復振語言之方法為(1)蒐集資料，以評估目前語言處境，並編纂語言教材；(2)借用媒體力量募足經費；(3)建立族群積極態度，讓語言使用者有自信、榮譽感；(4)凝聚族群力量，族群成員以傳承母語為己任；(5)視語言為文化的一部分（周蔚，2001：188-230）。事實上，語言之復甦涉及了語言態度、語言功能、語言環境、語言政策、語言教育、語言文字化等問題，而相對應的對策則為「提升族語自覺」、「增加族語使用的誘因」、「營造族語使用環境」、「訂定合理且有效的語言政策」、「改良語言教育」、「頒布

---

[24] 依施正鋒〈原住民族的集體權〉一文，Karel Vasak的「人權三代論」將人權分為三大類：（一）第一代人權指公民權、以及政治權（civil、political rights），（二）第二代人權指經濟權、社會權、以及文化權（economic、social、cultural rights），以及（三）第三代人權指共同權（rights of solidarity）、發展權、環境權，以及和平權。其中，「共同權」，是指因為隸屬於某個集體的身分而享有的權利，又被稱為「集體權」（collective rights）、或是「集團權」（group rights）。資料來源：施正鋒政治學博士網站（http://faculty.ndhu.edu.tw/~cfshih/politics%20observation/newspaper/20090330.html），檢視日期：2011年3月28日。

統一書寫文字」等措施（張永利，2005：90-91）。《客家基本法》之制定，除使客語之復振，取得法律權源外，更是課以國家復振客語之義務。

　　如同客家基本法草案總說明所論述：臺灣客家族群長期以來卻未受到應有之重視，而面臨著身分認同斲失、文化活力萎縮及客家公共領域式微之危機，連帶使得作為族群特色之語言及傳統日益流失。政府在2001年6月14日成立行政院客家委員會，專責推動全國客家事務及相關行政。數年來積極復甦客家語言、振興客家文化、發展客家產業，雖已獲致相當成果，並奠定扎實基礎，但由於行政措施仍有其侷限，缺乏法源依據，致使無法普遍而深入地推展各項工作，為期建立制度性規範，確保客家事務法制化，以增強推動之力度與效果，確立客家事務未來基本方向，藉此建構客家事務施政總目標，乃有必要制定「客家基本法」。而客家基本法制定後，對客語之復甦有何力度與效果？茲分述如下：

## 一、客語運用於公共領域

　　要讓客語能夠復甦，首先就是必須要讓客語從「私領域」進入「公領域」，這正也是「1228還我母語運動」之主訴求。

### （一）客語為官方公事語言：兼採地域原則與身分原則

　　在語言多元化政策基礎上，官方公事語言之實施，概有「地域原則」（territory principle）與「身分原則」（personality principle）兩大原則。「地域原則」係指國家將依其語言人口（族群）分布情形，在地理區域上劃定語區，並以該地區族群所使用之語言作為官方語言。「身分原則」係容許個人依其自主權決定使用任一官方語言向政府申辦案件，即賦予個人選擇使用官方語言之自由；考量政府提供語言服務之成本，多語言國家通常設定人口數量作為是否提供語言服務之門檻。在多語言族群國家中，瑞士、比利時係採地域原則，芬蘭則以地域原則為主、身分原則

為輔；加拿大以身分原則為主、地域原則為輔。[25]簡言之，地域原則帶有「集體權」之色彩，身分原則帶有「個人權」之色彩。

## 1. 客家文化重點發展區：地域原則

藉由選定具特殊客家特色之特定地區，凸顯客家語言、文化與其他族群文化之區別，於客家文化重點發展區之公教人員，加強其客語能力，《客家基本法》第6條第2項爰規定：「行政院客家委員會所列客家文化重點發展區應推動客語為公事語言，服務於該地區之公教人員，應加強客語能力；其取得客語認證資格者，並得予獎勵。」

## 2. 客語無障礙環境：身分原則

為因應以客語洽公人士需求，政府機關（構）應提供必要之客語播音、諮詢、或通譯等服務，以落實客語無障礙環境，《客家基本法》第9條爰規定：「政府機關（構）應提供國民語言溝通必要之公共服務，落實客語無障礙環境。辦理前項工作著有績效者，應予獎勵。」

## 3. 具體政策作為

客語運用於公共領域政策實施原則為：(1)公共化原則：公共場所多以客語為主要使用語言；(2)多元化原則：增進民眾對使用客語之尊嚴和自信，及對異語言文化的了解和尊重；(3)普及化原則：客語普遍推行於機關、學校、社團、商家企業、鄰里社區；(4)生活化原則：民眾在日常生活中自然以客語溝通。[26]

目前具體的作法係以補助國內公私立機關（構）及團體方式來落實客語運用於公共領域。至具體補助項目為：(1)口譯服務；(2)臨櫃服務；(3)播音；(4)多媒體資訊服務；(5)其他公事客語無障礙環境服務提供之相關製作、研習、訓練、臨時派遣人力、器材設施租用等必要經費。

---

[25] 地域原則與身分原則之論述係參酌張學謙之領土原則與身分權原則觀點（張學謙，2007：185-193）。

[26] 為尊重多元文化，推動公事客語無障礙環境，以促進客語重返公共領域，行政院客家委員會依《客家基本法》第6條及第9條規定，訂定《行政院客家委員會推行公事客語無障礙環境補助作業要點》；上開要點第3點具體規定實施原則。

## （二）客語運用於公共領域兼具有保障集體權與個人權

　　《客家基本法》第6條第2項、第9條規定實兼具有保障集體權與個人權之雙重意涵。就「客家文化重點發展區」部分，寓有保障客家族群集體權之意；至「客語為公事語言」、「提供國民語言溝通必要之公共服務」除落實《公民權利和政治權利國際公約》第19條[27]，及我國憲法第11條[28]之表意權外，另有保障個人（客家人）接近使用政府資源與服務之意，不會因個人不會使用客語之語言隔閡，致無法使用政府資源與政府提供之服務。[29]

　　復依聯合國教科文組織專家會議「語言活力與瀕絕度」指標要素，顯示我政府對待客家族群語言（客語）的態度和政策越趨正面，應可促使客語更趨強健。惟如能將客語公事語言及客語無障礙環境，擴及一般民眾日常生活所需之民營機構、企業、醫療院所、大眾運輸工具等（即客委會版本第11條），相信對客語之復振及傳承的助益性更高。

## 二、客語傳承與發揚

　　如同前已提及客家家戶民眾近六成認為客語流失情況嚴重，如何讓客語傳承下去，並發揚光大，自當是《客家基本法》之核心。

### （一）客語傳承

#### 1. 客語生活化

　　為期客語向下扎根，政府應訂定相關獎勵措施，增進學習客語之誘

---

[27] 《公民權利和政治權利國際公約》第19條第2項規定，人人有自由發表意見的權利；此項權利包括尋求、接受和傳遞各種消息和思想的自由，而不論國界，也不論口頭的、書寫的、印刷的、採取藝術形式的、或通過他所選擇的任何其他媒介。

[28] 憲法第11條規定，人民有言論、講學、著作及出版之自由。

[29] 客家委員會於2007年2月2日發行的第118期《客家電子報》，登載了一個值得反思的小故事：「去年冬天，一位苗栗的客家老太太坐了120分鐘的車子，到雲林監獄探望她服刑的兒子，母子相見，七十歲的阿婆正急切的用客語訴說對兒子的想念與關懷，才說幾句，獄所管理員就以他聽不懂客語為由，要阿婆別講客家話。只會講母語的阿婆，慌張地與兒子乾眼對望，明明能說卻開不了口，待了4分鐘就離開。」

因，透過客語師資之培育，鼓勵各級學校及社區開設客語學習課程，使客語之傳承植基於日常生活，《客家基本法》第10條爰規定：「政府應提供獎勵措施，並結合各級學校、家庭與社區推動客語，發展客語生活化之學習環境。」

### 2. 具體政策作為

為強化師生對客語之認同及提升使用客語之意願與能力，使客語在校園生活中廣受接納及使用，並使客語從邊陲回歸主流地位，客家委員會訂頒有《客家委員會推動客語生活學校補助作業要點》，其精神宗旨在於：(1)營造生活化的客語學習環境，使學童自然學會客語；(2)創造師生以客語互動的機會，提昇學習興趣；(3)建立聽、說客語的自信心，體認客家語言、文化之美；(4)配合教育部推動九年一貫課程之教育精神，塑造學生人本、鄉土情懷及培養其民主素養。

而具體之實施原則為：(1)生活化原則：以當地客語為校園生活主要使用語言，包括教師之間、學生之間、教師與學生之間，日常生活接觸溝通，均能自然地以客語交談溝通，並相互鼓勵；(2)公共化原則：學校正式公開場合，如朝會、月會、運動會及各種會議等公共生活，能以客語為主要使用語言；(3)教學化原則：除鄉土語言課程外，一般教學過程能配合軟、硬體設備，以趣味、活潑、遊戲的方式，交錯使用華話及客語，並嘗試以客語表達現代詞彙或術語，使客語進入知識體系；(4)多元化原則：應培養學生多元文化的寬廣心靈，校園生活和教學活動中能靈活設計安排，並將客語融入九年一貫課程之各學習領域教學中，使學生對客語文化有尊嚴和自信，也具備對異文化了解和尊重的能力；學生應有機會學習社區周邊或共同生活的不同族群語言文化；(5)社區參與原則：請學區家長及地方人士參與計畫之擬訂及執行，以活潑創意之方式，創造社區與校園之互動，並與傳播媒體溝通，發布有關理念及資訊。

至推動方式則採：(1)自主化：各校依據所在社區特質，參酌學生、教師組成之特性，經由師、生、家長之討論，擬具推動計畫，並訂定自我評量的指標，以建立有效運作的推動機制；(2)彈性化：在非客家社區，

可視條件特質，組成跨族群的師、生、家長客語學習夥伴群體，以生活化方式推動客語學習，並促使校園其他師生有興趣認識或學習客語。

另外，在客語教本的編寫上，應提升教材之可讀性、趣味性、現代性，使教師能藉由教學工具承載語言載體之延伸內涵，使客語更有效達成讀、寫及實用之目標（曾貴海，2005：30）。

### （二）客語認證與薪傳

#### 1. 客語復育傳承

為使客語傳承及永續發展，政府以透過客語認證分級考試，來鼓勵大眾學習客語，並培育客語人才，《客家基本法》第8條爰規定：「政府應辦理客語認證與推廣，並建立客語資料庫，積極鼓勵客語復育傳承、研究發展及人才培育。」

#### 2. 具體政策作為

為加強客語之使用能力、鼓勵全民學習，提高客語之服務品質，並落實客家文化傳承之任務，客家委員會訂頒有《客家委員會推行客語能力認證作業要點》。

又為推展客語傳承計畫，就已具備客家語言、文學、歌謠及戲劇等專長之人員，給予專業憑據認定，賦予客語薪傳師之尊銜，作為投入傳習客家語言文化者之證明，客家委員會遂訂頒《客家委員會推動客語薪傳師資格認定作業要點》。

所謂「客語薪傳師」係指具有客家語言、文學、歌唱及戲劇之才能，並經依上開要點認定取得證書者，以傳承客家語言文化為使命者。其類別有「語言類」（語文教學及口說藝術等）、「文學類」（傳統、現代文學及劇本等）、「歌謠類」（傳統歌謠、現代歌曲及童謠等）、「戲劇類」（傳統戲曲及現代戲劇等）等四大類別。

#### 3. 以客語傳承促使客語從「瀕絕」移向「活力」

以依聯合國教科文組織專家會議「語言活力與瀕絕度」指標要素，《客家基本法》第8條，具有讓客語世代與世代間傳承增多，強健客語之

功。加上透過同法第10條將客語之傳承植基於日常生活之規定，應有助於客語從「瀕絕」漸次移向「活力」。

## 三、客語典藏

《客家基本法》第8條具有強化客語復育傳承外，另該條「建立客語資料庫及研究發展」規定，則訴求客語典藏。並透過同法第11條政府應支持國內大學校院成立客家學術相關院、系、所及學位學程，鼓勵積極從事客家相關研究之規定，以提高客語典藏之數量和質量。

至客語典藏之面向，除詞彙、諺語、童謠、詩詞、歌詞、短文、民間故事、字詞典外，尚可納入或強化下述幾個面向：(1)建立臺灣各地客語次方言的語音及詞彙資料庫；(2)建立各式客語辭典資料庫；(3)建立流傳海外的傳教士客語文獻；(4)建立臺灣客語長篇語料庫；(5)建立臺灣客語的社會資訊系統（江敏華，2007：389-390）。

## 四、提升客家語言於媒體之能見度：媒體近用權

宋紀均、謝欣如指出，要讓孩子會說客家語言，在於「父母隨時隨地跟小孩子說客家話」、「爭取政經力量讓媒體說客語」二個關鍵（宋紀均、謝欣如，2009：160）。

惟鑑於現有客語廣播電臺數量，相對於臺灣客家族群之社會人口組成比例明顯不足，且均屬於中小功率電臺；另現行客家電視頻道亦屬委託經營性質，均尚不足以發揮傳承及推廣客家語言、文化之功能，為保障客家族群之傳播及媒體近用權[30]，並有效達成客家語言、文化之傳承及發揚，《客家基本法》第10條爰規定：「政府應保障客家族群傳播及媒體近用權，依法扶助規劃設立全國性之客家廣播及電視專屬頻道；對製播客家語言文化節目之廣播電視相關事業，得予獎勵或補助。」

---

[30] 《客家基本法》第10條以「媒體近用權」稱之，司法院釋字第364號解釋以「接近使用傳播媒體之權利」稱之，概念是類似的。

　　就政治學的「政治社會化理論（political socialization）[31]」與大眾傳播的「皮下注射理論」（hypodermic-needle theory）[32]，大眾傳播在訊息之傳遞上具有強大的功能。藉由此條媒體近用權規定，一方面有助於提高客家族群使用其母語之習慣，俾利客語之傳承；另一方面，可讓非客家族群接近客語，並瞭解客家文化。

## 五、客語與客家人認定

### （一）學理上客家人定義：原鄉論述與新客家人

#### 1. 原鄉論述

　　依林崇熙觀點，客家族群之界定，依據1930年代客家研究的開拓者羅香林的著作《客家研究導論》，以各家族譜為本，來考察客家的源流[33]、分佈、所處的自然環境、語言、文教、特性，及客家與近代中國的關係等；其立論主軸是欲考察證明客家人乃自晉朝永嘉之亂後南遷的中原士族，歷經歷史上的五次大動亂而逐漸播遷至廣東東部與福建西部之山區。除了透過族譜來考察承自中原士族的血統外，羅香林進一步透過語言考察，由此而產生「原鄉論述」之概念。

　　依鍾嘉謀觀點，「原鄉論述」中對客家人的認定標準以血緣為主，認定凡兼具客家血統、客家方言及客家習俗等三種條件的人，也就是具有中

---

[31] Kenneth Langton於1969年在（Political Socialization）一書中所界定之政治社會化，係指社會如何將其政治信仰與文化代代相傳的過程，將政治價值信念從上一代傳遞到下一代。至政治社會化之途徑，依呂亞力教授論述包含，家庭、學校、同儕團體、工作場所、大眾傳播媒體、選舉或其他政治性場合。

[32] 皮下注射理論或稱子彈論（Bullet theory），係指大眾傳播之媒介內容如同注射針，可將訊息注射到接收者的血管中，並預期接收者會以傳播所欲產生反應。

[33] 目前對客家源流的論述可分為「北漢主體說」與「南漢主體說」，羅香林係「北漢主體說」之代表；「南漢主體說」則認為客家人之祖先為閩浙粵贛等省在地的土著，採此說者如房學嘉《客家源流探奧》、陳支平《客家源流新論》、葛劍雄《中國移民史》等（房學嘉，2008：210；冷劍波，2008：252）。另謝重光認為羅香林的《客家研究導論》之缺失略有：(1)將中國歷史上大規模南遷的移民都視為客家移民；(2)客家先民的概念，失於片面；(3)將宋朝戶籍制度之主戶和客戶，誤作土著與客家；(4)不加考證地運用族譜資料（謝重光，2008：179-184）。

原南邊漢族客家（即閩粵贛系）血統、信守客家習俗並會說客語之人都為客家人（行政院客家委員會，2004：1-4）。此時，可說是採取「客觀特質論」或「本質論」的觀點。

## 2. 新客家人

但隨著社會經濟的發展，族群婚姻融合，客家人逐漸地在地化，與客家母語漸漸流失等因素，具客家血統且不以客家語為母語或完全不會客家語的人越來越多，這些人是否應算為客家人成為客家學者們爭議之點，而使用客家語能力辨別客家人的方式也受到質疑。1990年代興起「新客家人」的定義，所謂客家人，是指以講客家語為母語的人，或雖然不以客家語為母語，但知道自己的母語應該是客家語，並且心目中仍然念念不忘自己是客家人的人。由原先以血緣論、原鄉地緣論而演變為對客家文化與語言的認同來認定客家人的身分。若以2003年與2004年的大臺北都會區客家人之客家族群認定條件比較，可以看出客家人以是否會說客語作為客家族群認定的趨勢日趨明顯。綜合以上各種客家族群認定的理論及研究結果，發現認定客家身分的方法主要為語言、血統、文化及單純自我族群認定等方式。但對於客家人而言，由於族譜取得不易，紀錄也不見得詳實，縱使是最簡單的血統認定，一般人也難以立即確認，故一般最常用的還是「自我族群認定」（主觀認定）。「自我族群認定為客家人」可能源於其有客家血統，可能因為會說客語，但最重要的，可能具有較強烈的客家認同意識（行政院客家委員會，2008：1-4至1-7）。此時，可說是納入了「主觀認同論」或「建構論」的觀點。[34]

## （二）官方界定之客家人

1. 客家委員會於2004年、2008年、2011年出版之《全國客家人口基礎資料調查研究》係以「自我族群認定」、「血緣」及「客語的

---

[34] 依《客家基本法草案》說明：參酌社會學上對於「族群」之定義：「一群因為擁有共同的來源，或者是共同的祖先、共同的文化與語言，而自認為或者是被其他人認為，構成一個獨特社群的一群人。」

使用」三項條件作為客家身分認定之標準。

2. 依《客家基本法》第2條第1款規定，客家人係指具有客家血緣或
客家淵源，且自我認同為客家人者。

## （三）《客家基本法》「客家人」定義之爭

### 1. 行政院版：「客觀特質論」或「限縮式主觀認同論」皆可

行政院函請立法院審議《客家基本法草案》對「客家人」定義為
「具有客家血緣、客家淵源者，或熟悉客語、客家文化，且自我認同為客
家人者」。

如前所述，關於族群之界說有「客觀特質論」與「主觀認同論」，草
案對客家人之定義是兼採客觀特質論（具有客家血緣、客家淵源者）與限
縮式主觀認同論（熟悉客語、客家文化，且自我認同為客家人者）[35]；即
只要符合「客觀特質論」與「限縮式主觀認同論」二種中的任何一種，都
可視為客家人，係屬廣義之定義。[36]

### 2. 立法委員版本：同時兼具「客觀特質論」與「主觀認同論」

行政院於2009年10月30日將客家基本法草案送請立法院審議，因立
法院對行政院版草案之客家人界說有不同意見，立法委員管碧玲等26人
乃另提《客家基本法草案》[37]，並定義「客家人」為「具有客家血緣，並
熟悉客語，且自我認同為客家人者」。

這個版本對客家人的定義是最狹義的，除了客觀特質論（客家血緣

---

[35] 主觀認同論，是建立在主觀上的集體認同，但《客家基本法草案》在「自我認同為客家人」
加上了「熟悉客語、客家文化」之前提要件。有關「熟悉客語、客家文化」可由後天學習而
得，非如血緣屬天生的，故應可歸屬於主觀論一方。惟畢竟草案在「自我認同為客家人」加
上了「熟悉客語、客家文化」之前提要件，吾人乃以「限縮式主觀認同論」稱之。

[36] 依《客家基本法草案》說明「傳統認定客家人之方式有所謂之『原鄉論述』，即從血統、語
言、文化三方面來認定客家人。本法對於客家人之身分認定採廣義見解，爰於第一款將客家
人定義為具有客家血緣、客家淵源者，或熟悉客語、客家文化，且自我認同為客家人者」。
又行政院客家委員會較早於2008年間所研擬的《客家基本法草案》第2條定義客家人為「係指
客家血緣、客家淵源、或深受客家文化之薰陶，且參與客家事務而高度認同客家之人」，其
定義涵蓋範圍甚廣。

[37] 立法院議案關係文書，院總第1783號，委員提案第9378號。立法院委員會審查時，邱議瑩委
員代表說明管碧玲等26人所提草案時表示：行政院對於客家人之定義太過寬鬆，如父母是客
家人，但孩子不會講客家話，也不認為自己是客家人者。

與熟悉客語）外，還必須同時具有主觀認同論（自我認同為客家人）。也就是說，必須同時具備「客家血緣」、「熟悉客語」、「自我認同為客家人」三個要件，始得為客家人。

### 3. 現行法律版：折衷版

經過委員會時之協商後，折衷了行政院版與立法委員版，最後《客家基本法》對「客家人」定義為「具有客家血緣或客家淵源，且自我認同為客家人者」，將具體明確之「熟悉客語」拿掉，換成較具彈性之「客家淵源」，見圖4-4。

### （四）現行法定義之檢討

### 1. 客家人定義未臻明確影響客家人口調查統計

依《客家基本法》第2條第4款規定，客家人口係指客家委員會就客家人所為之人口調查統計結果。

不似原住民以戶籍登記制度確認血緣關係，客家血緣實不易考證，加以「客家淵源」之不確定法律概念，未來確認某特定人是否為客家人恐將不易，恐最後都以「自我認同為客家人」[38]為主要認定標準，恐致客家人口調查統計之精確性不足。

| 立法委員管碧玲版 | 現行法律版 | 行政院版 |
|---|---|---|
| 具有客家血緣，並熟悉客語，「且」自我認同為客家人者 | 具有客家血緣或客家淵源，且自我認同為客家人者 | 具有客家血緣、客家淵源者，「或」熟悉客語、客家文化，且自我認同為客家人者 |

狹義 ⟷ 廣義

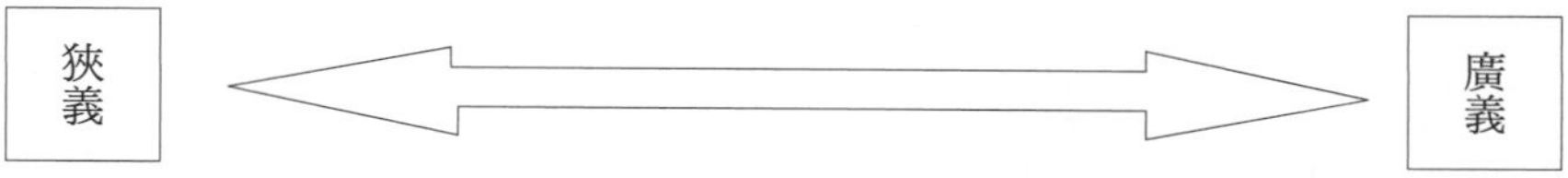

**圖4-4　客家人定義之比較**

---

[38] 《世界文化多樣性宣言》和《保護和促進文化表現形式多樣性公約》所指出文化多樣性係指各群體和社會藉以表現其文化的多種不同形式，其多樣表現形式並在其內部間傳承。若以「文化」觀點來界定族群，則以「自我認同為客家人」為判準似有其合理性。

## 2. 行政院客家委員會調查資料顯示「客語」是客家人界定重要元素

依《行政院客家委員會2010年至2011年全國客家人口基礎資料調查研究》表4-3顯示認為客家人界說上，必須具「有客家人的血統」占46.3%，「必須會講客家話」占38.2%；而「自認為是客家人就是客家人」僅占1.2%。

如參照表4-3之統計數據，顯見「熟悉客語」確是客家人認定上重要指標（38.2%），至「自我認同」之重要性反而不高（1.2%）。

是以，可以從二個方面來思考，以「自我認同」來建構客家人，是有其必要性，所以可以接受不會說客語者（有血緣或淵源），自我認同為客家人。惟一旦認同為客家人後，就應該積極學習客語，否則在精通客語的客家人眼中，會覺得這些不會說客語的客家人之「客家味」不足。

### 表4-3　客家民眾認知中客家人應具備的條件

| 客家人應具備的條件 | 百分比 |
| --- | --- |
| 必須具有客家人的血統 | 46.3 |
| 必須會講客家話 | 38.2 |
| 必須具有勤勞節儉的特性 | 13.3 |
| 刻苦耐勞個性 | 8.1 |
| 居住在客家村 | 3.6 |
| 必須瞭解客家文化 | 3.2 |
| 必須認同客家文化 | 2.8 |
| 必須堅忍擇善固執 | 2.2 |
| 自認為是客家人就是客家人 | 1.2 |
| 團結 | 0.9 |
| 熱情好客 | 0.7 |
| 其他 | 5.0 |
| 不知道 | 0.3 |

資料來源：行政院客家委員會，2011：134。

# 第二節　客家文化權

　　文化權（cultural rights）係指在文化層面的人權，有關客家文化權之性質及發展，與客家文化之內涵為何？本節將予以解析。

## 壹、兼具個人權與集體權性質之文化權

　　就人權發展與階段以觀，可以簡要的描述人權是從「排除國家之干預」到「要求國家之扶助」的演變歷程；從十七、十八世紀以爭取自由權為基礎所主張夜警國家式之小政府，到二十世紀以重視社會權為基礎所主張福利國家式之萬能政府。伴隨經濟權與社會權之提升，文化權乃成為現代人權重要領域。

　　文化權，依《世界人權宣言》第22條規定，「每個人，作為社會的一員，有權享受社會保障，並有權享受他的個人尊嚴和人格的自由發展所必需的經濟、社會和文化方面各種權利的實現，這種實現是通過國家努力和國際合作並依照各國的組織和資源情況。」第27條規定，「人人有權自由參加社會的文化生活，享受藝術，並分享科學進步及其產生的福利；對由於他所創作的任何科學、文學或美術作品而產生的精神的和物質的利益，有享受保護的權利。」

　　嗣後再由《經濟、社會與文化權利國際公約》第15條將文化權定義為「人人有參加文化生活[39]，享受科學進步及其應用所產生的利益，對其本人的任何科學、文學或藝術作品所產生的精神上和物質上的利益，享受被保護之權利。本公約締約各國承擔尊重進行科學研究和創造性活動所不

---

[39] 在經濟、社會及文化權利委員會所擬定之「關於認定在經濟、社會暨文化權利國際公約中權利之要件與內容指導方針」中，對於認定締約國在該公約第15條文化權中「參與文化生活之權利」是否被實現時，應提供之判斷資訊即包括「政府有無提供促進文化發展之基金」、「基礎文化機構之設立」、「促進文化認同」、「對文化資產之認知與享有的促進」、「大眾媒體之地位」、「文化資產之保存與呈現」、「藝術創造及表現自由之保障」、「文藝教育」、「文化保存、發展及傳播之措施」等項目（徐揮彥，2008：684）。

可缺少的自由。」

　　基於上開人權條款，文化權之內涵包括：(1)人人有參與文化生活之權利；(2)人人有享受科學進步與其適用所帶來的利益之權利；(3)對自己所創作之科學、文學或藝術作品所產生之精神與物質利益，享受被保障之權利；(4)就科學研究與創造活動所不可或缺的自由。在此權利之保障內涵下可發現，文化權具有集體權利與個體權利之性質，亦即一個民族或群體之所以與其他族群有所區別，即是因不同文化在語言、生活、節日、習俗、信仰與觀念上的差異，故此族群能以該群體本身，作為文化權享有之主體；而個人由於是最基層之文化創造與活動參與之單位，故個人亦為文化權享有主體則相當顯然（徐揮彥，2008：679-680）。


## 貳、臺灣客家文化概說

　　按美國文化學家客魯伯與克羅克洪提出的文化核心定義，可分為四部分；一是生活方式，二是思考模式，三是行為模式，四是隱藏在前三者的價值觀念，這四部分構成了所有文化的涵蓋面。[40]


### 一、參照《文化資產保存法》

　　以《文化資產保存法》第3條所稱文化資產，指具有歷史、文化、藝術、科學等價值，並經指定或登錄之下列資產：(1)古蹟、歷史建築、聚落：指人類為生活需要所營建之具有歷史、文化價值之建造物及附屬設施群；(2)遺址：指蘊藏過去人類生活所遺留具歷史文化意義之遺物、遺跡及其所定著之空間；(3)文化景觀：指神話、傳說、事蹟、歷史事件、社群生活或儀式行為所定著之空間及相關連之環境；(4)傳統藝術：指流傳

---

[40] 摘錄自李喬老師主講之「哈客網路學院」客家飲食文化課程，客家委員會（http://www.hakka.gov.tw/ct.asp?xItem=7140&ctNode=1704&mp=1699&ps=），檢視日期：2012年5月20日。

於各族群與地方之傳統技藝與藝能，包括傳統工藝美術及表演藝術；(5)民俗及有關文物：指與國民生活有關之傳統並有特殊文化意義之風俗、信仰、節慶及相關文物；(6)古物：指各時代、各族群經人為加工具有文化意義之藝術作品、生活及儀禮器物及圖書文獻等；(7)自然地景：指具保育自然價值之自然區域、地形、植物及礦物。

　　以《文化資產保存法》之規範架構，以例示方式舉例如表4-4來說明臺灣客家文化。

　　要對客家文化內涵加以界定，實屬不易[41]，從表4-4可以看出臺灣客家文化確實有其獨特性，是臺灣多元文化中不可或缺之部分；故如何保護臺灣客家族群特有之文化資產，以延續客家文化之傳承，並保存臺灣文化的多樣性，實為一個值得積極努力之重點方向。

**表4-4　臺灣客家文化內涵例示表**

| 類型 | 例子 |
| --- | --- |
| 古蹟、歷史建築、聚落 | 新竹北埔金廣福公館 |
| 遺址 | 高雄原本燻菸的菸樓 |
| 文化景觀 | 客家義民祭 |
| 傳統藝術 | 採茶戲（鄭美妹、曾先枝），客家山歌（賴碧霞、徐木珍），紙傘（美濃廣興昌紙傘廠） |
| 民俗及有關文物 | 「敬惜字紙」習俗，將有字的紙張收到專門燒字紙的「聖蹟亭」或「惜字亭」中焚燒 |
| 古物 | 「犁耙碌碡」、「紙傘簑衣」 |
| 自然地景 | 鷂婆山（客語老鷹之意） |

---

[41] 如大陸的吳永章教授從客家族群具有愛國愛鄉、勤儉好潔、崇儒重道、尚文習武、團結互助、奮發自強等客家性格與精神來描述客家傳統文化（吳永章，2007：273-282）。另劉還月從客家文化特徵角度，認為客家人具有保守、頑固、勤勞、堅毅、友愛、互助、權威、愛面子等特性（劉還月，1999：247）。至客家委員會基礎資料調查研究，客家民眾認知的客家文化分別為「客家飲食習慣」（55.0%）、「特有的禮俗」（20.2%）、「桐花意象」（16.6%）、「客家服飾」（16.2%）、「客家山歌民謠」（14.1%）、「傳統工藝」（11.3%）、「勤儉特性」（7.1%）、「客家語言」（6.4%）、「客家建築」（5.3%）等（行政院客家委員會，2011：144-145）。

## 二、臺灣客家文化簡要描述

### （一）客家戲曲

依王瓔玲觀點，客家戲曲依其形式不同分成兩類：一為屬小戲性質的「三腳採茶戲」；另一則為大戲性質的「客家大戲」。其中屬於小戲的採茶戲所以稱為「採茶戲」，主要是因其腔調為「採茶調」，從而得名。大體而說，客家戲的特色，主要在於在其獨特的唱腔與曲調。客家戲所唱的，是以流傳在客家地區客家人耳熟能詳的山歌與小調為主。客家山歌與小調是客家戲劇的基礎。從「山歌」到「採茶唱」（或稱「茶籃燈」），再發展到「三腳採茶戲」，這三個階段就是臺灣三腳採茶戲的形成過程。[42]

### （二）客家音樂

客家山歌一直是客家音樂的代表圖騰，其實它不但是客家人對於生活經驗、生命情懷的一種表達藝術，更是客家族群凝聚族群意識的一種觸媒。[43]

客家音樂包含「客家八音」、「客家北管」、「山歌小調」等型態。其中客家八音的特色為音階的使用、調式的運用、曲式的運用、變奏的方式；而北管音樂的演出型態有子弟排場、出陣遊街、扮仙祭典；至山歌小調（客家山歌）可細分為「老山歌」、「山歌子」、「平板」、「小調」等。[44]

### （三）客家文學

依李喬、許素蘭、劉慧真編《客家文學精選集：小說卷》中指出，客家文學的界定，有寬嚴三個標準（或層次）：(1)作品中含有「客家人意

---

[42] 資料來源，客家委員會／臺灣客家音樂網（http://music.ihakka.net/web/01_music_index. aspx），檢視日期：2012年5月23日。

[43] 資料來源，客家委員會網站（http://www.hakka.gov.tw/ct.asp?xItem=29350&ctNode=1843&mp =1828），檢視日期：2012年5月23日。

[44] 資料來源，客家委員會／臺灣客家音樂網（http://music.ihakka.net/web/01_music_index. aspx），檢視日期：2012年5月23日。

識」，客家人或客家社會的生活方式、行為模式、思考模式、價值觀等的作品；(2)作者是客家籍人；(3)用客家的生活語言寫作的作品（李喬等，2004：2）。

李喬等於《客家文學精選集：小說卷》中選出11人作品以為客家小說的代表，此11人起自「臺灣文學之父」的賴和，之後有呂赫若、龍瑛宗、吳濁流、鍾理和、林海音、鍾肇政、鄭煥、黃娟、鍾鐵民及李喬等人。

### （四）客家民居（建築）

一般常聽到的較著名之客家民居如福建的土樓、汀州的九廳十八院之合院住宅、江西的圍屋、廣東的圍龍屋等。

而臺灣的客家民居，則多屬於三合院建築形態。三合院是傳統形式的房子，又稱「伙房」，由三排房子構成「ㄇ」字形，三面屋宇環繞，正前方有圍牆、大門，內有庭院，亦有建為兩重庭院或築有門樓的家庭。臺灣客家三合院式民居，大致可分為「一條龍式」、「單伸手式」、「雙伸手式」等類型。賴志彰指出臺灣客家民居之基調為：(1)正身堂屋與左右兩翼的橫屋作成直角正交式的「包」，如后包、厝包、內包；(2)左右兩側排排座的從列性橫屋式的「從」，如從厝、橫屋群、護龍群；(3)周側形成環圍的聚攏式的「圍」，如圍房、圍屋、圍攏屋（賴志彰，2007：372）。

另是否可明顯區分臺灣客家民居與閩南民居？早期係以少裝飾與多使用自然材料之樸素感，及白牆灰瓦之外觀，作為客家民居特徵；但此種對客家民居之界說，近年來已被廳堂神案下的土地龍神或「雙棟」式的屋脊棟木之特色所取代。惟事實上，客家民居與閩南民居，兩者之間是具有共通性的。黃蘭翔便指出，客家建築與閩南建築的區別，如同永定五鳳樓與華安的閩南人合院建築同型，甚至可以說明其間並不存在本質上的差異；特別是，臺灣客家民居或建築大量使用紅磚，更是大陸客家原鄉建築所無（黃蘭翔，2011）。

## （五）客家飲食

「鹹」、「香」、「肥」一直是傳統客家菜的特色，客家族群過去因遷徙及山居生活的艱辛，不得不自行生產或向大地尋找各種食物，並加以變化，或曬乾或醃漬儲存以備不時之需，因而研發出各種特殊食材、醬料及菜色，也創造了獨特的客家飲食文化特色。[45]

依李喬觀點，客家傳統飲食特色為(1)材料在地取材：因對外交通不便反而形成獨特的在地飲食特色，且不同的客家地區也有不同的飲食差異，但使用之食材多為可保存耐久之食材，例如酸菜、覆菜、筍乾；(2)烹調樸素節儉：為節省烹飪時間與製作經費，客家食材與烹飪方式較簡單，沒有多餘的變化，非常樸素；(3)香、油、鹹、熟、陳年食材：為客家菜的代表性特色，因食材簡單故多重香氣，為維持勞動能量故多油，為補充勞動時所需鹽分故多鹹，且食物烹調多為熟爛悶燒，並多運用陳年食材。[46]

若從飲食社會文化觀點，族群成員採購、烹飪、食用其族群特色食物，外顯出其慣常習性，而可被視為一種傳播溝通系統，亦是族群認同之象徵標識（賴守誠，2010：147）。故臺灣客家文化與臺灣各地之客家飲食息息相關。

## （六）客家民俗慶典活動

客家族群散居臺灣各地，在客家傳統基礎上，因地制宜的發展出不同之民俗慶典活動，以行政院客家委員會所推廣的「客庄12大節慶」，具有發揚客家傳統及活絡客庄產業之企圖及功能，可謂是客家民俗慶典活動具體代表。

客庄12大節慶係指：(1)一月高雄美濃「迎聖蹟字紙祭」；(2)二月苗栗炸龍祭、東勢新丁粄節；(3)三月屏東六堆「祈福攻炮城文化祭」、新

---

[45] 資料來源，客家委員會網站（http://www.hakka.gov.tw/ct.asp?xItem=125455&ctNode=1701&mp=1699&ps=），檢視日期：2012年5月23日。

[46] 摘錄自李喬老師主講之「哈客網路學院」客家飲食文化課程，客家委員會（http://www.hakka.gov.tw/ct.asp?xItem=7140&ctNode=1704&mp=1699&ps=），檢視日期：2012年5月23日。

竹「天穿日」台灣客家山歌比賽；(4)四月客家桐花祭；(5)五月頭份客家文化節；(6)六月桃園三義雲火龍節、高雄市夜合客家文化藝術季；(7)七月花蓮「歡喜鑼鼓滿客情鼓王爭霸戰」；(8)八月新竹義民文化祭；(9)九月桃園平鎮客家踩街嘉年華會；(10)十月雲林詔安客家文化節、彰化三山國王客家文化節、新竹國際花鼓藝術節；(11)十一月南投國姓搶成功；(12)十二月客家傳統戲曲收冬戲。

　　惟客委會的「客庄12大節慶」是由客委會編列預算，每年由地方政府或民間團體提報計畫書，申請客委會補助經費（2012年最高補助新臺幣500萬元），致每年的客庄12大節慶都有所不同。如2011年1月是高雄美濃「迎聖蹟字紙祭」，而2012年1月則變動為「公館客家福菜節」；而部分的活動今年跟去年辦理月份亦可能會不同。

　　持平而論，民俗慶典活動不具固定性，這對客家文化的發揚與傳承是不利的；客委會應擇定具有文化價值及人文素養發展性之慶典活動，集中資源長期經營，否則今年給這個慶典活動500萬元，明年給那個慶典活動500萬元，僅具形式上之象徵意義，無助於客家文化復振與傳承。

### （七）客家宗教（民間）信仰

　　從文化人類學的角度出發，宗教可視為文化體系的一部分，甚可能是文化的核心部分，以賦予文化意義與動機；不同的地理區隔產生不同的文化質素，也孕育不同的宗教傳統；宗教與文化可以相互為表裡。[47]大陸學者羅勇指出，客家傳統社會中的祖先崇拜具血緣關係之封閉性，對一個宗族內部糾紛具有調控力；而客家民間信仰具有跨宗族之開放性，對於許多宗族構成的村落或社區中具有穩定的力量（羅勇，2008：451）。

　　臺灣客家信仰具有混合不同宗教，混合宗教活動與生活習俗，混合宗教文化與非宗教文化，混合泛神泛靈及隨意隨俗的天地崇拜、自然物崇拜、祖先崇拜、鬼魂崇拜等特性（汪毅夫，2006：2）。具體來說，臺灣

---

[47] 趙星光，〈宗教與文化認知與對話面向教學設計〉，資料來源：http://www.life-respect.tcu.edu.tw/fruition/93lig/93lig_11.htm，檢視日期：2011年1月6日。

客家信仰較常見的有三宮大帝、五穀神農、觀音及義民爺，其中以三山國王、義民爺為客家信仰之代表，茲就淵源於大陸之三山國王信仰，及臺灣本土發展出來之義民爺信仰進一步說明。

## 1.三山國王信仰：原鄉情懷

三山國王之於客家族群，猶如開漳聖王之於漳州府人、清水祖師爺之於安溪縣人、保生大帝之於同安縣人、廣澤尊王之於南安縣人（黃子堯，2005：10-11）；所以臺灣過去人們有種印象：「有三山國王廟之地方，必定有客家人；沒有三山國王廟的地方，未必是沒有客家人。」「三山國王」原為廣東省潮、惠、梅三州之鄉土神，也是客家人移民的守護神。

伴隨客家人移居臺灣，「三山國王」的信仰也被客家人帶來臺灣，成為客家人主要的宗教信仰，也代表客家人溯本追源的「原鄉情懷」。

## 2.義民爺信仰：臺灣本土民間信仰

傳統臺灣社會中，官方會將協助平定地方叛亂有功的死難人士追封為「義民」，民間則稱為「義民爺」。

臺灣客家的義民信仰，可說是客家族群的信仰圖騰，也是客家族群建構自我認同時的重要載具（林秀昭，2009：31）。劉還月認為客家族群重視義民爺，係由於過去與福佬族群對抗的心態（治時閩欺粵、亂時粵侮閩）所致（劉還月，1999：235-236）。

民間信仰的界定，基本要件有五項：(1)具有萬物有靈的特質；(2)有祖靈、氏神信仰要素；(3)有各種不同神靈信仰的產生；(4)民間發展出很多同類小廟供奉；(5)信仰內容受到佛、道及其它外來宗教的影響。以上開指標，新埔枋寮義民爺信仰可得確定為臺灣客家族群的民間信仰，而非僅是一座單一的地方崇祀的廟祠亭而已（邱榮裕，2008：239-240）。任何民間信仰的產生，均與在地的人與事有著高度的連結。客家人移居到臺灣後，為求能在閩客族群關係與艱難的地理環境中求生存，乃逐漸發展出在地之本土民間信仰：「義民爺」。

表4-5　新竹新埔枋寮褒忠亭義民廟歷代分香情形

| | 乾隆 | 分香平鎮褒忠祠 |
|---|---|---|
| 清代 | 道光 | 分香蘆竹南崁褒忠亭 |
| | 同治 | 分香大湖義民廟 |
| | 光緒 | 分香頭份義民廟、三灣三元宮、埔里義民祠、大湖護安祠 |
| 日據時期 | 明治 | 埔里參贊堂、獅潭義民廟 |
| | 大正 | 關西義民廟、國姓褒雄宮、草屯中原褒忠堂、甲仙褒忠亭 |
| | 昭和 | 中寮褒忠義民宮、水里義民廟、國姓義民祠、鳳林褒忠義民亭、吉安義民堂 |
| 臺灣光復後 | | 草屯新豐褒忠堂、國姓護國宮、嘉義褒忠義廟、高雄義民廟、福里竹田義民亭、旗山旗美褒忠亭、鳳林壽天宮、吉安忠義堂、玉里協天宮、吉安義聖堂、國姓碧雲宮、南庄永和宮、北埔慈天宮 |

資料來源：整理自邱榮裕，2008：239。

從表4-5義民廟之分香情形來看，客家人是個重視慎終追遠的族群，隨著客家人的移居，新竹新埔枋寮褒忠亭義民廟也不斷分香。顯見客家族群透過宗教信仰提醒自己從何而來，也藉此表彰客家人的身分。

雖然有部分的學者認為義民爺是陰神，是客家族群過於神格化義民爺。有關義民爺究竟是正神還是陰神之爭議，林本炫教授從廟宇的田野調查資料[48]、相關廟宇管理人員、一般民眾的訪談、鄉鎮誌相關記載的分析，論證義民爺的神格具有「神」、「鬼」、「祖先」的三位一體（林本炫，2008）。但不論義民爺之神格屬性，伴隨著政府機關（客委會）的重視與預算補助，義民爺信仰已提升為宗教「文化」活動，各地紛紛辦理客家義民文化祭（季）；如臺北市政府所辦理之「臺北客家義民祭」。

事實上，「臺北客家義民祭」最早是1988年間，由「臺北市客家中原崇正會」等民間團體的發起下，藉著新埔褒忠亭義民廟兩百周年盛事理由開始的；自2000年改由臺北市政府民政局主辦，並聯合臺北市各個客家社團共同辦理；2002年臺北市客家事務委員會成立後，接手辦理迄

---

[48] 林本炫教授雖係以苗栗縣義民廟為研究主題，惟如同（表4-5）新竹新埔枋寮褒忠亭義民廟歷代分香情形，苗栗的義民廟多也從新竹新埔分香而來。

今。這個義民祭活動能夠持續的舉辦，是受到旅居臺北縣市客家鄉親們熱情的參與祭典所致，在祭典活動氣氛中不僅瀰漫一股濃厚客家鄉情，更顯現出現代客家人的自信；一方面，展現了以祭祀義民爺信仰的行為，來認同臺灣鄉土的意義；另一方面，可說是代表臺灣客家族群意識凝聚之最佳例證（邱榮裕，2008：234-235）；並也說明「客家宗教信仰—客家文化—客家族群意識」間的連結性。

## 參、臺灣客家文化保障機制之檢視

### 一、臺灣《客家基本法》之實踐

臺灣《客家基本法》對臺灣客家文化傳承與發揚的主要機制有三：(1)客家文化重點發展區；(2)獎補助製播客家文化節目；(3)建設臺灣成為全球客家文化交流中心。

進一步檢視目前行政院客家委員會就基本法上開三項機制之實踐，可分為以政府預算透過獎勵補助方式推動客家文化發展，與客家文化園區之設立兩部分，茲分析其問題如下：

#### （一）客家文化預算獎補助之客觀性與獨立性不足

客家委員會目前訂有《客家委員會推動客家文化設施活化經營補助作業要點》、《客家委員會補助地方政府推動客家文化生活環境營造計畫作業要點》、《客家委員會補助製作客家議題電視節目作業要點》、《客家委員會補助優良客語廣播節目作業要點》、《客家委員會推展海內外客家事務交流合作活動補助要點》等。

就上開客家委員會所訂定之相關行政規則以觀，客家委員會係採取預算補助之「誘導性」機制，來推動客家文化之保存與發揚；這與《文化資產保存法》賦予文化部可做出行政處分之強制性公權力有別。

本書並不主張要仿照《文化資產保存法》之強制措施來傳承客家文

化，畢竟亦有《文化藝術獎助條例》以獎補助方式來扶植文化藝術事業，輔導藝文活動，保障文化藝術工作者，促進國家文化建設。

　　本書關注重點在於主管機關於分配預算及補助時，是否能以客家文化長遠發展為基礎，並排除政治力之干預。因為文化藝術之獎助，另制定有《國家文化藝術基金會設置條例》，設置國家文化藝術基金會以評審文化藝術事業之獎助、補助；但行政院客家委員會預算倍增後，相關獎助、補助卻受到主任委員一人的高度影響，這對客家文化之長遠發展，似非好事；畢竟以「專業」、「客觀」、「獨立」機制來決定文化事務預算配置，才能讓文化有「活力」、「創意」、「多元」。

### （二）臺灣客家文化傳承有設專責機構之必要

　　政府為發展客家文化及辦理客家文化園區業務，訂有《客家委員會客家文化發展中心組織規程》，設四級機構之客家委員會客家文化發展中心。該中心職掌為：(1)本中心所轄各客家文化園區[49]之興建、營運、管理及發展企劃；(2)客家文化學術研發與專業人才培育及訓練之執行；(3)客家語言及文化發展之執行；(4)客家文物之典藏、保存及維護；(5)其他客家文化推廣事項。此「客家委員會客家文化發展中心」應為客家文化傳承與發展之專責機構。

　　至於這個專責機構是否也需具獨立性與客觀性？如參照現行《原住民族委員會文化園區管理局組織條例》或《國家人權博物館籌備處暫行組織規程》[50]，似乎將文化園區隸屬於行政院各部會之下，亦無不可。

　　客家文化之「活力」、「創意」、「多元」，實有賴客家文化傳承的專責機構之「專業」、「客觀」、「獨立」，在過去法制上，並無「行政

---

[49] 目前於屏東縣內埔鄉設置「六堆客家文化園區」，苗栗縣銅鑼鄉設置「苗栗客家文化園區」。

[50] 文化部為籌設國家人權博物館，以辦理人權之研究、典藏、展示及推廣等業務，特設「國家人權博物館籌備處」，為四級機構，並受文化部指揮監督。國家人權博物館籌備處掌理事項為：(1)國家人權博物館籌設之總體規劃；(2)人權史料、相關文物之蒐集、研究、典藏、保存及維護；(3)人權展覽及相關推廣業務之策辦；(4)人權組織團體及相關博物館之交流；(5)景美、綠島人權文化園區之營運管理；(6)其他有關國家人權博物館籌設事項。

法人」之機制，預算分配雖可透過設置基金會以達公平、客觀，但專責機構就必須設在行政體系內。如今，伴隨《行政法人法》之施行，可以有一個全新的思維方向。

## 二、臺灣客家事務專責機構二軌制之建言：設置「客家行政法人」之機構

### （一）政治與文化分離

當文化遇上了政治，常會發生「文化服務政治」之爭議[51]，但文化的保存與推動，需耗費大量的資源與金錢，多必須仰賴政府公部門預算的挹注，否則難以推動文化事務。

惟任何政黨執政後，掌握政府預算分配權，無可避免的會透過預算分配與補助機制，擴大自己政黨的選票基礎，也因此常讓文化事務的專業性與延續性容易受到傷害。

而在客家委員會預算倍增及2012年改制後組織擴編後，客家委員會掌握了更多的預算分配與補助之權力，如何能讓文化傳承議題回歸文化專業，並排除政治之干預，以達「政治歸政治、文化歸文化」。

只要文化能歸文化，將會激發出更多的發想與創意，並進一步促使客家文化之發揚光大。至如何讓政治與文化分離，一個可行之道便是「客家行政法人」之設置。

### （二）設立「客家行政法人」處理專業性程度高、公權力程度低之客家事務；客委會職司宏觀政策規劃及需公權力基礎之客家事務

本於政府再造與組織精簡是世界潮流，為建構合理的政府職能及組織規模，並提昇政府施政效率，及確保公共任務之妥善實施，實有必要打破以往政府、民間體制上之二分法，讓不適合或無需由行政機關推動之公共任務，另設行政法人來處理，俾使政府在政策執行方式之選擇上，能更具

---

[51] 如2010年1月前行政院院長劉兆玄接任文化總會會長，就讓外界產生「文化服務政治」之爭議（自由時報，2010.1.20）。

彈性，並適當縮減政府組織規模，同時可以引進企業經營精神，使這些業務之推行更專業、更講究效能，而不受現行行政機關有關人事、會計等制度之束縛。[52]基此，我國於2011年4月27日制定《行政法人法》。

　　目前政府規劃先期將設置「中山科學研究院」、「國家運動訓練中心」、「國家表演藝術中心」、「臺灣電影文化中心」、「國家災害防救科技中心」等5個行政法人。既然文化藝術類是優先設立行政法人者，客家族群為保存及傳承客家文化，是否可考慮也設立行政法人？

　　考量客家語言及文化之快速流失，保存客家語言及文化具有高度之必要性與迫切性；並借用柯承恩教授觀點，文化藝術需要高度的創意，但是組織的運作卻需要管理；如何讓管理的機制協助客家文化之傳承與發揚，引領臺灣成為成為全球客家文化交流與研究中心，而不會因管理結構的專業性不足，反而限制了客家文化的發展，設置「客家行政法人」是一個可以認真思考的方向。

　　復檢視客家委員會中程施政計畫之施政重點，多偏重以預算補助措施以達成，本書認為可認真思考設置「客家行政法人」來負責專業性程度高、公權力程度低之客家事務；讓客家委員會專注於宏觀政策規劃及需公權力為基礎之客家事務。藉此，相信可以擺脫客家事務之僵化行政流程限制，以使客家事務資源運用更具效能，並能帶出客家事務的更多創新觀念或作為。

---

[52] 資料來源：行政院院授人企字第0980062276號、考試院考臺組貳一字第0980030771號函會銜送立法院審議之「行政法人法草案總說明」。另依《行政法人法》第2條，行政法人係指國家及地方自治團體以外，由中央目的事業主管機關，為執行特定公共事務，依法律設立之公法人。至所稱「特定公共事務」須符合下列規定：(1)具有專業需求或須強化成本效益及經營效能者；(2)不適合由政府機關推動，亦不宜交由民間辦理者；(3)所涉公權力行使程度較低者。

# 第三節　客家文化產業

文化產業（culture industries）是透過創意，發揮產品的個性、地方的傳統性與特殊性，甚至是工匠或藝師的獨創性，強調的產品的生活性與精神價值內涵；早於1960年代末期，因文化、商業、社會彼此交互作用對社會與政治領域之高度影響，法國學者（如Edgar Morin與Bernard Miege）提出了「文化產業」之用語；迄1999年10月義大利佛羅倫斯會議上，世界銀行更提出文化是經濟發展重要元素（Hesmondhalgh，2002：15；Neuwirth，2008：242；陸祖鶴，2006：1；蔡尚傳、溫洪良，2006：4；行政院文化建設委員會，1999：43）。聯合國教科文組織（UNESCO）主要將文化創意產業分為文化產品、文化服務與智慧財產權三類型（楊仁煌，2009：165）。

## 壹、文化產業之概念

文化產業是一種以人的創意為核心，強調創意與人文精神的產業（洪泉湖，2007：176；黃甫曉濤，2007：22）。文化產業以文化為基礎，重視文化產業的市場化、商業化，不但可繼承與發揚文化傳統，更可進一步帶來社會經濟與文化之繁榮興盛（萬無畏等，2008：7）；加上工業型社會過渡到服務型社會、科技與文化融合、經濟的全球化等因素，加速了文化產業的發展（祁述裕，2004：1）。

### 一、文化產業之發展

劉吉發等指出文化產業之演進三階段為：(1)文化意義本身的創作與銷售，(2)承載文化意義產品之複製與傳播，(3)賦予生產活動和產品文化意涵（劉吉發等，2005：13、17）。

事實上，國際社會對文化產業之傳承與發展是高度重視的，諸如

《保護民間創作建議書》（1989）、《文化多樣性宣言》（2001）[53]、
《保護非物質文化遺產公約》（2003）等。

　　聯合國教科文組織對文化產業（Cultural Industries）之定義為：
「結合創作、生產與商業之內容，同時這些內容在本質上具有無形資產與
文化概念之特性，並獲得智慧財產權之保護，其形式可以是貨品或是服
務。從內容來看，文化產業也可以視為創意產業；或在經濟領域中，稱之
為未來性產業（Future Oriented Industries）；或在科技領域中，稱之為
內容產業（Content Industries）」。[54]

　　更具體的來說，結合「創意」、「文化」、「產業」概念之文化產
業（文化創意產業）實具有下列特質：(1)創意產業即是文化產業，而所
謂未來性產業與內容產業，也就是文化創意產業；(2)重視創意與文化資
產，強調智慧財產權的應用與保護；(3)不論在有形的文化產品，與無形
的文化服務上，皆屬文化創意產業範疇；(4)推動經濟發展與充分就業
（薛保瑕，2002：46）。

　　另Colin修改自麥可波特（Michael Porter）之「產業價值鏈」理論
架構，指出文化產業包含開始（beginning）、生產（production）、
流通（circulation）、傳送機制（delivery mechanism）、觀眾與接收
（audience and reception）等五階段或要素（于國華，2004：56）。

　　至於文化產業的類型，依分類而異其類型，參酌劉吉發、岳紅紀、陳
懷平對文化產業分類，本書整理如表4-6。

---

[53] 《文化多樣性宣言》第3條：文化多樣性增加了每個人的選擇機會；它是發展的源泉之一，
它不僅是促進經濟增長的因素，而且還是享有令人滿意的智力、情感、道德精神生活的手
段。

[54] 另英國對「創意產業（Creative Industries）」所為之定義：「創意產業源於個人之創造力、
技能與才華，透過智慧財產之形成與運用，具有開創財富及就業機會之潛力（Those indus-
tries which have their origin in individual creativity, skill and talent and which have a potential for
wealth and job creation through the generation and exploitation of intellectual property）」；資料
來源，文建會擬議《文化創意產業發展法草案》第3條條文說明。另行政院送請立法院審議
之《文化創意產業發展法草案》，為求文字簡潔，將上開條文說明文字修正為「文化創意產
業之定義係參考聯合國教科文組織對文化產業及英國對創意產業之定義訂定」，併予敘明。

表4-6　文化產業之類型

| 指　標 | 類　型 | 意　涵 | 案　例 |
|---|---|---|---|
| 投入成本 | 短平快型 | 成本低、收益快、壽命短 | 如曾風靡一時的葡式蛋塔 |
| | 雙高型 | 成本高、報酬高、回收期長 | 如迪士尼公園 |
| | 成長型 | 因社會進步帶動產業發展，並增加投入成本 | 如觀光休閒農業 |
| 消費者需求 | 知識型 | 增廣見聞、增長知識 | 如坪林茶業博物館 |
| | 休閒型 | 觀光旅遊性質之文化活動[55] | 如客家桐花祭 |
| | 娛樂型 | 消除疲勞、愉悅生活之文化活動 | 如馮翊綱、宋少卿「相聲瓦舍」 |
| 經營模式 | 生產型 | 專門從事生產和製作文化產品者 | 苗栗大湖草莓產農 |
| | 中介型 | 文化生產與服務之中介者 | 草莓酒類研發設計 |
| | 服務型 | 實際銷售文化產品者 | 草莓酒販售業者 |

資料來源：修改整理自劉吉發等，2005：29-30。

　　以表4-6的類型來看，客家文化產業在投入成本面向上宜以「成長型」優先，在消費者需求面向上「知識型」、「休閒型」、「娛樂型」三者兼而有之；在經營模式面向上亦可「生產型」、「中介型」、「服務型」三者兼而有之。

## 二、文化產業之群聚效應

　　所謂產業群聚，是指在特定空間領域範圍內，相鄰近的廠商及機構維持某種型式之互動關係，相互影響與支援，於生產鏈上緊密分工達到生產效率，而形成外部性，中小型企業也能因此享受規模經濟之利益，並得以持續研發與創新（金家禾、徐欣玉，2006：3；金家禾、周志龍，2007：57）。

　　至於群聚效應（cluster effect）為何？群聚可產生兩種外部效應，一

---

[55] 休閒型與娛樂型二種文化產業者，實不易區分；休閒型文化產業側重於文化旅遊活動；意即，文化旅遊是旅遊者基於新鮮感與好奇心，透過旅遊來接觸、觀察、體驗不同文化的過程（李錫東，2009：226-228）至娛樂型文化產業側重於工作壓力之紓解。

為群聚廠商可分享生產或管理知識，以增進企業之生產效率；另一降低消費者之搜尋成本，可吸引更多消費者至群聚地區消費，並提高群聚整體的市場需求（羅萱、鍾憲瑞，2010：25）。

而文化產業之產值範圍更大於一般產業，除核心之文化產業外，其經濟效益尚可擴及至支持產業、周邊產業、衍生產業等如圖4-5。

也就是說，文化產業具有產業火車頭之地位，透過文化產業之成功發展，將可帶動其他產業之發展；而要讓文化產業發展，就要發揮文化產業之群聚效應。

「苗栗三義鄉木雕文化產業」是一個「產業群聚效應」之成功案例，木雕師傅與業者群聚，形成木雕街及木雕觀光市集，再加上政府於成立「木雕博物館」，及在地大企業（裕隆汽車）開始辦理「木雕金質獎」，這種結合政府與民間資源之發展策略，讓三義木雕文化產業發展相當成功。

**圖4-5　文化產業的產值圖**
（資料來源：萬無畏等，2008：89）

### 三、客家文化產業發展模式

　　文化產業對經濟活動之正面影響在於(1)消費者直接購買滿產品或服務之經濟收益；(2)帶動餐飲業或運輸業等相關行業或個人收益之經濟收益；(3)提高就業率；(4)促使經濟基礎多元化（張維倫等，2003：158）如何積極發展文化產業以促進經濟收益？如何讓既有的產業添加文化的元素，讓傳統的文化導引至經濟的活動？這正是「文化產業化、產業文化化」發展方向所在。

　　「文化產業化」係將文化視為一種產業，以研發、創新的手段提煉出文化之特殊性及吸引性，並透過包裝、行銷來散布，以獲取經濟收益；「產業文化化」係將日常的社會、經濟活動，灌入文化元素或結合文化意識，讓消費者購買、使用產品時，也體驗文化的歷史根源之懷舊情懷，及文化的衝擊之新奇性（劉煥雲等，2006：192）。

#### （一）文化產業化模式

　　「琉璃工房」是一個「文化產業化」之成功案例（王素彎，2004：1）。1987年由楊惠姍、張毅成立於臺灣淡水的琉璃工房，以深具中國文化特色的琉璃，成功地打響了品牌，更創造了龐大經濟收益。

　　另臺灣客家的義民信仰，既是客家族群的信仰圖騰，也是客家族群建構自我認同時的重要載具（林秀昭，2009：31）。以2011年臺北客家義民祭為例，除了祭拜義民爺外，尚有傳統陣頭獻藝演出、挑擔奉飯及踩街創意秀、客庄主題節慶等精彩展演，周邊活動還有集章學習單、美食攤位、神豬展示等多元內容。[56]臺北客家義民祭，此種宗教性的客家文化產業，已成為臺北市重要的文化活動，在政府的包裝、行銷下散布，帶動相關支持產業、周邊產業、衍生產業。

---

[56] 資料來源，臺北市政府客家事務委員會網站（http://www.hac.taipei.gov.tw/ct.asp?xItem=1047453&ctNode=26423&mp=122021），檢視日期：2012年3月13日。

## （二）客家產業文化化模式

「苗栗大湖酒莊草莓文化園區」是一個「產業文化化」之成功案例（俞龍通，2008：225）。由大湖鄉農會透過興建大型草莓文化展館及經營草莓休閒酒莊，將傳統草莓產業賦予文化意涵，提升草莓農業之附加價值；讓大湖草莓文化創意產業包含生產型、中介型及服務型之經營模式。2010年，大湖酒莊生產之「草莓淡酒」，參加比利時「布魯塞爾世界酒類評鑑」，在49個國家共6,964款參賽酒品激烈競爭下，脫穎而出，奪得銀質獎佳績。[57]

## （三）客家文化產業整合性模式

「客家桐花祭」是一個「文化產業化、產業文化化」之綜合性成功案例，油桐樹（桐油）曾是客家地區重要的經濟作物，在其經濟價值不復存在後，行政院客家委員會以「五月雪」的文化意象，開始積極推動「客家桐花祭」；後來更加入了「文學」、「音樂」的元素，辦理桐花音樂比賽及文學獎等；以2010年客家桐花祭收益調查，有高達684萬遊客人次，創造231億元之產值（行政院客家委員會，2010：28），若依遠見雜誌「建國百年」大調查，「客家桐花祭」榮登「最能代表臺灣精神和文化」第七名[58]。也就是說，先以「產業文化化」方式，將傳統已沒落的油桐樹產業賦予文化意象，待其文化產業發展成熟後，再將已提升為文化性活動之客家桐花祭，連結其他支持產業、周邊產業、衍生產業，以創造更大的產值。

惟此類以「文化產業化、產業文化化」發展之客家文化產業，於發展成功後，仍須面對二個與客家發展攸關的核心問題：(1)如何有效且深刻地傳遞客家傳統價值給新一代客家族群；(2)如何滿足參與者對各文化產業的文化深處的歷史尋根之企求。以最成功的「客家桐花祭」來看，如何

---

[57] 資料來源，苗栗縣政府網站（http://www.miaoli.gov.tw/cht/newsview_snyc.php?menuID=892&forewordID=98766&secureChk=46aad1d263892320c3091e774），檢視日期：2011年5月21日。

[58] 資料來源，客家委員會網站（http://tung.hakka.gov.tw/0000021/article-0001893-3），檢視日期：2012年6月14日。

將油桐樹或桐花與客家傳統價值連結，以及如何透過桐花開啟客家族群的歷史尋根之旅，是在賞桐花、食用客家飲食外，更應該努力強化之故事論述。

## 貳、臺灣文化產業發展概況

　　為因應臺灣經濟結構轉變，1995年行政院文化建設委員會（現已改制為文化部）嘗試以「社區總體營造」策略為基礎，來處理各地方（鄉鎮）產業轉型之壓力與危機（林世哲、謝登旺，2007：214）。至2002年5月，行政院為促使臺灣產業升級轉型，提出《挑戰2008：國家發展重點計畫》，以「開拓創意領域，結合人文與經濟發展文化產業」為目標，復於2005年1月修正推動願景為「開拓創意領域，結合人文與經濟發展具國際水準之文化創意產業」；而該計畫所所稱文化產業係指源自創意或文化積累，透過智慧財產的形成與運用，具有創造財富與就業機會潛力，並促進整體生活環境提升的行業；並就人才培育、研究發展、資訊整合、財務資助、空間提供、產學合作介面、行銷推廣、租稅減免等不同面向提出整合機制，配合地方政府、專業人士、民間和企業之協作，共同推動。[59]

　　若以量化數據來看臺灣的文化產業整體發展情形，2002年台灣文化產業營業額為4,353億元，2007年為6,329億元，增加1,976億元，2002至2007年年平均成長率為7.78%，較我國同期GDP年平均成長率3.7%為高。[60]在此基礎上，行政院復於2009年10月23日以院臺文字第0980051236號函核定「『創意臺灣──文化創意產業發展方案』行動計畫及中長程計畫」，本書整理如表4-7。

---

[59] 資料來源，行政院經濟建設委員會（http://www.cepd.gov.tw/m1.aspx?sNo=0001570&ex=1&ic=0000015），檢視日期：2011年5月15日。
[60] 資料來源：行政院核定之「創意臺灣──文化創意產業發展方案」行動計畫及中長程計畫。

表4-7　行政院文化創意產業發展方案

| 緣起與目標 | 緣起 | 第四波經濟動力之發動（第三波為資訊產業經濟） |
|---|---|---|
| | 目標 | 推動臺灣成為亞太文創產業匯流中心 |
| 策略 | 環境整備 | 多元資金挹注 |
| | | 產業研發及輔導 |
| | | 市場流通與拓展 |
| | | 人才培育及媒合 |
| | 六大旗艦計畫 | 新聞局推動電視內容、電影及流行音樂產業計畫 |
| | | 經濟部推動數位內容與設計產業計畫 |
| | | 文建會推動工藝產業計畫 |
| 期程與經費 | 期程 | 2009年至2013年 |
| | 經費 | 5年總經費約262億元 |

資料來源：行政院核定之「創意臺灣—文化創意產業發展方案」行動計畫及中長程計畫。

　　從表4-7來看，文化產業將是繼高科技資訊產業之後，推動臺灣經濟發展的主幹。惟鑑於推動文化產業之法規與發展機制尚未完備，文化產業資源未能整合，政府投資預算有限，文化產業群聚效應尚未實現，國際市場尚待開拓等現況，致文化產業之發展迄未成熟。故針對文化產業之特性與發展需求，以低度管理、高度輔導為立法原則，規劃文化產業化全方位整合推動機制，行政院於2009年4月13日以院臺文字第0980013148號函送《文化創意產業發展法（草案）》予立法院審議，並經立法院審議通過，由總統於2010年2月3日公布。

　　《文化創意產業發展法》第3條所稱文化創意產業，指源自創意或文化積累，透過智慧財產之形成及運用，具有創造財富與就業機會之潛力，並促進全民美學素養，使國民生活環境提升之下列產業：(1)視覺藝術產業；(2)音樂及表演藝術產業；(3)文化資產應用及展演設施產業；(4)工藝產業；(5)電影產業；(6)廣播電視產業；(7)出版產業；(8)廣告產業；(9)產品設計產業；(10)視覺傳達設計產業；(11)設計品牌時尚產業；(12)建築設計產業；(13)數位內容產業；(14)創意生活產業；(15)流行音樂及文

化內容產業；(16)其他經中央主管機關指定之產業。

　　至《文化創意產業發展法》之推動文化創意產業之手段，有「協助及獎補助機制」、「租稅優惠」兩大機制。自此，政府除原行政措施（預算分配）外，更具備法制（《文化創意產業發展法》）機制，來積極發展第四波經濟之文化產業。

## 參、《客家基本法》對客家文化產業規範之檢視

　　客家委員會成立後，便將客家文化產業列為施政重點，並訂有《客家委員會推動特色文化加值產業發展計畫補助作業要點》，協助客家地區文化與產業相結合，發展具有客家特色之文化產業、綠色休閒產業及其他地方產業，並協助傳統產業之轉型與創新，以創造就業機會，帶動地方經濟發展，發揚客家文化。為強化客家文化產業發展，總統馬英九於2008年競選總統時更提出設置「客家特色產業發展基金」之政見。

　　惟隨後通過之《客家基本法》，僅在第1條立法目的及第6條客家文化重點發展區中有「繁榮客庄文化產業」之文字，其他條文中皆未提及如何推動或繁榮客家文化產業。就《客家基本法》對客家文化產業之規範，吾人意見如下：

## 一、《客家基本法》對客家文化產業之誘導機制不足

　　「文化傳承發展」與「產業經濟效益」之存在潛在矛盾性，意即文化產業所在地之文化精英關心是「文化的創意及傳承」，相對地，文化產業之經營者關心的則是文化產業之「經濟收益」，是否能讓經營者賺到錢（洪泉湖，2007：189）。因此要讓文化產業能成長發展，經濟的元素是非常重要的因素。

　　俗稱「只有殺頭生意、沒有賠錢生意」，在市場機制原則下，有利可圖的產業，商人自會主動積極投入，無待政府提供誘因，而文化產業多需

仰賴政府以政策誘因，促使商人投入，俟達到一定規模經濟後，才會有企業或商人主動投入。

如對照《文化創意產業發展法》以「協助及獎補助機制」、「租稅優惠」兩大機制來創造政策誘因，顯見《客家基本法》對客家文化產業之誘導機制不足。

特別是，《客家基本法》第6條針對「客家文化重點發展區」內之客家文化產業加強輔導，那「客家文化重點發展區」外之客家文化產業，是否任其自生自滅？抑或也要提供協助措施？如果也是會提供協助措施，那究竟「客家文化重點發展區」與「非客家文化重點發展區」之區別實益為何？

## 二、積極發展客家文化產業以厚植客家文化軟實力

近年來，有關國家實力之觀點，從早期重視國家「硬實力」（hard power），轉而強調國家「軟實力」（soft power），再到目前綜合硬實力與軟實力而為「巧實力」（smart power）之論述。[61]Nye所稱的「軟實力」（soft power）是一種懷柔招安、近悅遠服的能力（吸引力），並非以武力或勢力強迫他人服從或以金錢收買來達成自身所欲；軟實力強調相關人等一旦受共通的價值、責任感所吸引，願為成就這些共通的政治理念、文化價值而努力，是一種「同化力」的展現（吳家恆、方祖芳，2006：20、36）。Nye更進一步指出，軟實力的主要來源有三：(1)文化，有吸引人家的特色；(2)政治價值觀，國內外行事原則一致；(3)外交政策，師出有名之道德說服力（吳家恆、方祖芳，2006：41）。隨著軟實力概念普及，在國家軟實力外，也產生了政治軟實力、文化軟實力、區域軟實力、城市軟實力、企業軟實力等衍生概念（韓勃、江慶勇，

---

[61] 有關硬實力、軟實力、巧實力之論述，可參閱Joseph S. Nye, Jr所著*The Paradox of American Power: Why the World's Only Superpower Can't Go It Alone*及*Soft Power: The Means to Success in World Politics*。

2009：27）。

　　正如中華人民共和國的《中國文化軟實力研究報告（2010）》指出一個國家的進步，本質上就是文化的進步；二十一世紀是文化的世紀，全球競爭已進入文化競爭的時代（張銘清，2011：165）。也因此文化不再僅是文化傳承的層次，而進一步提升為國家實力（軟實力）的層次；[62]也因經濟的文化成分日漸提高及文化的經濟功能愈形強烈（沈壯海，2008：8），文化產業乃將文化與經濟加以結合；透過文化產業更進一步強化軟實力之力量。是以各國無不以政策機制來積極推動文化產業，以強化其軟實力。

　　如在臺灣屢屢創下高收視率韓國電視劇，就是國家對文化產業以政策扶持方式，讓國家具有強大軟實力的例子。韓國政府在1988年確立「文化立國」政策方向，並將文化產業視為振興經濟之關鍵所在，開始以國家力量積極推動文化產業，重要的里程碑就是1999年2月所制定《文化產業振興基本法》（Framework Act on Cultural Industry Promotion）（卜彥芳，2008：14；王怡惠，2009：18），在這個基本法指導下，讓韓國的電影、電視劇、電子遊戲成為重要的文化產業。

　　不斷進步的文化是「文明」，文化軟實力來自於文化，但有文化不必然有軟實力，只有當文化朝向文明進步時，才會出現軟實力，並透過文化軟實力創造文明（唐代興，2008：35-36）；故如要提升臺灣客家文化之穿透力，便應積極建構「客家文化軟實力」，並藉由客家文化軟實力來推動「客家文藝復興」。

　　參酌Joseph S. Nye觀點，客家文化軟實力係在建構客家文化的吸引力和感染力，並藉此驅動「客家文藝復興」，發展客家文明。

---

[62] 文化與文化軟實力實有其層次上之差異性，文化軟實力係指文化中能夠對外產生影響力及感召力，對內發生凝聚力與驅動力的部分（彭立勳，2008：15）。

圖4-6　客家文化發展為客家文明

　　而「客家文化軟實力」之建構，本書認為，短期推動客家運動，長期推動客家文藝復興；應以「客家知識體系」為本，建立哲學理論基礎；再以「客家文化產業」為手段，強化客家族群之文化力，提升客家文化的吸引力和感染力。當客家文化軟實力足夠時，便可增強「客家文藝復興」，強化「客家文化」，開創「客家文明」，以達客家族群與文化發展巔峰之客家文明。

## 第四節　客家知識體系

　　《客家基本法》第11條規範意旨，為推展客家學術研究，政府應支持國內大學校院成立客家學術相關院、系、所及學位學程，鼓勵積極從事客家相關研究，建構客家知識體系，使客家文化得以重建生機。

## 壹、客委會推動客家知識體系之概況

　　長期以來，客家族群雖為臺灣社會主要族群之一，惟在語言上及文化上居於劣勢，在人文學術之研究發展上亦未受到應有之重視，以致研究客家之學術社群散落，客家研究被整編分散至不同的學科、學門，成為其他知識體系的邊陲，研究之主體性不僅不受重視，獲分配的資源也極為有限；同時，由於研究成果未經整合，致無法形成完整有系統的知識體系，

肇致客家族群的影響力及政策之參與力與其族群占全國總人口比例不相稱。[63] 故《客家基本法》第11條之立法目的，在建構客家知識體系。

　　但什麼是「客家知識體系」？「客家知識體系」所指涉者為何？《客家基本法》立法說明中並未對「客家知識體系」加以說明。

　　客家委員會所訂定之《客家委員會補助大學校院發展客家學術機構作業要點》、《客家委員會獎助客家研究優良博碩士論文作業要點》、《客家委員會獎助客家學術研究計畫作業要點》、《客家委員會委託研究計畫作業要點》、《客家委員會客家學術發展委員會設置要點》等行政規則並未明確界說「客家知識體系」。

　　其中僅《客家委員會客家學術發展委員會設置要點》第1條，為強化客家學術研究之基礎，促進客家知識體系之發展，特成立客家學術發展委員會。同要點第2條，所稱客家知識體系發展計畫，係指行政院客家委員會補助大學校院發展客家學術機構計畫、補助購藏客家相關圖書資料計畫、獎助客家學術研究計畫、獎助優良客家研究博碩士論文計畫及其它經行政院客家委員會同意設置之計畫等。[64]

　　是以，本書加以整理後，提出「客家知識體系」應由「一屋四柱」所構成，「一屋」係指以「客家學」為屋頂；「四柱」係指四大支柱，包含：(1)客家研究機構；(2)獎補助客家學術研究；(3)客家圖書資料典藏；(4)客家文明博物館。


## 貳、客委會推動客家知識體系之檢討

　　在「一屋四柱」之客家知識體系概念下，本書進一步檢視客家委員會推動客家知識體系之情況。

---

[63] 資料來源，客家委員會網站（http://www.ihakka.net/hakka-public/conference/），檢視日期：2011年5月30日。

[64] 事實上，本書訪談張維安時，獲知客家知識體系概念提出可溯及於2002年國立清華大學協助客家委員會籌辦「客家公共政策研討會」時，當時的想法就形成了《客家委員會客家學術發展委員會設置要點》第2條之規範。

## 一、發展客家知識體系「哲學思想」以建構「客家學」為獨立學門

　　從社會科學傳統主義、行為主義、後行為主義之演進來看，是一個從「總體」的「規範性理論」到「個體」的「經驗性理論」之歷程。

　　是以，一個已發展成熟的知識體系之內涵應以哲學思想（意識形態）為基礎，建構其總體理論，再發展出相關個體理論，進而建構制度規範如圖4-7。

　　如本書所討論的「共識型民主」，就是以民主政治理論為基礎（特別重視多數尊重少數之價值）發展出來的「協商式民主」，而此種多數尊重少數之民主價值，正是源自於自由主義思潮（John Rawls的正義論）。

　　今日，行政學已成為一門獨立且重要的學門，但早期，行政學是從屬於政治學的，直至威爾遜（Woodrow Wilson）於1887年發表《行政的研究》一文，開始嘗試將行政學從政治學領域中分離出來；隨著，行政學逐漸建構自己的哲學思想，行政學慢慢地成為一門獨立的學門。

　　目前客家知識體系相關學理多借用自其他學門（如社會學、政治學），未來客家知識體系要發展出自己的「客家學」，必須要有「客家學」自己的「哲學思想」，並發展出「客家學」自己的總體理論、個體理論，始有可能走出自己專屬學門的獨特性。

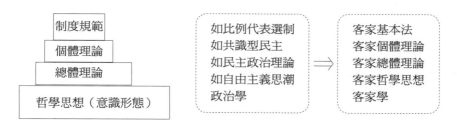

圖4-7　成熟的知識體系之內涵

## 二、提高客家研究機構之客家研究量能

　　誠如張維安於《大學校院客家學院（系所）現況調查研究》指出，客家研究的問題在於，客家研究往往不能夠隨著規劃的理想來進行，而是跟隨著所聘用的人才的專長與興趣來發展；加上如何誘導這些研究人員浸泡於「客家研究」，以調和渠等與「原先的學術專業」間之緊張性（張維安，2007：204-205）。

　　如欲強化客家知識體系之發展，實有必要提高中央大學、交通大學、聯合大學三校中院級的客家學院之客家研究的量能；並應督促客家學術界或客家系所應積極發展客家研究的哲學體系及理論體系，以建構「客家學」；如此，才能走出客家研究的主體性，也才是建構客家知識體系根本之道。

## 三、設立「客家文明博物館」

　　依《國際博物館協會章程》第3條，博物館是一個為社會及其發展服務的、非營利的永久性機構，並向大眾開放；並以研究、教育、欣賞為目的之徵集、保護、研究、傳播，並展出人類及人類環境的物證。

　　也就說，博物館非僅展覽功能，還有研究的功能。另配合現在「文化產業化」之趨勢下，博物館還能帶動「文化產業」的發展。

　　故本於博物館具有保存文化、發展知識體系、帶動文化創意產業等功能，為典藏客家文物、傳承客家文化、發展客家知識體系及客家文化創意產業，並基於推動客家文化發展為客家文明之思考，參照張維安於臺大竹北校區演講時提出「設立客家文明博物館」之觀點，本書贊同並強烈地建議政府應速設立「客家文明博物館」，以作為保存與發揚客家文化，發展客家文明之重要機制。

## 四、客家基礎資料翻譯為國際通用語言：強化國際客家研究

　　《客家基本法》第13條規定，政府應積極推動全球客家族群連結，

建設臺灣成為全球客家文化交流與研究中心。為強化客家研究，應推動國際客家研究；為推動國際客家研究，應吸納非華人之外籍人士投入客家研究；為讓外籍人士投入客家研究，相關客家基礎資料應翻譯為國際通用語言。

　　檢視目前客家基礎資料國際化之程度，仍有長足進步之空間。以馬英九政權（中國國民黨執政）時期客家委員會最自傲所制定的《客家基本法》為例，截至2012年9月底，《客家基本法》仍尚未完成條文英譯[65]，惟《原住民族基本法》早已有英文版的條文。

　　客家委員會每年投入相當多的預算在進行客家學術研究，實有必要擇取研究成果優良者，翻譯為國際通行語言，以利客家知識之國際化發展。

## 五、以客家知識體系作為形塑客家文化軟實力之基礎

　　本於Nye的軟實力是相對於武力的一種力量，它涵蓋了價值、生活方式、文化學術等領域（吳家恆、方祖芳，2006：9）。為形塑客家軟實力，就必須要有客家論述，而客家論述須以客家學為基礎；若要有客家學的完整論述，就必須要發展及健全客家知識體系。在客家委員會之年度經費倍增後，客家委員會之施政目標與施政重點，應首重客家知識體系之建立，並應多注入經費加強推動「客家研究」朝向「客家學」發展，以利較能快速而有效地推動整體客家發展。

---

[65] 本書作者前曾為確認客家文化重點發展區之標準英譯，於全國法規資料庫查閱無《客家基本法》之英譯，遂於2011年年中以電子郵件致函客家委員會首長信箱，獲得「將盡速進行英譯客家基本法」之答覆，惟截至2012年9月底，《客家基本法》仍尚未完成英譯。

第五章　《客家基本法》與臺灣客家運動之省思

依David Crystal於*Language Death*一書中指出，若要復振語言，促使語言成為族群在家中、鄰里間之跨世代溝通工具，須做到：(1)提高瀕危語言族群在該國支配族群中之尊嚴；(2)增加瀕危語言族群在該國支配族群中之經濟力量與財富；(3)提高瀕危語言族群在該國支配族群中之法律權利；(4)加強瀕危語言族群在教育體系中所占之分量；(5)瀕危語言族群將語言文字化；(6)瀕危語言族群善用電子科技（周蔚，2001：245-262）。客家語言、文化之消失，是客家族群傳承之危機，如何復振客家語言、文化就不是單純語言、文化面之思考，還涉及政治、經濟、社會層面。本章將嘗試檢視「客家文化重點發展區」，提出相關建議；以及探討如何推動第二階段臺灣客家運動。

## 第一節　客家文化重點發展區之檢討與建議

為藉由選定具特殊客家特色之特定地區，凸顯客家語言、文化與其他族群文化之區別，達成客家語言、文化及產業傳承創新之政策目標，《客家基本法》第6條第1項規定：「行政院客家委員會對於客家人口達三分之一以上之鄉（鎮、市、區），應列為客家文化重點發展區，加強客家語言、文化與文化產業之傳承及發揚。」[1]

---

[1] 客家委員會較早於2008年間所研擬的《客家基本法草案》第5條，客家人口數達百分之四十以上之鄉（鎮、市）應設為「客家文化重點發展區」，以華語、客語為併行之主要語言；當時草案除公事語言、客語認證及復振機制外，尚規劃有建設客家特色之社區及協助古蹟維護及文化保存。

## 壹、範圍

　　案經客家委員會依《客家文化重點發展區鄉（鎮、市、區）公告作業要點》公告之「客家文化重點發展區鄉（鎮、市、區）一覽表」如表5-1：

　　事實上，客家委員會2011年2月25日公告之客家文化重點發展區鄉鎮市區是第二次公告（依據《99年至100年度全國客家人口基礎資料調查研究》），第一次公告係由客家委員會以2000年4月26日客會企字第0990004943號函所發布「客家文化重點發展區鄉（鎮、市、區）一覽

### 表5-1　客家文化重點發展區鄉鎮市區一覽表

| 縣（市） | 鄉（鎮、市、區） | 小計 |
|---|---|---|
| 桃園縣 | 中壢市、楊梅市、龍潭鄉、平鎮市、新屋鄉、觀音鄉、大園鄉 | 7 |
| 新竹縣 | 竹北市、竹東鎮、新埔鎮、關西鎮、湖口鄉、新豐鄉、芎林鄉、橫山鄉、北埔鄉、寶山鄉、峨眉鄉 | 11 |
| 新竹市 | 東區、香山區 | 2 |
| 苗栗縣 | 苗栗市、竹南鎮、頭份鎮、卓蘭鎮、大湖鄉、公館鄉、銅鑼鄉、南庄鄉、頭屋鄉、三義鄉、西湖鄉、造橋鄉、三灣鄉、獅潭鄉、泰安鄉、通霄鎮、苑裡鎮、後龍鎮 | 18 |
| 臺中市 | 東勢區、新社區、石岡區、和平區、豐原區 | 5 |
| 南投縣 | 國姓鄉、水里鄉 | 2 |
| 雲林縣 | 崙背鄉 | 1 |
| 高雄市 | 美濃區、六龜區、杉林區、甲仙區 | 4 |
| 屏東縣 | 長治鄉、麟洛鄉、高樹鄉、萬巒鄉、內埔鄉、竹田鄉、新埤鄉、佳冬鄉 | 8 |
| 花蓮縣 | 鳳林鎮、玉里鎮、吉安鄉、瑞穗鄉、富里鄉、壽豐鄉、花蓮市、光復鄉 | 8 |
| 臺東縣 | 關山鎮、鹿野鄉、池上鄉 | 3 |
| 合計 | 11個直轄市、縣（市）<br>69個鄉（鎮、市、區） | |

註：行政院客家委員會分別於2000年4月26日、2011年2月25日兩次公告客家文化重點發展區，第二次公告所增加桃園縣大園鄉等9個鄉鎮區，以底線註記。

表」，係以《97年度全國客家人口基礎資料調查研究》之多重自我認定[2]為臺灣客家人定義所推估之客家人口數。

## 貳、相關檢討

### 一、「客家文化重點發展區」數目因客家人認定方式差異而變化

比較這兩次公告，新增一縣市（雲林縣）及9個鄉鎮市區，這增加的9個鄉鎮市區分別為桃園縣大園鄉、新竹市香山區、苗栗縣通霄鎮、臺中市豐原區、南投縣水里鄉、雲林縣崙背鄉、高雄市甲仙區、花蓮縣壽豐鄉、花蓮縣光復鄉。為何不到一年的兩次公告結果，客家文化重點發展區增加了9個（約占客家文化重點發展區總數的七分之一）？

可能原因有三個，第一個可能原因是兩次之間時間落差所產生的人口增長所致（第一次公告係以2008年全國客家人口調查研究之推估人口數，第二次係以2010年至2011年之全國客家人口調查研究之推估人口數）；第二個可能原因是兩次調查對客家人之界定不同；第三個可能原因是更多非客家人自我認同為客家人。

以雲林縣崙背鄉人口增減數為例，2008年12月底人口數為27,976人，2011年1月底人口數為27,309人；2009年遷入人口為752人、遷出人口為961人，2010年遷入人口為662人、遷出人口為9,997人。[3]故雲林縣崙背鄉人口呈現負成長且未有大規模遷徙的情況下；加上兩次人口調查間隔時間不長，當不會發生自我認同大幅改變情況；雲林縣崙背鄉能列入客家

---

[2] 客家人口依不同認定標準可分為「單一自我認定」、「多重自我認定」為臺灣客家人，及「廣義定義」的客家人。依據認定的強烈程度而言，「單一自我認定」是對客家人身分有強烈認同者；「多重自我認定」者具有客家族群認同，同時也具有其他族群的認同，因此相對於「單一自我認定」者的客家認同較不強烈；「廣義定義」為客家人者，則包含上述兩種自我認定，以及其血緣的認定定義中，至少有一項被認定為客家人者，即算為客家人，客家族群的認同較為薄弱（行政院客家委員會，2008：5）。

[3] 資料來源：雲林縣崙背鄉戶政事務所網站（http://lunbei.household.yunlin.gov.tw/population/population05.asp?m2=51），檢視日期：2011年6月1日。

委員會第二次公告之客家文化重點發展區鄉鎮市區，可能的原因是兩次調查對客家人之界定不同所致，而這兩次調查間的客家人認同之差異，似乎可能是客家人認定趨於寬鬆。

而「寬鬆化」的客家人定義，可能產生的問題有二：(1)不會使用客語者，長期居住在客庄者（具客家淵源），亦可成為客家人。此雖有助於擴大客家族群的人口數，但也因我群與他群分界易趨於淡化，恐不利客家族群認同與族群意識的建立；(2)已趨於寬鬆化之客家人定義，再加上客家人口採調查統計推估之方式，致無法精準地確定客家人口數（精確化程度不足），除讓制定客家政策或分配政府預算時，無法有科學基礎的標的群體數（受政策影響之具體人數），並讓客家文化重點發展區本身設立依據（客家人口達三分之一以上之鄉鎮市區）之基礎，致生不穩定的問題。

## 二、客家文化重點發展區之認定趨於寬鬆

客家委員會分別於2010年4月26日、2011年2月25日兩次公告，第二次公告所增加的客家文化重點發展區，包含桃園縣大園鄉、新竹市香山區、苗栗縣通霄鎮、臺中市豐原區、南投縣水里鄉、雲林縣崙背鄉、高雄市甲仙區、花蓮縣壽豐鄉、光復鄉等9個鄉鎮區，這些鄉鎮區在一般人普遍的經驗中，似乎不認為是客家庄。

又以第一次已公告之鄉鎮市區來看，如苗栗縣苑裡鎮、後龍鎮一般認為其多以閩南人聚居為主，而不被認為是客家庄。惟因《客家基本法》規定只要客家人口達三分之一以上之鄉（鎮、市、區）即可列為客家文化重點發展區，加上客家人口係採統計推估方式，讓客家文化重點發展區也包含傳統非客庄地區，而擴大傳統客庄之範圍。本文認為客家文化重點發展區之認定有兩個主要的爭議點。

第一個爭議點，客委會統計推估之計算方式是否允當？一般觀念上認為非客家庄之鄉鎮市區（如臺中市豐原區）為何被認定為客家文化重點發展區？依客委會2011年《全國客家人口基礎資料調查研究》，豐原區

之客家人口比例為百分之26.62，實際上未達三分之一之人口比例標準，但客委會以「區間估計」[4]方式納入估計誤差值（百分之6.03），讓豐原區之區間估計結果為百分之21至33，剛好讓豐原區達到三分之一門檻，而得列入客家文化重點發展區（客家委員會，2011：38-39）。進一步檢視，客委會之統計推估方式，豐原區之區間估計結果實際上是百分之20.59至百分之32.62，是未達到百分之33.33的三分之一人口標準；但客委會一方面以百分之33作為客家文化重點發展區設置標準，另一方面以小數點進位方式，讓豐原區達到百分之33，一來一往就讓豐原區成為客家文化重點發展區。但嚴格來看，以最高寬容標準推估豐原區客家人口比例為百分之32.62，仍未達到百分之33.33，實不應將豐原區公告為客家文化重點發展區。可以推測，客委會可能為了極大化客家文化重點發展區之數目，係以最寬鬆方式來認定客家文化重點發展區。

　　第二個爭議點，客家文化重點發展區不但擴大傳統客庄之範圍，更包含部分的「山地鄉」，如苗栗縣泰安鄉、臺中市和平區（原臺中縣和平鄉）。這凸顯了三個問題：(1)將「山地鄉」納入客家文化重點發展區，難謂允當；究竟應發展原住民特色或客家特色，易生爭議；(2)事實上，兼具「山地鄉」與「客家文化重點發展區」雙重身分之鄉（區），從一般社會通念、資源配置、制度保障（鄉長、縣議員）等以觀，該鄉（區）勢仍以發展原住民語言及文化特色為主軸，則認定為客家文化重點發展區之實益性甚低；(3)立法院無黨團結聯盟黨團或委員擬具《原住民族自治法（草案）》，原住民族自治區居民為「中華民國國民，設籍自治區者，為自治區居民」。設若未來原住民族自治區居民之定義依立法院無黨團結聯盟黨團或委員版本通過，且苗栗縣泰安鄉依程序設立為原住民自治區，泰安鄉是否仍宜認定為客家文化重點發展區，恐生爭議。

---

4　事實上，以區間估計方式而認定公告為客家文化重點發展區者，包含花蓮縣花蓮市、花蓮縣光復鄉、苗栗縣苑裡鎮、苗栗縣後龍鎮、高雄市甲仙區、南投縣水里鄉、新竹市香山區、臺中市豐原區、桃園縣大園鄉等9個鄉鎮市區（客家委員會，2011：39）。

### 三、「客家文化重點發展區」受行政區劃之影響

　　除了因客家人定義之寬鬆化及客家人口調查統計推估之精確化不足，使得客家文化重點發展區產生基礎性的問題外，依《客家基本法》第6條，「客家文化重點發展區」係以鄉（鎮、市、區）為基礎，設若鄉（鎮、市、區）行政區域重劃或整併鄉（鎮、市、區），恐將讓已公告之「客家文化重點發展區」因客家人口少於三分之一，而從「客家文化重點發展區」變更為「非客家文化重點發展區」。

　　舉例言之，依《地方制度法》第7條之3規定，依第7條之1改制之直轄市，其區之行政區域，應依相關法律規定整併之。故如未來高雄市參照市議員選舉區範圍，將美濃區與內門區、旗山區整併，原以美濃區為主體之「客家文化重點發展區」之是否能持續存在，恐生疑問。

　　又若臺中市未來依《地方制度法》規定進行區之行政區域的整併，並參照現行市議員選舉區範圍做為整併基礎，現行臺中市客家文化重點發展區與鄰近區之整併情況如下：(1)豐原區按市議員第3選區整併，后里區與豐原區整併為一個行政區（后豐區）；(2)東勢區、新社區、石岡區、和平區按市議員第14選區整併為一個行政區。

　　以可能整併之后豐區來分析，豐原區係以區間估計結果為百分之21至33，顯係非常勉強達到客家文化重點發展區三分之一人口數之門檻，如未來與福佬人為主的后里區整併，新的后豐區勢必為「非」客家文化重點發展區。類似情況，似也將發生在其他以區間估計方式而認定公告為客家文化重點發展區者。

　　進一步分析，在非客家縣市中之單一或少數「客家文化重點發展區」，如雲林縣崙背鄉，若發生行政區重劃或整併，是否能持續保有客家文化重點發展區地位，應是相當困難。

　　簡言之，在非客家縣市中之單一或少數「客家文化重點發展區」，其存續之重要變數就是「行政區劃」或「鄉（鎮、市、區）行政區域整併」。

## 四、「客家文化重點發展區」之有效運作須地方自治團體之配合

　　依《客家基本法》第6條，「客家文化重點發展區」應加強客家語言、文化與文化產業之傳承及發揚，以及推動客語為公事語言（包含服務於該地區之公教人員，應加強客語能力[5]），這無可避免的會涉及地方自治團體的自治權，須仰賴地方自治團體的配合。

　　而除地方自治團體的配合外，也涉及財政補助機制，如果客家委員會沒有足夠的預算，要讓地方自治團體主動挹注資源與預算在客家文化重點發展區，恐有其困難性。

## 五、客家文化重點發展區僅有助於「鄉村型」市鎮之客家族群發展：未解決更迫切的都會區客家族群發展危機

　　行政院客家委員會目前公告的客家文化重點發展區多為「鄉村型」市鎮，未來政府依法勢必將投入更多預算、資源於此類以「鄉村型」市鎮為基礎的客家文化重點發展區，（客委會已於2012年8月發布《客家文化重點發展區計畫提高輔助比率暫行作業要點》），這對傳統客庄發展是大有助益的。

　　惟相對地，客家文化重點發展區似會不利於「都會區」客家族群之發展。臺灣因都市化的發展，人口聚居多於大都會區，許多客家人已逐漸搬離傳統鄉村客庄，而進入大都會城市居住。這些進入大都會城市的客家族群是最容易發生「隱形化」及「族群認同改變化」的一群，是最需要確保其客家族群意識存續，最需要傳承客語與客家文化傳承的一群，但這群人所在地卻又未列入客家文化重點發展區，如大臺北都會區（即臺北市、新北市、基隆市）中無任何客家文化重點發展區。

---

5　依《行政院客家委員會客家文化重點發展區獎勵客語績優公教人員作業要點》第2點規定，獎勵對象及標準係指客家文化重點發展區之鄉（鎮、市、區）與其隸屬之縣（市）政府之公教人員，通過行政院客家委員會客語能力認證考試並取得合格證書，且於申請時仍任職於上述機關者。

　　甚至，部分都會區（直轄市）之次級行政區域（即「區」）的客家人口數超過其他客家鄉（鎮、市、區），但因客家人口推估無法占該區總人口的三分之一，致無法引入政府資源以發展客家，誠屬可惜；如高雄市三民區。這也彰顯了一個根本性的問題：最需要搶救的都會區客家族群，可能卻是獲得最少資源配置的。

　　既然客家文化重點發展區雖確有助於「鄉村型」市鎮之客家族群發展，但未解決都會區客家族群發展危機，特別是兩相比較，都會區家族群發展危機之迫切性高於鄉村地區。為解決此種客家族群發展之「城鄉困境」，政府有必要構思並採行「鄉村型」與「都會型」雙軌制客家發展策略。本書以為，在發展基調上，「都會型」客家發展策略以「擴大客家文化認同」為目標，並以「發展客家文化產業」為方法。


## 參、短程發展建議

　　有關「客家文化重點發展區」之發展建議，可分為短程與長程兩方面，本節先探討短程的發展建議，下一節再詳論長程發展建議。

### 一、客家族群政治代表性之保障

　　如同前所論述的，「客家文化重點發展區之有效運作須地方自治團體之配合」，如何讓地方自治團體主動挹注資源與預算在客家文化重點發展區？可能的手段，便是強化客家族群在客家文化重點發展區之政治代表性。

　　依《地方制度法》第33條第2項第2款第2目規定：「縣（市）有山地鄉者，於目前總額內應有山地原住民選出之縣議員名額。」同法第57條第2項規定：「山地鄉鄉長以山地原住民為限」。

　　故參照原住民保障機制，本書建議可修正《地方制度法》強化客家族群之保障：

1. 直轄市、縣（市）有「客家文化重點發展區」者，應有客家族群選出之議員。同時，為免造成其他族群之疑慮，建議此客家族群議員名額採「外加」於區域與原住民議會議員名額外，而不採「內含」於議會議員總額之內。

2. 直轄市、縣（市）有「客家文化重點發展區」者，其區長應優先派任客家族群。

(1) 或許有人會認為「客家文化重點發展區」中之客家人口可能僅達鄉（鎮、市、區）人口之三分之一，客家族群仍屬少數。惟以新北市烏來區為例，依《地方制度法》第58條第4項規定，其區長以山地原住民為限；新北市烏來區2011年5月底人口數為5,783人，其中原住民為2,587人，原住民占全烏來區人口之44.7%，[6]未達半數，但仍保障其地方行政首長以山地原住民為限。故以客家重點文化發展區來保障客家族群之政治參與權，似屬可行。惟本於族群共榮共存，降低其他族群疑慮，可以考慮客家人比例超過一定比例（如二分之一以上）之「客家文化重點發展區」，其區長以客家人為限。至客家文化重點發展區之鄉（鎮、市）長，係民選公職人員，仍應尊重選民之選擇。

(2) 須特別說明的是，本書建議之客家文化重點發展區，其行政首長之客家族群保障機制，初步僅以官派之區長，俟運作良好，社會有共識後，再擴及至民選之鄉（鎮、市）長。

## 二、「指標化」評估客家文化重點發展區之成效

《客家基本法》建構了客家文化重點發展區，為評估客家文化重點發展區之運作成效，及客家委員會之施政績效，本書初步建議應以「語

---

6　資料來源：新北市烏來區戶政事務所網站（http://www.wulai.ris.ntpc.gov.tw/web/SelfPageSetup?command=display&pageID=25050&page=view&_fcmID=FG0000001268000001_0_4），檢視日期：2011年6月1日。

言」、「文化」、「文化產業」、「公共參與」、「客家人自我認同」等幾個大項加以評估，而每個大項可再設計更細緻的衡量指標。

「語言」項的指標，初步建議可為(1)發展區內客語使用人數之增減（包含不同年齡層）；(2)發展區內公事語言推動情形；(3)發展區內通過客語認證比例。

「文化」項的指標，初步建議可為(1)發展區內客家藝術文化團體之數量；(2)發展區內客家藝術文化活動辦理之場次；(3)發展區內國中小學童參與客家藝術文化活動之情形。

「文化產業」項的指標，初步建議可為(1)發展區內文化產業商家數目之增減；(2)發展區內文化產業的產值之增減；(3)發展區內文化產業的群聚效應之評估。

「公共參與」項的指標，初步建議可為(1)發展區內審議式民主（客家社團參與政府公共政策制定）實踐之情況；(2)發展區內客家女性政治參與之情況；(3)發展區所屬縣市政府中，客家人擔任政府各部門機關首長或單位主管之比例。

「客家人自我認同」項的指標，初步建議可為(1)發展區內客家人自我單一認定（非多重認定）之比例；(2)發展區內幼兒自我認同為客家人之比例；(3)發展區內客家人以其客家族群作為外顯身分之情況（如在初認識的朋友陎前介紹自己身分）。

上開指標僅係本書初步之想法，仍有待主管機關集結各方意見，會商研議出具體、可行的衡量指標。


# 第二節　客家語言及文化特殊目的政府

延續前面討論的「客家文化重點發展區」發展建議，本節進一步提出對客家文化重點發展區發展方向之長程建議：一為甲案的將客家文化重點發展區轉型為「客家族群自治區」，二為乙案的將客家文化重點發展區轉

型為「客家語言及文化特殊目的政府」。

　　基於《客家基本法》立法過程放棄「個人權」保障條文之經驗，並考量政治效應與族群關係，本書建議採乙案之「特殊目的政府」（special-purpose government）的發展方向。

## 壹、甲案：客家族群自治區

　　以行政院2010年9月23日第3214次院會討論通過之《原住民族自治法（草案）》所架構原住民族自治區，其定性為政府所設置，具公法人地位之民族自治團體，享有民族自治事項。又《原住民族自治法（草案）》賦予原住民族可比照縣（市）層級成立自治區政府，並設有自治區議會，享有制定自治區自治法規之權限。

　　顯見客家文化重點發展區只是客家集體權爭取上之一小步，長遠來看，為保障客家族群之集體權益，似可研議是否比照《原住民族自治法（草案）》精神，將客家文化重點發展區改制為「客家族群自治區」，並設定為遠程目標。

　　惟本項建議也恐造成其他族群疑慮，故如從「治理」與「制度肯認差異性」思考，可以考慮參酌美國的作法採取「特殊目的政府」（special-purpose district/ special-purpose government）之途徑。

## 貳、乙案：客家語言與文化特殊目的政府

　　乙案是借用美國特區政府（special district government）的概念，將其轉化為「客家語言與文化特殊目的政府」。

## 一、美國特區政府概說

　　美國國家統計局界說（U.S. Census Bureau），美國的地方政府可分為二類：一為普遍目的政府（general-purpose government），包含郡政府（County government）及郡以下的政府（Subcounty general-purpose government）；另一為特殊目的政府（special- purpose government），包含學區政府（school district government）及特區政府（special dstrict government）本書整理如表5-2。

　　表5-2中較為人所知悉者，應為學區政府。學區政府（school district government）是由相關地方政治實體構成，在行政與財政上具有自主權，依據州法以提供小學、中學及高等教育。而特區政府（special dstrict government）係指針對特定服務或功能（一個或有限的特殊目的性），以較具效能的行政及財政自主來行使其權能，至其運作機制包含district, authority, board, commission等態樣（U.S. Census Bureau，2002：A-1）。

## 二、客家文化重點發展區可轉型為「客家語言與文化特殊目的政府」

　　雖然美國未有族群性質的特區政府，惟參酌美國特區政府針對特定服務或功能之特區政府概念，為保障客家族群之語言及文化，可以將「客家文化重點發展區」轉型為「客家語言及文化特殊目的政府[7]」。

　　意即，本章所建議的「客家語言及文化特殊目的政府」是以「客家文化重點發展區」中的客家族群為主體，並由「客家文化重點發展區」所在地之地方自治團體與中央政府共同組成「功能性」之「客家語言及文化特殊目的政府」，來發展客家語言、文化、文化產業、知識體系等事項。有關客家文化重點發展區轉型為客家語言及文化特殊目的政府之可行性及適當性，分析如次。

---

[7] 如參照美國針對特定服務或功能之特區政府概念，精確用語應為「客家語言及文化特區政府」，惟考量「特區政府」名詞易生誤解及爭議，且客家語言涉及教育事項，故本文採「客家語言及文化特區政府」用語。

表5-2　美國普通目的與特殊目的政府

| 類型 | | | | 數目（2009年） |
|---|---|---|---|---|
| 普遍目的政府（general-purpose government） | 郡政府（County government），共201個 | | | 3,033 |
| | 郡以下的政府（Subcounty general-purpose government） | 市級政府（Municipal govern-ment） | 包含 city, boroughs (except in Alaska), town (except in the six New England states, Minnesota, New York, and Wisconsin), village | 19,492 |
| | | 鎮區政府（Township govern-ment） | 包含 town in Connecticut, Maine（including organized planta-tions）, Massachusetts, Minne-sota, New Hampshire（including organized locations）, New York, Rhode Island, Vermont, and Wis-consin, and townships in other states | 16,519 |
| 特殊目的政府（special- pur-pose govern-ment） | 類型 | 學區政府（school district government） | | 14,561 |
| | | 特區政府（special district government） | | 37,381 |
| | 特殊目的性 | 機場（Air transportation）、公墓（Cem-etery）、教育（Education）、電力（Elec-tric power）、消防（Fire protectionr）、瓦斯（Gas supply）、健康（Health）、公路（Highway）、醫療（Hospital）、住宅與社區發展（Housing and community devel-opment）、企業發展（Industrial develop-ment）、圖書館（Library）、貸款（Mortgage credit）、自然資源（Natural resources）、停車場（Parking facility）、公園和娛樂場所（Parks and recreation）、港口設施（Sea and inland port facility）、排水設施（Sew-erage）、垃圾清運（Solid waste manage-ment）、（Solid waste management）、大眾運輸（Transit）、自來水（Water supply）。 | | |

資料來源：U.S. Census Bureau，2002：A-1；美國國家統計局網站（http://www.cen-sus.gov/govs/cog/GovOrgTab03ss.html），檢視日期：2011年6月20日。

　　第一，臺灣已逐漸有設立區域性文化保護機制之趨勢。如為保護國家特有之自然風景、野生物及史蹟，我國早於1972年間便制定《國家公園法》，以永續保育國家特殊景觀、生態系統，保存生物多樣性及文化多元性（國家公園法第8條第1款）。而於1995年成立的「金門國家公園」，係我國第六座國家公園，亦是第一座以文化、戰役、史蹟保護為主的國家公園。1999年設立的「台江國家公園」，則以保護生物多樣性濕地、先民移墾歷史及漁鹽產業文化為主。2011年底設立的「壽山國家自然公園」第一座國家自然公園，也具有保護鳳山縣舊城、打狗英國領事館官邸、旗後砲台、龍泉寺遺址等人文歷史古蹟之功能。[8]從後期成立之國家公園或國家自然公園之保護對象以歷史文化性為主，足見劃定特定區域，並跨越現有直轄市、縣（市）行政區域，設置專責機關以保護特定歷史、文化，既具必要性，亦具可實踐性。

　　而客家文化不但反映臺灣先民移墾歷史，亦是臺灣多元文化中不可或缺的部分。客家族群遷徙至全臺各地，而產生不同「次類型」的客家文化，如六堆地區、竹苗地區等，這些跨鄉（鎮、市、區）或跨縣（市）的客家地區，實無法憑藉單一地方政府之力量推動其發展，加以不同的次類型客家文化，各具特殊性，而須「因地制宜」，亦不宜由中央的客委會統一處理。是以，確有必要劃定特定範圍，並設置專責機關以來推廣及傳承客家文化。

　　第二，原住民族群刻正積極推動《原住民族自治法》，或許此法仍有爭議，但在大戰略上，客家族群應把握這個「機會之窗」，鼓勵並支持《原住民族自治法》之立法，既彰顯客家族群之包容性及對多元族群共榮共存願景之追求，亦可於原住民族設立原住民族自治區後，作為推動設立客家語言及文化特殊目的政府之參照論述基礎。

　　第三，以「傳統客家共同體」為基礎建構客家語言及文化特殊目的政

---

8　資料來源：內政部營建署（http://np.cpami.gov.tw/chinese/index.php?option=com_content&view=frontpage&Itemid=1&gp=1），檢視日期：2012年6月11日。

府，符合客家歷史與發展。客家族群於清朝大量遷徙來臺，多來自大陸的嘉應州、潮州府、惠州府、汀洲府，來臺後主要定居於日治時期之新竹州（今桃竹苗）、臺中州（今中彰投）、高雄州（今高屏）；加以臺灣客家族群所使用語言腔調主要為四縣（嘉應客）、海陸（惠州客）、大埔（潮州客）、詔安（漳州客）等（吳學明，2007：44-48）。此種基於相同的歷史淵源、語言、文化、風俗習慣所形成的「傳統客家共同體」，本就有地域上的「群居性」，目前政府公告的客家文化重點發展區實具有各自語言或地域上的共同性，自可藉以作為設置客家語言及文化特殊目的政府之基礎。

## 三、特殊目的政府宜跨越目前行政區域：傳統客家區與現代生活圈之模式

為體現「客家語言及文化特殊目的政府」之「功能性之特區政府」精神，「客家文化重點發展區」所在地之地方自治團體，除應包含直轄市、縣（市）與鄉（鎮、市、區）外，更應打破現行行政區域範圍，將地理上相連之數個「客家文化重點發展區」合併為一個「客家語言及文化特殊目的政府」。

為體現「客家語言及文化特殊目的政府」之「功能性之特區政府」精神，應破除現行「客家文化重點發展區」以鄉（鎮、市、區）為範圍之概念，並跨越現行行政區域範圍，將地理上相連之數個「客家文化重點發展區」合併為一個「客家語言及文化特殊目的政府」，其可能的模式方向有二：(1)傳統客家區模式；(2)現代共同生活圈模式。

### （一）傳統客家區模式

傳統客家區模式，可以南部六堆的傳統客家區來說明。六堆包含中堆（竹田）、先鋒堆（萬巒）、後堆（內埔）、前堆（麟洛、長治）、左堆（佳冬、新埤）、右堆（美濃、高樹、甲仙、六龜、杉林）等鄉（鎮、區），不但跨越了既存的鄉（鎮、區）行政區域，更跨越了直轄市與縣

（高雄市與屏東縣）之行政區域。六堆客家地區的形成有其特殊的歷史時空背景[9]，渠可視為一個共同體，可稱為「六堆客家共同體」。這個六堆客家共同體在清朝時期便已形成，後來係政府因其統治上的需要，加以分設縣（市）、分設鄉（鎮、區）而異其管轄行政區。

　　而設置「客家語言及文化特殊目的政府」目的既為保障客家族群之語言及傳統文化，自當以「傳統客家共同體」為範圍，並跨越現行之地方自治區域。如以「右堆」之傳統客家區合併屏東縣高樹鄉及高雄市美濃區、高樹區、甲仙區、六龜區、杉林區為一個客家語言及文化特殊目的政府，或以整個六堆為一個大型的客家語言及文化特殊目的政府。

　　亦可將臺灣傳統客家庄，按其一大片的塊狀分布，在臺灣北部（桃竹苗客家庄）、中部（臺中東勢、新社客家庄）、南部（六堆客家庄）、東部（花東客家庄）等分別設立「客家語言及文化特殊目的政府」，並視渠等之發展進程，進一步劃定「客家語言及文化自治區」，另設置「客家語言及文化特區政府」。

## （二）現代共同生活圈模式

　　共同生活圈是一個隨著都市化發展，人口聚居於都市，以「中心市鎮」為核心，週遭為「衛星市鎮」之跨越既有行政區域之生活型態，並整合了人口聚落、地理區位、產業經濟、生態環境、歷史文化、交通網絡等因素。「共同生活圈[10]」的形成，乃是長期社會經濟演變的自然結果，不是任意性的行政作為所能創造。

　　如苗栗縣文化局2007年以整體的地理條件、生活習慣、族群文化與

---

[9] 西元1721年（清康熙60年）朱一貴事變發生時，為保衛鄉里，防止亂事侵犯客庄，散布在屏東平原的客家人，依所在地理位置，組成民間義勇。設六營及巡察營七個營隊，共同抵禦外侮，亂事平定後，鄉勇解散回庄。到林爽文事變時，決定改「隊」為「堆」（隊與堆客語諧音），共有六堆，正式成為自治、自衛性質的組織。資料來源：六堆客家文化園區（http://thcc.hakka.gov.tw/wSite/ct?xItem=3689&ctNode=464&mp=12），檢視日期：2102年6月11日。

[10] 在共同生活圈基礎上，學者進一步提出「文化生活圈」的概念，指涉依區域內居民各種不同的文化性活動差異所劃分出來的圈域及體系，在該空間範疇內的居民常從事著極具地方特色而異於他地的文化性活動（辛晚教，1995；王本壯、劉淑萍，2010：354）

共同行為等因素將苗栗縣分為苗北海縣（竹南、頭份部分地區、造橋部分地區），苗北山縣（頭份部分地區、造橋部分地區、三灣、南庄），苗中海縣（後龍、西湖、苗栗市部分地區），苗中山縣（苗栗市部分地區、公館、銅鑼、獅潭、頭屋），苗南海縣（通霄、苑裡），苗中山縣（三灣、大湖、卓蘭、泰安）六大生活圈（王本壯、劉淑萍，2010：353）。是以，客家語言及文化特殊目的政府亦可循共同生活圈加以整合設置。

## 第三節　推動第二階段臺灣客家運動

　　《客家基本法》施行後，依本書論述，臺灣客家運動應轉型至第二階段，循體制內之遊戲規則落實，並強化臺灣客家族群保障之正當性基礎。有關第二階段臺灣客家運動發展方向及策略，本書建議「以客家治理形塑客家文化軟實力」作為第二階段臺灣客家運動發展策略。

### 壹、客家治理與客家文化軟實力

　　在全球化的今日，良善的治理（good governance）成為各國政府積極努力達成的目標。二十一世紀的臺灣，面對快速的全球政經變局，及中國大陸之潛在威脅與競爭，有必要建構一個寬廣的政府與民間夥伴關係，以整合上層政府（high politics）與下層政府（low politics）及民間的人力、組織與資源（趙永茂，2007：7）。在強調「民間力」與「多元參與」之治理概念下，第二階段臺灣客家運動雖走入體制內，但還是要與民間社會力結合來形成客家政策及法制規範，此即「客家治理」。

　　透過政府與民間社會多元參與之客家治理，可以在最大共識與認同基礎上，並配合客家知識體系提供哲學理論方法，思考如何進一步擴大客家文化之吸引力與包容力，讓大家能多瞭解多元文化，正確認識客家族群，

並欣賞客家文化之美,此即「客家文化軟實力」之建構。

　　在此概念下,第二階段臺灣客家運動,一方面要繼續爭取臺灣客家族群之基本權益,另一方面也要幫忙爭取其他族群之權益;也就是說,第二階段臺灣客家運動在「多元文化/尊重差異/族群共存共榮」概念下,所爭取的是臺灣各族群(閩南、客家、外省、原住民、新住民)皆可共享之價值理念與生活方式。


## 貳、推動第二階段臺灣客家運動之建議

　　以儒家文化為主體之中國文明之所以歷史悠久、博大精深,實乃因儒家文化能海納百川,兼容並蓄不同之文化。故透過第二階段臺灣客家運動,擴大客家文化之包容性與延展性,並藉由「客家文化軟實力」來大力推動「客家文藝復興」,以發展「客家文明」。在此思路下,本書初步建議第二階段臺灣客家運動可推動之作為如下:

### 一、推動《國家語言平等法》之立法

　　就第一階段臺灣客家運動中之「1228還我母語運動(1988)」萬人臺北大遊行,當時訴求之「還我母語」,實際上也並未侷限於客家族群之母語,而是包含當時被列為方言之其他族群母語;並要求在共通的國語(或稱為北京話、普通話)之外,務必要讓臺灣各族群的母語也有適度的發展空間。

　　因此,第二階段臺灣客家運動就應該本於「多元文化/尊重差異」,推動《國家語言平等法》,承認臺灣各族群使用其母語之權利,並將各族群之母語(自然語言)皆一視同仁地提升為國家語言,以尊重語言之多樣性與平等發展,落實國際人權公約及《中華民國憲法增修條文》中「國家應尊重多元文化」之意旨。

## 二、推動學校逐漸以母語為教學語言

在各族群母語皆屬國家語言、各族群自然語言皆平等之基礎上，為「尊重差異」以延續各族群之傳承，應從基礎教育開始，推動學校以母語為教學語言。意即，國中小學之相關科目之上課教學應以其母語為教學語言，如以客語教數學[11]或以原住民族母語教歷史等。

或許有人會認為這樣就沒有一個統一的語言，以後國民間溝通會有障礙？吾人以為，這是多慮了。如同加拿大魁北克以法語作為該邦的學校之教學語言，反而使魁北克居民成為同時能使用英語及法語之雙語人士，強化了魁北克居民之競爭力。

是以，推動學校以母語為教學語言，可以讓我們下一代可以同時使用北京話、客家話（或原住民語）、英語，在全球化日益競爭的未來，可以更有競爭力。

惟須特別說明的是，此項以母語為教學語言，為尊重學生之「受教權」，學生是具有選擇權的。亦即，學校提供以客語、閩南語、原住民語等母語教學課程，由學生依其熟悉母語選擇。故本項建議並非僅就客家族群，是適用於其他語言弱勢族群的。換言之，臺灣各族群之母語皆可選用，將有助於臺灣各族群之語言及文化得以保存與發揚，充分展現臺灣各族群文化之美。

## 三、發展客家文化產業

拋開客家文化產業發展成功後所面臨之「傳承」傳統價值與「再發現」客家歷史根源的問題；發展客家文化產業與客家族群之發展，實具有相輔相成之效果，若能透過客家文化重點發展區之制度性驅力，讓客家文化產業成功的發展；再透過客家文化產業之吸引力，來提升「客家族群之自我認同感」及「非客家族群之客家認同感」，俾利讓更多的客家人與非

---

[11] 事實上，臺灣大學數學系楊維哲教授便是以閩南語教授「數學方法與推理」課程，並引發學生「受教權」之爭議。

客家人（客家之友）認同客家，就有助於客家族群之整體發展。

　　藉由客家文化產業擴大客家文化接受與認同之群眾，當越來越多人認同客家時，一方面，可強化客家族群之歸屬感及族群意識；另一方面，甚可讓客家族群與其他族群之關係，更加融洽，當有助於客家族群保障機制訴求之正當性基礎之擴大化。

## 四、推動憲法增列「多元族群專章」

　　臺灣原住民制度保障機制之建構，受到相關國際宣言及國際公約之影響，是走在臺灣客家族群之前的，臺灣原住民族早於2004年就提出於憲法中增列「原住民族專章」，進而臺灣大學邱榮舉曾於2007年提出臺灣必須再修憲，且憲法應增列「多元族群專章」之主張；本書乃進一步從憲法、法律、政策三層次來分析臺灣客家運動與《客家基本法》，在第二階段臺灣客家運動以建構強化臺灣客家族群保障之正當性，及制度化機制的概念下，主張確應早日共同推動憲法增列「多元族群專章」，並藉以落實多元文化主義，實施多元文化政策。

　　推動憲法增列「多元族群專章」，不但可以強化客家族群保障，更可以提高臺灣客家運動的層次與視野，主訴求將從客家族群保障提升至多元文化尊重與族群共榮共存，臺灣客家運動所爭取的不但是臺灣客家族群之權益，也是臺灣所有族群之權益，將可使客家族群之作為能獲得臺灣其他族群之認同，展現客家軟實力，讓第二階段臺灣客家運動更具有宏觀性與前瞻性。

　　基於本書所提臺灣客家運動已然轉型為第二階段的臺灣客家運動，為強化客家族群訴求之正當性，並提升客家研究（建構客家知識體系／客家學），本書主張未來客家發展策略應集中力量關注於下列事項：

## 一、落實「臺灣客家運動的三層次發展策略」：臺灣應積極推動修憲，增訂「多元族群專章」

　　具體言之，現今既已由公共政策層次的「客家政策」，發展至法律層次的《客家基本法》；今後努力目標至少有三方面：一為政府應結合客家學術界、客家社團、客家媒體等共同研制優質之「客家政策」；二為積極實踐《客家基本法》，並研制相關配套法規與措施；三為鼓吹與支持民進黨、國民黨及其他政黨共同推動修憲工作，增訂「多元族群專章」；既支持、肯定及保障原住民族已提出的「原住民族專章」，亦兼顧臺灣其他族群之尊嚴、地位及應有的基本權益，共同研制共生共榮的「多元族群專章」。

## 二、採取「臺灣客家運動／客家政策／客家研究」三合一模式：促使「客家研究」朝向「客家學」

　　一個好的客家政策（國家政策／公共政策），必須要有一個好的客家政策論述；一個好的客家政策論述，必須要有一個好的客家理論；一個好的客家理論，必須要有一個好的客家意識形態（哲學思想）。目前的「客家研究」，多借用其他學門理論（如社會學理論）來分析客家問題，自然

無法成為一門獨立的學門，亦無法提供客家政策論述之基礎，故如何建構客家知識體系，進而將「客家研究」（Hakka Studies）朝向建構「客家學」（Hakkaology）發展，乃是客家族群永續發展之核心基礎。

　　為強化「客家研究」之學術性，本書建議應採「臺灣客家運動／客家政策／客家研究」三合一模式，並要求政府與各政黨應積極支持與大力推動客家知識體系之建構，促使「客家研究」朝向建構「客家學」發展，既能解決當前臺灣客家問題[1]，又能有助於長遠的客家發展，進而使臺灣成為全球名符其實的客家學研究重鎮。

## 三、以制度面及教育面機制復振客家母語

　　為復振客語，在制度面上，除已制定的《客家基本法》外，應在「多元文化／尊重差異」之基礎上，推動《國家語言平等法》，讓各族群（非僅是客家族群）之母語權皆可獲得保障及復振。

　　另在扎根教育上，因在強勢主流語言媒體影響下，一般人在進入國民義務教育系統前，多會習得（acquisition）北京語、閩南語。為復振客家族群母語，應推動學校以母語作為教學語言，即以讓學生可以選擇（學生享有自主選擇權）客語為上課語言，即老師使用客語作為教授數學或其他科目之語言。

## 四、推動客家文化產業以發展客家經濟權：繁榮客家庄以連結老、中、青客家人在客家庄永續發展

　　就臺灣客家政策三個階段（2000年之前、2000年至2008年、2008年迄今）以觀，可以發現臺灣客家政策已從早期語言權、文化權，逐漸轉變至客家文化創意產業，但包含學術界及實務界似將客家文化創意產業

---

[1] 事實上，已成為國際通行語言的法語，早於1635年1月29日就由法國國王路易十三（Louis XⅢ）成立「法蘭西學院」（Académie Française），以維持法語的純淨與優雅（陳健宏，2010：170-171）；顯見知識體系之建構，對語言之保存與發展極有助益。

（《客家基本法》僅以「文化產業」稱之）仍視為文化權之延伸。本書認為，應參酌《原住民族基本法》第14條²精神，策訂客家族群經濟政策，以「客家文化產業化模式、客家產業文化化模式、整合性模式」三模式，積極輔導客家文化產業之興辦，發展客家族群之經濟產業。

復依《文化創意產業發展法》立法精神，應由政府透過政策導引、智財應用、人才培育、公用設施、產業輔導、資金取得、土地利用及協助行銷等面向，協助客庄之客家文化產業。

透過政府之政策作為，當客家文化產業發展興盛後，將能帶動客庄之繁榮及就業市場，並吸引年輕一代的客家族群返回其客庄家鄉工作，也讓客家孩童留在客庄，「習得」（acquire）客家語言及文化，讓客家語言及文化永續傳承，並傳承客家意識，強化客家認同。

## （一）客家文化產業有助於強化客家族群自我認同

以本書前所論及的臺北義民祭此一民俗活動性質的文化產業來看，本書認為臺北義民祭對大臺北都會區客家族群發展之意涵為：(1)客家民俗信仰、文化、音樂、語言等，不再「隱形化」，可以「公共化」；(2)讓都會區內的客家人知道並認識其他客家人，以利形成「客家情懷社群」（Hakka Image Community）或「客家虛擬社區」（Hakka Virtual Community）³；(3)讓政府知道客家人在哪裡；(4)增加城市之文化多樣性，讓非客家族群也知道客家文化之美。

是以，藉由臺北義民祭可以讓在大臺北都會區的客家人，追溯其客家淵源，強化其客家族群自我認同及客家族群意識。同時，客家文化產業

---

² 第14條，政府應依原住民族意願及環境資源特性，策訂原住民族經濟政策，並輔導自然資源之保育及利用，發展其經濟產業。
³ 此種「客家情懷社群」或「客家虛擬社區」，是跨越地理疆界，運用現代科技（如Face-book、MSN等交友網站）或傳統社團（如同鄉會、山歌班等）串連散居在都會區各地之客家人，使之產生如同居住在共同一個社區的共同歸屬感，並以此客家虛擬社區，共同分享客家原鄉情懷。另外，本文亦在思考，客家文化重點發展區是否可跳脫行政區域之疆界，揚棄傳統地理空間（place）的概念，而以「non-place」的概念，以客家情懷社群來進一步發展客家文化重點發展區。

可繁榮傳統客庄經濟，當客庄經濟繁榮後，可讓客家青壯年者留在客庄工作，也可讓客家孩童留在客庄，以「習得」（acquire）客家語言及文化，並有效傳承客家族群文化、語言，及客家意識。

### （二）客家文化產業可讓非客家族群認同客家：擴大客家文化認同

以「客家桐花祭」為例，接近700萬遊客人次參與桐花祭相關活動，顯然其中有許多遊客為非客家人，這些非客家族群之遊客透過參與桐花祭活動，可認識客家的文化、文學、音樂。

而在非客家族群參與客家文化活動，使用客家文化產業產品時，也開始瞭解客家、認同客家；藉由客家文化產業擴大客家文化認同之群眾。當越來越多人認同客家時，一方面可強化客家族群之歸屬感及族群意識；另一方面甚至可讓非客家人改變其族群認同，自我選擇認同為客家人。

### （三）客家文化產業豐富城市文化多樣性與經濟價值

一個城市的偉大，在於其「包容性」與「開放性」。一個能涵養多元文化的包容性城市，一個能包容不同文化的開放性城市，是一個持續進步的偉大城市。從差異政治（the politics of difference）及其所投射出制度性肯認（institutional recognition）觀點（Young，2007：88），當不同族群的人們遷移至都市時，共同生活在這個城市，城市的住民們，既要尊重各族群間的文化差異性，也要珍視各特色文化的獨特性，更要在制度上肯認文化的多樣性。

當客家族群從客庄移居到城市時，如果這個城市能尊重客家文化、欣賞客家文化產業、消費客家文化產品，不但能豐富這個城市的文化多樣性，更能提升城市總體的經濟產值，以孕育出一個偉大的城市。

## 五、積極發展客家知識體系：促使客家學成為獨立學門

本書提出「客家知識體系」應由「一屋四柱」所構成，「一屋」係指以「客家學」為屋頂；「四柱」係指四大支柱，包含：(1)客家研究機構；(2)獎補助客家學術研究；(3)客家圖書資料典藏；(4)客家文明博物館。

　　以行政學從政治學領域中分離出來成為一門獨立學門歷程來看，為獲致客家研究的主體性，建構「客家學」為一門獨立學門，應積極建構客家知識體系。至於有效建構客家知識體系之具體建議如下：

（一）在客家研究機構方面：現行各大學之客家學院系所或研究中心，應關注客家哲學思想及基礎理論之建構。另可在「客家行政法人」中設置客家研究智庫，以研究發展「客家學」。

（二）在獎補助客家學術研究方面：除前已提及以「客家行政法人」之組織機制以客觀、公正的補助相關學術研究機構（者）外，尚包含補助內容應側重基礎理論之建構，藉以發展「客家學」。

（三）在客家圖書資料典藏方面：在行政院客家委員會預算倍增後，應投入更多預算鼓勵客家圖書之出版，並可將重要或具代表性之客家圖書資料翻譯成英文，以利其他國家學者投身於客家研究，並體現《客家基本法》第13條之建設臺灣成為全球客家文化交流與研究中心。

（四）在客家文明博物館方面：依《國際博物館協會章程》第3條，博物館係以研究、教育、欣賞為目的；透過設立客家文明博物館，不但可宣揚與傳承客家文化，更可有助於客家知識體系之建構。目前雖已有客家文化園區，但其位階係在行政院客家委員會所屬之臺灣客家文化中心之下，屬《中央行政機關組織基準法》之四級機關，位階性偏低，影響其人員招募及專業性，故應將「客家文明博物館」納入「客家行政法人」中設置。有關設立客家文明博物館之綜效，可見圖6-1。

## 六、推動「鄉村型」與「都會型」雙軌制客家發展策略

　　臺灣都會區客家發展問題有別於鄉村區。臺灣因都市化的發展，人口聚居於大都會區，許多客家人已逐漸搬離傳統鄉村客庄，而進入大都會城市居住。這些進入大都會城市的客家族群是最容易發生「隱形化」及「族

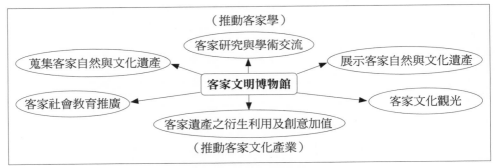

**圖6-1：設立客家文明博物館之綜效**

群認同改變化」的一群。

　　而客家委員會目前公告的客家文化重點發展區多為「鄉村型」市鎮，如大臺北都會區（即臺北市、新北市、基隆市）中無任何客家文化重點發展區，加上客委會已對客家文化重點發展區計畫補助比率加以提高，於政府未來資源配置上，恐將不利於「都會區」客家族群之發展。

　　為解決此種客家族群發展之「城鄉困境」，政府有必要構思並採行鄉村型與都會型[4]之「雙軌制」客家發展策略，透過《都會型客家政策》凝聚隱性都會客家族群，並建構臺北新客庄。

## 七、中央與地方客委會應加強聯繫合作，共同推動臺灣整體客家政策

　　中央政府之客家政策為國家政策之一，屬於國家層級的中央政府之客家政策與屬於地方層級的客家政策（如大臺北地區的北北基），應上、下緊密地連接在一起，且是上、下游關係；地方政府固然可以較自由地發揮

---

[4] 都會型客家發展策略，本計畫建議在無客家文化重點發展區之都會區，可另行採由下而上之社區總體營造方式，循修正《客家基本法》或制定《直轄市都會客家發展自治條例》之方式，設立「都會客家主題發展區」。至如何設立「都會客家主題發展區」仍待更多的討論。本計畫初步認為因大都會區中，族群聚居性色彩不明顯，不易以相對人口比例來界定「都會客家主題發展區」；故似可採「主題式」及「社區式」之發展模式。如以「臺北市客家文化主題公園」為核心，運用「社區總體營造」之概念，結合周遭客家族群聚集較多之龍泉市場與泰順街，劃定為都會客家主題發展區（王保鍵，2012）。

其地方自治功能，但在已有《客家基本法》之法制基礎上，中央客委會的客家政策必須能引導整體臺灣客家發展策略，中央客委會的客家政策必須明確而清楚明白。

現階段中央政府與地方政府之客家政策，不相連接，各自發展，中央與地方各行其事，較缺乏相互溝通、協調，以致國家層級的中央政府之客家政策是什麼？地方層級的客家事務主管不知道或不清楚[5]，這是中央級的客家委員會與地方級的客家事務主管機關，有必要進一步加以改善，俾使政府集中有限資源以發展客家。

---

5 臺灣大學客家研究中心2012年7月11日召開一場「臺灣客家政策/大臺北都會區客家政策之研究」焦點座談會，座談會由中央層級之客家委員會，地方層級之臺北市政府客家事務委員會、新北市政府客家事務局、主要政黨代表與學者專家與會。此次會議，臺北市政府客家事務委員會主任委員、新北市政府客家事務局局長，均親自與會，並全程參加會議，對於相關客家議題之釐清，甚有助益。惟就第2次焦點座談會之與會人員發言來看，臺灣的客家事務呈現了一個整合性不足、各行其事的問題：地方客委會不清楚中央客委會的客家政策為何，中央客委會也不瞭解地方的實務運作。

# 壹、中文文獻

## 一、書籍

### （一）臺灣地區

丁元亨，2002，《語言政策研究——歐洲整合與歐盟語言政策》，臺北市：行政院客家委員會。

于國華，2004，〈工藝產業的再思考：除了產值，還要什麼？〉，財團法人國家文化藝術基金會，《文化創意產業實務全書》，臺北市：商周，頁：55-59。

王本壯、劉淑萍，2010，〈客家文化生活圈發展模式：以苗栗地區為例〉，江明修（主編）。《客家城市治理》，臺北市：智勝，頁：346-370。

王甫昌，2003，《當代臺灣社會的族群想像》，臺北市：群學。

王保鍵，2011，《圖解政治學》，臺北市：五南。

田哲益，2010，《臺灣原住民社會運動》，臺北市：臺灣書房。

行政院文化建設委員會，1999，《臺灣社區總體營造的軌跡》，臺北市：行政院文化建設委員會。

行政院客家委員會，2002，《2002全球客家文化會議實錄》，臺北市：行政院客家委員會。

行政院客家委員會，2008，《97年度全國客家人口基礎資料調查研究》，臺北市：行政院客家委員會。

行政院客家委員會，2010，《2010客家桐花祭總體效益與影響評估》，臺北市：行政院客家委員會。

行政院客家委員會，2011，《99年至100年全國客家人口基礎資料調查研究》，臺北市：行政院客家委員會。

江明修，2010，〈探索臺灣都市客家的圖像〉，江明修（主編），《客家城市治

理》，臺北市：智勝，頁1-16。

江敏華，2007，〈臺灣客語語言典藏的現況與資源整合：從學術研究角度看客語語言典藏的未來展望〉，鄭錦全等（編輯），《語言政策的多元文化思考》，臺北市：中央研究院語言學研究所，頁387-391。

何大安，2007，〈語言活力通說〉，鄭錦全等（編輯），《語言政策的多元文化思考》，臺北市：中央研究院語言學研究所，頁1-6。

何明修，2003，〈民間社會與民主轉型：環境運動在臺灣的興起與持續〉，張茂桂、鄭永年（主編），《兩岸社會運動分析》，臺北市：新自然主義，頁：29-67。

吳學明，2007，〈移墾開發篇〉，徐正光（主編），《臺灣客家研究概論》，臺北市：行政院客家委員會、臺灣客家研究學會，頁：42-61。

呂亞力，1991，《政治學》，臺北市：三民。

李長貴，1991，《社會運動學》，臺北市：水牛圖書。

李喬、許素蘭、劉慧真編，2004，《客家文學精選集：小說卷》，臺北：天下文化。

李登科等編著，1996，《國際政治》，新北市：空中大學。

汪明輝，2003，〈臺灣原住民族運動的回顧與展望〉，張茂桂、鄭永年（主編），《兩岸社會運動分析》，臺北市：新自然主義，頁：95-135。

汪毅夫，2006，《客家民間信仰》，臺北市：水牛。

周繼祥，2000，《中華民國憲法概論》，臺北市：揚智。

周繼祥，2007，《政治學：21世紀的觀點》，臺北市：威仕曼。

林水波、張世賢，2006，《公共政策》，臺北市：五南。

林秀昭，2009，《臺灣北客南遷研究》，臺北市：文津。

林嘉誠，1992，《社會變遷與社會運動》，臺北市：黎明。

邱榮裕，2008，〈臺灣客家運動與客家民間信仰的發展〉，張維安等（主編），《多元族群與客家：臺灣客家運動20年》，新竹市：臺灣客家研究學會，頁：225-241。

邱榮舉、謝欣如，2008，〈臺灣客家運動與客家發展〉，張維安、徐正光、羅烈師（主編），《多元族群與客家：臺灣客家運動20年》，臺北市：南天，頁：95-132。

俞寬賜，2002，《國際法新論》，臺北市：啟英。

俞龍通，2008，《文化創意、客家魅力－客家文化創意產業觀點、策略與案例》。
　　臺北市：師大書苑。

施正鋒，1997，《族群政治與政策》，臺北市：前衛。

施正鋒，1998，《族群與民族主義：集體認同的政治分析》，臺北市：前衛。

施正鋒編，2002，《語言政策研究—語言權利法典》，臺北市：行政院客家委員
　　會。

施正鋒，2004，《臺灣客家族群政治與政策》，臺北市：翰蘆。

施正鋒，2008，《原住民族人權》，臺北市：翰蘆。

施正鋒、張學謙，2003，《語言政策及制定『語言公平法』之研究》，臺北市：前
　　衛。

柯承恩，2009，〈台灣文化藝術組織蛻變的必要旅程〉，朱宗慶，《法制獨角戲—
　　話說行政法人》，臺北市：傑優文化，頁：5-6。

洪泉湖等，2005，《臺灣的多元文化》，臺北市：五南。

洪鎌德，2004，《當代主義》，臺北市：揚智。

范珍輝等，1998，《社會運動》，臺北市：國立空中大學。

范振乾，2008，《客裔臺灣人生態學：文化與社會》，臺北市，南天。

范振乾，2009，《客裔族群生態之深層解析：歷史記憶與未來》，臺北：南天。

范盛保，2002，〈澳洲的語言政策－從同化到多元文化〉，施政鋒（主編），《各
　　國語言政策：多元文化與族群平等》，臺北市：前衛，頁：111-150。

范盛保，2010，《多元文化、族群意識與政治表現》，臺北市：臺灣國際研究學
　　會。

徐正光，2008，〈序：塑造臺灣社會新秩序〉，徐正光（主編）《徘徊於族群和現
　　實之間：客家社會與文化》，臺北市：正中，頁：4-9。

徐杰，2007，《語言規劃與語言教育》，上海：學林。

高承恕，1990，〈臺灣新興社會運動結構因素之探討〉，徐正光、宋文里（合
　　編），《臺灣新興社會運動》，臺北市：巨流，頁：9-19。

張世賢，2008，〈臺灣客家運動的起伏與隱憂〉，張維安、徐正光、羅烈師（主
　　編），《多元族群與客家：臺灣客家運動20年》，臺北市：南天，頁：
　　299-334。

張茂桂，1990，《社會運動與政治轉化》，臺北市：國家政策研究資料中心。

張茂桂、鄭永年，2003，〈導論〉，張茂桂、鄭永年（主編），《兩岸社會運動分

析》，臺北市：新自然主義，頁：1-11。

張培倫，2005，《秦力克論自由主義與多元文化主義》，宜蘭縣：佛光人文社會學院。

張維安，2008，〈以客家為方法：客家運動與台灣社會的思索〉，張維安、徐正光、羅烈師（主編），《多元族群與客家：臺灣客家運動20年》，臺北市：南天，頁：401-418。

張學謙，2007，〈邁向多元化的臺灣國家語言政策：從語言歧視到語言人權〉，鄭錦全等（編輯），《語言政策的多元文化思考》，臺北市：中央研究院語言學研究所，頁：229-257。

梁景峰，2008，〈風雲1987：客家風雲雜誌創刊的時代背景和藍圖〉，張維安、徐正光、羅烈師（主編），《多元族群與客家：臺灣客家運動20年》，臺北市：南天，頁：335-345。

淡江大學教育品質管制委員會，1996，《淡江第三波研究與學習手冊》，臺北縣：淡江大學。

莊錦華，2011，《桐花藍海：一朵桐花創造百億財富的傳奇》，臺北市：二魚。

許木柱，1990，〈臺灣原住民的族群認同運動：心理文化研究途徑的初步探討〉，徐正光、宋文里（合編），《臺灣新興社會運動》，臺北市：巨流，頁：127-156。

陳健宏，2010，《語言與國族的文化辯證》，臺北市：Airiti Press Inc.。

陳隆志主編，2006，《國際人權法文獻選集與解說》，臺北市：前衛。

彭文正，2009，《客家傳播理論與實證》，臺北市：五南。

黃子堯，2003，《文化、權力與族群精英：臺灣客家運動史的研究與論述》，臺北市：行政院客家委員會獎助客家學術研究計畫。

黃子堯，2006，《臺灣客家運動史：文化、權力與族群精英》，臺北縣：客家台灣文史工作室。

黃子堯，2005，《臺灣客家與三山國王信仰：族群、歷史與民俗文化變遷》，臺北縣：客家臺灣文史工作室。

黃玉振，2011，《客家基本法──客法新成》，臺北市：行政院客家委員會。

黃居正，2010，〈從St. Catherine's Milling Co.案到R. v. Sparrow案─加拿大法下的原住民族傳統領域權〉，施正鋒（編），《加拿大原住民權利保障》，花蓮縣：國立東華大學原住民民族學院，頁47-72。

黃宣範，1993，《語言、社會與族群意識：臺灣語言社會學的研究》，臺北市：文鶴。

楊長鎮，2008，〈社會運動與客家人文化身份意識之甦醒〉，徐正光（主編），《徘徊於族群和現實之間：客家社會與文化》，臺北市：正中，頁：184-197。

楊國樞，1990，〈臺灣新興社會運動研討會總結報告〉，徐正光、宋文里（主編），《臺灣新興社會運動》，臺北市：巨流，頁：311-325。

楊國鑫，2008，〈臺灣的客家問題、客家運動與客家學〉，張維安、徐正光、羅烈師（主編），《多元族群與客家：臺灣客家運動20年》，臺北市：南天，頁：133-153。

趙永茂，2002，《臺灣地方政治的變遷與特質》，臺北市：翰蘆。

趙敦華，1988，《勞斯的「正義論」解說》，臺北市：遠流。

趙鼎新，2007，《社會運動與革命：理論更新和中國經驗》，臺北市：巨流。

劉文彬，2005，《西洋人權史——從英國大憲章到聯合國科索沃決議案》，臺北市：五南。

劉還月，1999，《臺灣的客家族群與信仰》，臺北市：常民。

蔡芬芳，2002，《語言政策研究—比利時語言政策》，臺北市：行政院客家委員會。

蕭新煌，1990，〈臺灣新興社會運動的分析架構〉，徐正光、宋文里（主編），《臺灣新興社會運動》，臺北市：巨流，頁：21-46。

蕭新煌、黃世明，2008，〈臺灣政治轉型下的客家運動及其對地方社會的影響〉，張維安、徐正光、羅烈師（主編），《多元族群與客家：臺灣客家運動20年》，臺北市：南天，頁：157-182。

蕭新煌、顧忠華主編，2010，《臺灣社會運動再出發》，臺北市：巨流。

賴志彰，2007，〈建築篇〉，徐正光（主編），《臺灣客家研究概論》，臺北市：南天，頁：362-385。

賴顯松編輯，2009，《客家文化傳承與願景》，臺北市：行政院客家委員會；高雄市：高雄市政府客家事務委員會。

謝國斌，2010，〈臺灣族群研究的發展〉，施正鋒（編），《原住民族研究》，花蓮縣：國立東華大學原住民民族學院，頁：57-90。

鍾國允，2010，〈客家基本法之分析〉，江明修（主編），《客家政治與經濟》，

臺北市：智勝，頁：49-78。

鍾肇政編，1994，《客家台灣文學選》，臺北市：新地文學。

羅勇，2008，〈論民間信仰對客家傳統社會得調控功能〉，賴澤涵、傅寶玉（主編），《義民信仰與客家社會》，臺北市：南天，頁：435-453。

羅香林，1981，《客家研究導論》，臺北市：眾文。

（二）大陸地區

卜彥芳，2008，〈韓國電視劇：市場產業鏈成功的啟示〉，宋培義（主編），《客文化產業經營管理成功案例解讀》，北京：中國廣播電視出版社，頁：3-19。

冷劍波，2008，〈羅香林客家源流觀的再認識〉，肖文評（主編），《羅香林研究》，廣州：華南理工大學出版社，頁：249-260。

吳永章，2007，《客家傳統文化概說》，桂林：廣西師範大學。

沈壯海，2008，《軟文化，真實力：為什麼要提高國家文化軟實力》，北京：人民出版社。

房學嘉，2008，〈啟示與實踐：傳承大師精神，深化客家研究〉，肖文評（主編），《羅香林研究》，廣州：華南理工大學出版社，頁：193-210。

祁述裕，2004，《中國文化產業與國際競爭力報告》，北京：社會科學文獻出版社。

唐代興，2008，《文化軟實力戰略研究》，北京：人民出版社。

張銘清，2011，〈文化軟實力的重要指標：話語權〉，張國祚（主編），《中國文化軟實力研究報告（2010）》，北京：社會科學文獻出版社，頁：164-169。

陸祖鶴，2006，《文化產業發展方略》，北京：社會科學文獻出版社。

彭立勛，2008，《文化軟實力與城市競爭力：2008深圳文化藍皮書》，北京：中國社會科學出版社。

黃甫曉濤，2007，《文化產業新論》，長沙：湖南人民出版社。

萬無畏等，2008，《創意產業：轉變經濟發展方式的策動力》，上海：上海社會科學院出版社。

劉吉發、岳紅記、陳懷平，2005，《文化產業學》，北京：經濟管理出版社。

蔡尚傳、溫洪良，2006，《文化產業導論》，上海：復旦大學出版社。

謝重光，2008，〈羅香林先生對客家研究的貢獻與侷限〉，肖文評（主編），《羅香林研究》，廣州：華南理工大學出版社，頁：179-192。

韓勃、江慶勇，2009，《軟實力：中國視角》，北京：人民出版社。

羅香林，1989，〈客家源流考〉，張衛東、王洪友（主編），《客家研究（第一集）》，上海：同濟大學出版社，頁：3-77。

## 二、研討會論文集

王保鍵，2012，〈論客家文化重點發展區與客家文化產業〉，「第五屆城市學研究學術研討會：全球化城市發展經驗比較」論文，高雄市：高雄市立空中大學，4月28日。

宋紀均、謝欣如，2009，〈孫中山與戰後臺灣客家發展：從1988年「還我母語」客家運動中的「祭國父文」談起〉，曾一士（編），《族群發展與文化產業》，臺北市：國立國父紀念館，頁：145-162。

李酉潭，2008，〈臺灣多元文化下語言政策的困境〉，「多元文化與族群語言學術研討會」論文，臺北市：國立國父紀念館、國立臺北教育大學華語文中心、文化大學華語文教學研究所，12月20日。

李喬，2002，〈臺灣客家的情結與公共政策〉，張維安（編），《客家公共政策研討會論文集》，臺北市：行政院客家委員會，頁：1.1-1.10。

林世哲、謝登旺，2007，〈多元文化認同下文化產業的發展──以桃園縣三民社區為例〉，孫劍秋（主編），《2007年多元文化與族群和諧國際學術研討會論文集》，臺北市：臺北教育大學華語中心，頁：209-234。

林本炫，2008，〈義民爺神格的三位一體：苗栗縣義民廟的研究〉，「第二屆臺灣國際客家學研討會」論文，新竹市：國立交通大學客家文化學院，12月21日。

邱榮舉，2011，〈社會運動〉，「傳承與轉型：中華民國發展史論文研討會」論文，臺北市：國立政治大學人文中心，1月29日。

邱榮舉、王保鍵，2011，〈論國民黨與民進黨客家政策〉，「客家政策之回顧與展望座談會」論文。臺北市：臺北市客家公共事務協會、國立臺灣大學客家研究中心、客家雜誌社，4月28日。

施正鋒，2005，〈原住民族的選舉制度──少數族群的代表性的國際觀點〉，「原住民族立委選制的展望研討會」論文，臺北市：原住民同舟協會主辦，11月26日。

洪泉湖，2007，〈臺灣美濃文化產業的發展與客家文化傳承〉，孫劍秋（主編），《2007年多元文化與族群和諧國際學術研討會論文集》，臺北市：臺北教育

大學華語中心，頁：173-192。

張永利，2005，〈如何振興原住民語言〉，「語言政策的多元文化思考系列研討會之四：語言政策的多元文化思考」會議，臺北市：中央研究院主辦，12月22日。

曾貴海，2005，〈臺灣客家語言維持的現況與展望〉，「語言政策的多元文化思考系列研討會之一：臺灣客語的活力與傳承」會議，臺北市：中央研究院，7月16日。

楊仁煌，2009，〈行政倫理與文化政策管理：以Sakizaya民族文化創意產業為例〉，曾一士（編），《族群發展與文化產業》，臺北市：國立國父紀念館，頁：163-202。

劉阿榮，2007，〈族群記憶與國家認同〉，孫劍秋（主編），《2007年多元文化與族群和諧國際學術研討會論文集》，臺北市：臺北教育大學華語中心，頁：7-14。

劉煥雲、張民光、洪顯政，2006，〈全球在地化與客家文化創意產業發展方向之研究〉，彭基山（編），《2005客家文化創意產業行銷國際學術研討會論文集》，苗栗市：苗栗縣文化局，頁：177-204。

蕭新煌、黃世明，1988，〈臺灣地方社會與客家政治力：客家族群派系的類型、發展及限制〉，《第四屆國際客家學研討會：客家與當代世界》，臺北市：中央研究院民族學研究所，頁：1051-1082。

闕河嘉，2007，〈比利時多元文化政策的差異與挑戰〉，「瞭解當代比利時民主政治學術研討」論文，臺北市：臺灣國際研究學會，10月14日。

## 三、期刊論文

王甫昌，2008，〈族群政治議題在臺灣民主化轉型中的角色〉，《臺灣民主季刊》，第5卷第2期，頁89-140。

王保鍵，2012，〈「客家文化重點發展區」的發展途徑〉，《城市學學刊》，第3卷第2期，頁27-58。

王怡惠，2009，〈從推動體系及法制架構思考我國文化創意產業發展之整合以南韓推動組織與法制架構為例〉，《科技法律透析》，第21卷，第7期，頁16-38。

王嵩音，1998，〈臺灣原住民還我土地運動之媒體再現〉，《淡江人文社會學刊》，第2期，頁67-95。

吳重禮、崔曉倩，2010，〈族群、賦權與選舉評價：2004年與2008年總統選舉省籍差異的實證分析〉，《臺灣民主季刊》，第7卷第4期，頁137-182。

吳重禮、譚寅寅、李世宏，2003，〈賦權理論與選民投票行為：以2001年縣市長與第五屆立法委員選舉為例〉，《臺灣政治學刊》，第7卷第1期，頁91-156。

金家禾、周志龍，2007，〈臺灣產業群聚區域差異及中國效應衝擊〉，《地理學報》，第19期，頁55-79。

金家禾、徐欣玉，2006，〈影響創意服務業空間群聚因素之研究—以臺北中山北路婚紗攝影業為例〉，《國立臺灣大學建築與城鄉研究學報》，第13期，頁1-16。

客家風雲雜誌，1989，〈母語運動基本態度宣言〉，《客家風雲雜誌》，第15期。

徐世榮，1999，〈新社會運動、非營利組織、與社區意識的興起〉，《中國行政》，第66期，頁1-20。

徐正戎、張峻豪，2004，〈從新舊制度論看我國雙首長制〉，《政治科學論叢》，第22期，頁139-180。

徐揮彥，2008，〈從歐盟文化政策之發展與實踐論文化權之保障：以文化多樣性為中心〉，《歐美研究》，第38卷，第4期，頁671-751。

張富忠，1988，〈民進黨人成了閩南人的黨〉，《客家風雲》。第12期。

張維安，2009，〈臺灣客家研究近況與展望〉，《新竹文獻》，第36期，頁6-23。

張學謙，2003，〈母語讀寫與母語重建〉，《東師語文學刊》，第13期，頁97-120。

陳培豐，2001，〈重新解析日本統治下臺灣的『同化』國語教育政策：以日本近代思想史為座軸〉，《臺灣史研究》，第7卷2號，頁1-48。

陳顯武、連雋偉，2008，〈從『歐盟憲法』至『里斯本條約』的歐盟人權保障初探—以『歐盟基本權利憲章』為重點〉，《臺灣國際研究季刊》，第4卷1號，頁25-45。

彭文正，2008，〈客家電視在多言文化中的傳播功能與挑戰〉，《廣播與電視》，第28期，頁1-28。

雅柏甦詠·博伊哲努，2007，〈聯合國原住民族權利宣言與台灣原住民族權利保障〉，《台灣原住民研究論叢》，第2期，頁141-168。

黃蘭翔，2011，〈關於臺灣客家建築的根源及其型態的特徵〉，《臺大文史哲學報》，第74期，頁223-285。

趙永茂，2007，〈臺灣地方治理的發展策略與方向〉，《研習論壇》，第74期，頁7-14。

鄭寶珠，2005，〈傳承客語客家團體挑大樑〉，《客家文化季刊》，第13期，頁2-3。

謝在全、黃玉振等，2009，〈「客家基本法草案」專題研討會〉，《臺灣法學雜誌》，第119期，頁46-87。

羅香林，1992，《客家研究導論》。臺北市：南天。

羅萱、鍾憲瑞，2010，〈群聚效應與廠商績效：產品互補與市場不確定性的調節角色〉，《臺灣原住民研究論叢》，第21卷第1期，頁23-46。

羅肇錦，1991，〈何謂客家文學？〉，《臺灣文學》，第5期，頁176-179。

## 四、委託研究計畫

王素彎，2004，《「文化產業化」最佳範例的研究－以琉璃工房等個案為例研究報告》，行政院文化建設委員會（委託），中華經濟研究院（執行），臺北市：行政院文化建設委員會。

張維安，2007，《大學校院客家學院（系所）現況調查研究》，行政院客家委員會（委託），國立清華大學社會學研究所（執行），臺北市：行政院客家委員會。

薛保瑕，2002，《文化創意產業概況分析調查》，行政院經濟建設委員會（委託），國家文化藝術基金會研究（研究），臺北市：行政院經濟建設委員會。

## 五、博碩士論文

林吉洋，2007，〈敘事與行動：臺灣客家運動的形成〉，新竹市：清華大學社會學研究所碩士論文。

林詩偉，2005，〈集體認同的建構:當代台灣客家論述的內容與脈絡分析（1987-2003）〉，臺北市：國立臺灣大學國家發展研究所碩士論文。

曾金玉，2000，〈臺灣客家運動之研究（1987-2000）〉，臺北市：臺灣師範大學公民訓練研究所碩士論文。

## 六、翻譯書

吳家恆、方祖芳（譯），Nye, Joseph S.（原著），2006，《柔性權力》，臺北市：遠流。

周蔚（譯），Crystal, David（原著），2001，《語言的死亡》，臺北市：貓頭鷹。

孟祥森（譯），Cameron, Bruce（原著），1978，《近代社會運動》，臺北市：牧童。

苗延威（譯），Porta, Donatella & Mario Diani（原著），2002，《社會運動概論》，臺北市：巨流。

張珍立（譯），Lash, Scott and Mike Featherstone（原著），2009，〈肯認與差異：政治、認同與多元文化〉，Scott Lash and Mike Featherstone（主編），《肯認與差異》，臺北縣：韋伯。

張珍立（譯），Westwood, Sallie（原著），2009，〈肯認與差異：政治、認同與多元文化〉，收錄於Scott Lash and Mike Featherstone（主編），《肯認與差異》，臺北縣：韋伯。

張菲娜（譯），Hesmondhalgh, David（原著），2007，《文化產業》，北京：中國人民大學出版社。

張維倫等（譯），Throsby, David（原著），2003，《文化經濟學》，臺北市：典藏。

陳坤森（譯），Lijphart, Arend（原著），1993，《當代民主類型與政治》，臺北市：桂冠。

葉啟芳、瞿菊農（譯），Locke, John（原著），1986，《政府論次講》，臺北市：唐山。

廖珮君（譯），Hesmondhalgh, David（原著），2009，《文化產業分析》，臺北縣：韋伯。

鄧正來（譯），Bodenheimer, Edgar（原著），1999，《法理學：法哲學與法學方法》，臺北市：漢興。

鄧紅風（譯），Kymlicka, Will（原著），2004，《少數群體的權利：民族主義、多元文化主義與公民權》，臺北市：左岸文化。

## 七、政府公報

立法院，2010a，〈院會紀錄〉，《立法院公報》，第99卷，第3期，頁197-218。

立法院，2010b），〈委員會紀錄〉，《立法院公報》，第99卷，第4期，頁311-344。

## 八、網路資料

外交部網站，〈比利時國情簡介〉，http://www.mofa.gov.tw/webapp/ct.asp?xItem=1 52&ctnode=1131&mp=1，檢視日期，2010年11月13日。

文建會網站，臺灣大百科全書（http://taiwanpedia.culture.tw/web/ content?ID=3864），檢視日期：2010年1月28日。

財團法人浩然基金會，另立全球化知識合作社（http://www.alter-globalization.org. tw/Page_Show.asp?Page_ID=478），檢視日期：2010年11月27日。

陳君山，〈族群的關係〉，http://vschool.scu.edu.tw/sociology/dictionary/c9.htm，檢 視日期：2010年11月27日。

行政院原住民族委員會網站（http://www.apc.gov.tw/portal/docList.html?CID=6726E5 B80C8822F9），檢視日期：2011年3月15日。

蘇煥智部落格（http://www.ade0720.tw/index.php/tag/%E8%A5%BF%E6%8B%89% E9%9B%85%E5%8E%9F%E4%BD%8F%E6%B0%91%E8%AA%8D%E5%AE %9A%E8%81%B2%E8%AB%8B%E5%A4%A7%E6%B3%95%E5%AE%98%E 9%87%8B%E6%86%B2），檢視日期：2011年3月30日。

行政院客家委員會網站，http://www.hakka.gov.tw/ct.asp?xItem=7&CtNode=348&mp =346&ps=，上網檢視日期：2011年1月22日。

詹中原，2007，〈臺灣公共政策發展史〉，國家政策研究基金會（http://www.npf. org.tw/post/2/1057），檢視日期：2011年4月12日。

今日新聞網（http://www.nownews.com/2009/02/20/334-2411500.htm），檢視日期： 2010年11月4日。

數位典藏國家型科技計畫網站（http://www2.ndap.org.tw/newsletter06/news/ read_news.php?nid=504），檢視日期：2010年11月4日。

行政院新聞局網站（http://info.gio.gov.tw/ct.asp?xItem=73136&ctNode=919&mp=1） ，檢視日期：2010年11月12日。

施正鋒政治學博士網站（http://faculty.ndhu.edu.tw/~cfshih/politics%20observation/ newspaper/20090330.html），檢視日期：2011年3月28日。

趙星光，〈宗教與文化認知與對話面向教學設計〉，資料來源：http://www.life- respect.tcu.edu.tw/fruition/93lig/93lig_11.htm，檢視日期：2011年1月6日。

苗栗縣政府網站（http://www.miaoli.gov.tw/cht/newsview_snyc.php?menuID=892&fo

rewordID=98766&secureChk=46aad1d263892320c3091e774），檢視日期：2011
年5月21日。

行政院經濟建設委員會（http://www.cepd.gov.tw/m1.aspx?sNo=0001570&ex=1&ic=0
000015），檢視日期：2011年5月15日。

雲林縣崙背鄉戶政事務所網站（http://lunbei.household.yunlin.gov.tw/population/pop-
ulation05.asp?m2=51），檢視日期：2011年6月1日。

新北市烏來區戶政事務所網站（http://www.wulai.ris.ntpc.gov.tw/web/SelfPageSetup?
command=display&pageID=25050&page=view&_fcmID=FG0000001268000001_
0_4），檢視日期：2011年6月1日。


# 貳、英文文獻

## 一、專書

Allard, Real and Rodrigue Landry.(1992). "Ethnolimguistic vitality beliefs and language maintenance and loss." In Willem Fase, Koen Jaspaert and Sjaak Kroon (eds), *Maintenance and Loss of Minority Languages* (pp.171-195). Amsterdam: John Benjamins.

Day, Richard J. F. (2002). *Multiculalism and the History of Canadian Diversity.* Canada: University of Toronto Press.

Denis, Wilfrid.(1999). "Language Policy in Canada." In Peter S. Li (eds), *Race and Ethnic Relactions in Canada* (pp.178-218). Canada: Oxford University Press.

Driedger, Leo. (2003). *Race and Ethnicity: Finding Identities and Equalitiesy.* Canada: Oxford University Press.

Elazar, Daniel J. (1980). "The Political Theory of Covenant: Biblical Origins and Modern Developments." *The Journal of Federalism*, Vol.10, No.:28-35.

Festenstein, Matthew. (2005). *Negotiating Diversity: Culture, Deliberation, Trust.* Cambridge: Polity Press.

Gorden, R. (1987). *Interviewing Strategies.* Chicago: Dorsey Press.

Gurr, Ted (1970). *Why Men Rebel.* N.J.: Princeton University Press.

Hesmondhalgh, David. (2002). *The Culture Industries.* London: Sage Publications Ltd.

Isaak, Alan C. (1984). *Scope and Method of Political Science.* Homewood, Ill.: The Dorsey Press.

Kymlicka,Will.(2007). "The new debate on minority rights(and postscript)." In Willem Laden, Anthony Simon and David Owen (eds), *Multiculturalism and Political Theory* (pp.25-59). Cambridge: Cambridge University Press.

Lott , Bernice (2010). *Multiculturalism and Diversity: A Social Psychological Perspective.* West Sussex: John Wiley & Sons Ltd.

McAdam, Doug. (1982). *Political Process and the Development of Black Insurgency: 1930-1970.* Chicago: University of Chicago Press.

McAdam, Doug. (1997). *Social movements.* New York: Oxford University Press

McAleese, Mary.(2001). "Forword." In Logley, Edna and Declan Kiberd, *Multi-Culturalism: The View from the Two Irelands* (pp.vii-ix). Ireland: Cork University Press.

Mills, Charles W.(2007). "Multiculturalism as/and/or anti-racism." In Willem Laden, Anthony Simon and David Owen (eds), *Multiculturalism and Political Theory* (pp.60-88). Cambridge: Cambridge University Press.

Neuwirth, Rostam.(2008). "The Culture Industries: From the Common Market to a Common Sense." In Ward, David (eds), *The European Union and the Culture Industries: Regulation and the Public Interest* (pp.241-258). Hampshire: Ashgate Publishing Limited.

Nye, Joseph S (2005). *Soft Power: The Means to Success in World Politics.* N.Y.: Perseus Books Group.

O'Donnell, Guillermo and Phillipe Schmitte. (1986). *Transition from Authoritarian Rule: Tebtative Conclusions.* Baltimore: John Hopkins University Press.

Robertson, Ian. (1987). *Sociology.* New York: Worth Publishers.

Russell, Peter H.(1996). "Constitution, Citizenship and Ethnicity." In Jean Laponce and William Safran (eds), *Ethnicity and Citizenship-The Canadian Case-* (pp.96-106). London: Frank Cass & Co. Ltd.

Strauss , Anselm and Juliet Corbin. (1988). *Basics of qualitative research: Techniques and procedures for developing grounded theory.* Thousand Oaks, CA: Sage.).

Tilly, Charles. (1987). *From Mobilization to Revolution.* Reading, Mass.: Addison-Wesley Pub. Co.

Tumin, Melvin M. (1964). "Ethnic Group." Julus Gould and William L. Kolb (eds), *Dictionary of the Social Sciences*, 243, New York: Free Press.

Wallen, Thelma J. (1991). *Multiculturalism and Quebec: A Province in Crisis*. Canada: Williams-Wallace Publishers.

Walzer, Michael. (1997). *On Toleration*. New Haven, CT and London: Yale University Press.

Watson , Conrad William (2000). *Multiculturalism.* Philadelphia: Open University Press.

Williams, Raymond(1976). *Keywords: A Vocabulary of Culture and Society*. NY: Oxford University Press.

Young, Iris Marion.(2007). "Structural injustice and the politics of difference." In Willem Laden, Anthony Simon and David Owen (eds), *Multiculturalism and Political Theory* (pp.60-88). Cambridge: Cambridge University Press.

## 二、期刊論文

Young, Iris Marion. ( 1989). "Policy and Group Difference: A Critique of the Ideal of Universal Citizenship." *Ethics*, Vol.99, No.2: 250-274.

## 三、政府文獻

U.S. Census Bureau.(2002). *Census of Governments,* Volume 1, Number 1, Government Organization, GC02(1)-1,U.S. Government Printing Office, DC: Washington.

## 四、網路資料

http://www.belgium.be/en/about_belgium/government/（比利時政府網站），檢視日期：2011年4月28日。

http://lois-laws.justice.gc.ca/eng/Charter/CHART_E.pdf（加拿大司法部網站），檢視日期：2011年4月6日。

http://www1.umn.edu/humanrts/instree/s1dspd.htm（美國明尼蘇達大學網站），檢視日期：2011年3月31日。

http://www.census.gov/govs/cog/GovOrgTab03ss.html（美國國家統計局網站），檢視日期：2011年6月20日。

http://www.state.gov/documents/organization/100294.pdf）（美國國務院網站），檢
　　視日期：2011年3月31日。

http://aceproject.org/ero-en/regions/europe/BE/Belgium%20Constitution%202007.pdf/
　　view（選舉知識網站），檢視日期：2011年5月5日。

http://www.unesco.org/education/information/nfsunesco/pdf/SOCIAL_E.PDF（聯合國
　　教科文組織網站），檢視日期：2011年3月31日。

http://treaties.un.org/pages/ViewDetails.aspx?src=TREATY&mtdsg_no=IV-
　　4&chapter=4&lang=en（聯合國網站），檢視日期：2011年3月31日。

2010年1月27日公布

第 1 條 為落實憲法保障多元文化精神，傳承與發揚客家語言、文化，繁榮客庄文化產業，推動客家事務，保障客家族群集體權益，建立共存共榮之族群關係，特制定本法。

第 2 條 本法用詞，定義如下：

一、客家人：指具有客家血緣或客家淵源，且自我認同為客家人者。

二、客家族群：指客家人所組成之群體。

三、客語：指臺灣通行之四縣、海陸、大埔、饒平、詔安等客家腔調，及獨立保存於各地區之習慣用語或因加入現代語彙而呈現之各種客家腔調。

四、客家人口：指行政院客家委員會就客家人所為之人口調查統計結果。

五、客家事務：指與客家族群有關之公共事務。

第 3 條 行政院為審議、協調本法相關事務，必要時得召開跨部會首長會議。

第 4 條 政府應定期召開全國客家會議，研議、協調及推展全國性客家事務。

第 5 條 政府政策制定及區域發展規劃，應考量客家族群之權益與發展。

第 6 條 行政院客家委員會對於客家人口達三分之一以上之鄉（鎮、市、區），應列為客家文化重點發展區，加強客家語言、文化與文化產業之傳承及發揚。

前項重點發展區，應推動客語為公事語言，服務於該地區之公教人員，應加強客語能力；其取得客語認證資格者，並得予獎勵。

第 7 條 政府應於國家考試增訂客家事務相關類科，以因應客家公務之需求。

第 8 條 政府應辦理客語認證與推廣，並建立客語資料庫，積極鼓勵客語復育傳承、研究發展及人才培育。

第  9  條　政府機關（構）應提供國民語言溝通必要之公共服務，落實客語無障
　　　　　　礙環境。
　　　　　　辦理前項工作著有績效者，應予獎勵。

第 10  條　政府應提供獎勵措施，並結合各級學校、家庭與社區推動客語，發展
　　　　　　客語生活化之學習環境。

第 11  條　政府應積極獎勵客家學術研究，鼓勵大學校院設立客家學術相關院、
　　　　　　系、　所與學位學程，發展及厚植客家知識體系。

第 12  條　政府應保障客家族群傳播及媒體近用權，依法扶助規劃設立全國性之
　　　　　　客家廣播及電視專屬頻道；對製播客家語言文化節目之廣播電視相關
　　　　　　事業，得予獎勵或補助。

第 13  條　政府應積極推動全球客家族群連結，建設臺灣成為全球客家文化交流
　　　　　　與研究中心。

第 14  條　政府應訂定全國客家日，以彰顯客家族群對台灣多元文化之貢獻。

第 15  條　本法自公布日施行。

## 壹、《中華民國憲法增修條文》（節錄）

第　4　條　立法院立法委員自第七屆起一百一十三人，任期四年，連選得連任，
　　　　　於每屆任滿前三個月內，依左列規定選出之，不受憲法第六十四條及
　　　　　第六十五條之限制：
　　　　　一、自由地區直轄市、縣市七十三人。每縣市至少一人。
　　　　　二、自由地區平地原住民及山地原住民各三人。
　　　　　三、全國不分區及僑居國外國民共三十四人。
　　　　　前項第一款依各直轄市、縣市人口比例分配，並按應選名額劃分同額
　　　　　選舉區選出之。第三款依政黨名單投票選舉之，由獲得百分之五以上
　　　　　政黨選舉票之政黨依得票比率選出之，各政黨當選名單中，婦女不得
　　　　　低於二分之一。

第　10　條　國家肯定多元文化，並積極維護發展原住民族語言及文化。
　　　　　國家應依民族意願，保障原住民族之地位及政治參與，並對其教育文
　　　　　化、交通水利、衛生醫療、經濟土地及社會福利事業予以保障扶助並
　　　　　促其發展，其辦法另以法律定之。對於澎湖、金門及馬祖地區人民亦
　　　　　同。

## 貳、《原住民族基本法》

2005年2月5日公布

第　1　條　為保障原住民族基本權利，促進原住民族生存發展，建立共存共榮之
　　　　　族群關係，特制定本法。

第　2　條　本法用詞定義如下：
　　　　　一、原住民族：係指既存於臺灣而為國家管轄內之傳統民族，包括阿

美族、泰雅族、排灣族、布農族、卑南族、魯凱族、鄒族、賽夏族、雅美族、邵族、噶瑪蘭族、太魯閣族及其他自認為原住民族並經中央原住民族主管機關報請行政院核定之民族。

二、原住民：係指原住民族之個人。

三、原住民族地區：係指原住民傳統居住，具有原住民族歷史淵源及文化特色，經中央原住民族主管機關報請行政院核定之地區。

四、部落：係指原住民於原住民族地區一定區域內，依其傳統規範共同生活結合而成之團體，經中央原住民族主管機關核定者。

五、原住民族土地：係指原住民族傳統領域土地及既有原住民保留地。

第 3 條　行政院為審議、協調本法相關事務，應設置推動委員會，由行政院院長召集之。

前項推動委員會三分之二之委員席次，由原住民族各族按人口比例分配；其組織由行政院定之。

第 4 條　政府應依原住民族意願，保障原住民族之平等地位及自主發展，實行原住民族自治；其相關事項，另以法律定之。

第 5 條　國家提供充分資源，每年應寬列預算協助原住民族自治發展。

自治區之自治權限及財政，除本法及自治相關法律另有規定外，準用地方制度法、財政收支劃分法及其他法律有關縣（市）之規定。

第 6 條　政府與原住民族自治間權限發生爭議時，由總統府召開協商會議決定之。

第 7 條　政府應依原住民族意願，本多元、平等、尊重之精神，保障原住民族教育之權利；其相關事項，另以法律定之。

第 8 條　直轄市及轄有原住民族地區之縣，其直轄市、縣政府應設原住民族專責單位，辦理原住民族事務；其餘之縣（市）政府得視實際需要，設原住民族專責單位或置專人，辦理原住民族事務。

第 9 條　政府應設置原住民語言研究發展專責單位，並辦理族語能力驗證制度，積極推動原住民族語言發展。

政府提供原住民族優惠措施或辦理原住民族公務人員特種考試，得於相關法令規定受益人或應考人應通過前項之驗證或具備原住民族語言能力。

原住民族語言發展，另以法律定之。

第 10 條　政府應保存與維護原住民族文化，並輔導文化產業及培育專業人才。

第 11 條　政府於原住民族地區，應依原住民族意願，回復原住民族部落及山川傳統名稱。

第 12 條　政府應保障原住民族傳播及媒體近用權，成立財團法人原住民族文化事業基金會，規劃辦理原住民族專屬及使用族語之傳播媒介與機構。
前項基金會之設置及相關事項，另以法律定之。

第 13 條　政府對原住民族傳統之生物多樣性知識及智慧創作，應予保護，並促進其發展；其相關事項，另以法律定之。

第 14 條　政府應依原住民族意願及環境資源特性，策訂原住民族經濟政策，並輔導自然資源之保育及利用，發展其經濟產業。

第 15 條　政府應寬列預算並督促公用事業機構，積極改善原住民族地區之交通運輸、郵政、電信、水利、觀光及其他公共工程。
政府為辦理前項業務，視需要得設置原住民族地區建設基金；其基金之運用辦法另定之。

第 16 條　政府應策訂原住民族住宅政策，輔導原住民建購或租用住宅，並積極推動部落更新計畫方案。

第 17 條　政府應保障原住民族工作權，並針對原住民社會狀況及特性，提供職業訓練，輔導原住民取得專門職業資格及技術士證照，健全原住民就業服務網絡，保障其就業機會及工作權益，並獲公平之報酬與升遷。
原住民族工作權之保障，另以法律定之。

第 18 條　政府應設原住民族綜合發展基金，辦理原住民族經濟發展業務及輔導事業機構；其基金來源，由中央政府循預算程序之撥款、原住民族土地賠償、補償及收益款、相關法令規定之撥款及其他收入等充之。

第 19 條　原住民得在原住民族地區依法從事下列非營利行為：
一、獵捕野生動物。
二、採集野生植物及菌類。
三、採取礦物、土石。
四、利用水資源。
前項各款，以傳統文化、祭儀或自用為限。

第 20 條　政府承認原住民族土地及自然資源權利。

政府為辦理原住民族土地之調查及處理，應設置原住民族土地調查及處理委員會；其組織及相關事務，另以法律定之。

原住民族或原住民所有、使用之土地、海域，其回復、取得、處分、計畫、管理及利用等事項，另以法律定之。

第　21　條　政府或私人於原住民族土地內從事土地開發、資源利用、生態保育及學術研究，應諮詢並取得原住民族同意或參與，原住民得分享相關利益。

政府或法令限制原住民族利用原住民族之土地及自然資源時，應與原住民族或原住民諮商，並取得其同意。

前二項營利所得，應提撥一定比例納入原住民族綜合發展基金，作為回饋或補償經費。

第　22　條　政府於原住民族地區劃設國家公園、國家級風景特定區、林業區、生態保育區、遊樂區及其他資源治理機關時，應徵得當地原住民族同意，並與原住民族建立共同管理機制；其辦法，由中央目的事業主管機關會同中央原住民族主管機關定之。

第　23　條　政府應尊重原住民族選擇生活方式、習俗、服飾、社會經濟組織型態、資源利用方式、土地擁有利用與管理模式之權利。

第　24　條　政府應依原住民族特性，策訂原住民族公共衛生及醫療政策，將原住民族地區納入全國醫療網，辦理原住民族健康照顧，建立完善之長期照護、緊急救護及後送體系，保障原住民健康及生命安全。

政府應尊重原住民族傳統醫藥和保健方法，並進行研究與推廣。

第　25　條　政府應建立原住民族地區天然災害防護及善後制度，並劃設天然災害防護優先區，保障原住民族生命財產安全。

第　26　條　政府應積極辦理原住民族社會福利事項，規劃建立原住民族社會安全體系，並特別保障原住民兒童、老人、婦女及身心障礙者之相關權益。

政府對原住民參加社會保險或使用醫療及福利資源無力負擔者，得予補助。

第　27　條　政府應積極推行原住民族儲蓄互助及其他合作事業，輔導其經營管理，並得予以賦稅之優惠措施。

第　28　條　政府對於居住原住民族地區外之原住民，應對其健康、安居、融資、

就學、就養、就業、就醫及社會適應等事項給予保障及協助。

第 29 條　政府為保障原住民族尊嚴及基本人權，應於國家人權法案增訂原住民族人權保障專章。

第 30 條　政府處理原住民族事務、制定法律或實施司法與行政救濟程序、公證、調解、仲裁或類似程序，應尊重原住民族之族語、傳統習俗、文化及價值觀，保障其合法權益，原住民有不諳國語者，應由通曉其族語之人為傳譯。

政府為保障原住民族之司法權益，得設置原住民族法院或法庭。

第 31 條　政府不得違反原住民族意願，在原住民族地區內存放有害物質。

第 32 條　政府除因立即而明顯危險外，不得強行將原住民遷出其土地區域。

前項強制行為，致原住民受有損失時，應予合理安置及補償。

第 33 條　政府應積極促進原住民族與國際原住民族及少數民族在經濟、社會、政治、文化、宗教、學術及生態環境等事項之交流與合作。

第 34 條　主管機關應於本法施行後三年內，依本法之原則修正、制定或廢止相關法令。

第 35 條　本法自公布日施行。


# 參、《地方制度法》（節錄）

2010年2月3日修正

第 33 條　直轄市議員、縣（市）議員、鄉（鎮、市）民代表分別由直轄市民、縣（市）民、鄉（鎮、市）民依法選舉之，任期四年，連選得連任。

直轄市議員、縣（市）議員、鄉（鎮、市）民代表名額，應參酌各該直轄市、縣（市）、鄉（鎮、市）財政、區域狀況，並依下列規定，於地方立法機關組織準則定之：

一、直轄市議員總額：

（一）區域議員名額：直轄市人口扣除原住民人口在二百萬人以下者，不得超過五十五人；超過二百萬人者，不得超過六十二人。

（二）原住民議員名額：有平地原住民人口在二千人以上者，應有平

地原住民選出之議員名額；有山地原住民人口在二千人以上或改制前有山地鄉者，應有山地原住民選出之議員名額。

二、縣（市）議員總額：

（一）縣（市）人口在一萬人以下者，不得超過十一人；人口在二十萬人以下者，不得超過十九人；人口在四十萬人以下者，不得超過三十三人；人口在八十萬人以下者，不得超過四十三人；人口在一百六十萬人以下者，不得超過五十七人；人口超過一百六十萬人者，不得超過六十人。

（二）縣（市）有平地原住民人口在一千五百人以上者，於前目總額內應有平地原住民選出之縣（市）議員名額。有山地鄉者，於前目總額內應有山地原住民選出之縣議員名額。有離島鄉且該鄉人口在二千五百人以上者，於前目總額內應有該鄉選出之縣議員名額。

三、鄉（鎮、市）民代表總額：

（一）鄉（鎮、市）人口在一千人以下者，不得超過五人；人口在一萬人以下者，不得超過七人；人口在五萬人以下者，不得超過十一人；人口在十五萬人以下者，不得超過十九人；人口超過十五萬人者，不得超過三十一人。

（二）鄉（鎮、市）有平地原住民人口在一千五百人以上者，於前目總額內應有平地原住民選出之鄉（鎮、市）民代表名額。

直轄市議員由原住民選出者，以其行政區域內之原住民為選舉區，並得按平地原住民、山地原住民或在其行政區域內劃分選舉區。

臺北市第十一屆議員選舉，其原住民選舉區之變更，應於第十屆議員任期屆滿之日六個月前公告，不受公職人員選舉罷免法第三十七條第一項但書規定之限制。

各選舉區選出之直轄市議員、縣（市）議員、鄉（鎮、市）民代表名額達四人者，應有婦女當選名額一人；超過四人者，每增加四人增一人。

直轄市、縣（市）選出之山地原住民、平地原住民名額在四人以上者，應有婦女當選名額；超過四人者，每增加四人增一人。鄉（鎮、市）選出之平地原住民名額在四人以上者，應有婦女當選名額；超過

四人者，每增加四人增一人。

依第一項選出之直轄市議員、縣（市）議員、鄉（鎮、市）民代表，應於上屆任期屆滿之日宣誓就職。該宣誓就職典禮分別由行政院、內政部、縣政府召集，並由議員、代表當選人互推一人主持之。其推選會議由曾任議員、代表之資深者主持之；年資相同者，由年長者主持之。

第 57 條　鄉（鎮、市）公所置鄉（鎮、市）長一人，對外代表該鄉（鎮、市），綜理鄉（鎮、市）政，由鄉（鎮、市）民依法選舉之，任期四年，連選得連任一次；其中人口在三十萬人以上之縣轄市，得置副市長一人，襄助市長處理市政，以機要人員方式進用，或以簡任第十職等任用，以機要人員方式進用之副市長，於市長卸任、辭職、去職或死亡時，隨同離職。

山地鄉鄉長以山地原住民為限。

鄉（鎮、市）公所除主計、人事、政風之主管，依專屬人事管理法律任免外，其餘一級單位主管均由鄉（鎮、市）長依法任免之。

依第一項選出之鄉（鎮、市）長，應於上屆任期屆滿之日宣誓就職。

## 肆、《客家委員會組織法》（節錄）

2011年6月29日公布

第 1 條　行政院為統籌辦理有關客家事務，特設客家委員會（以下簡稱本會）。

第 2 條　本會掌理下列事項：

一、客家事務政策、制度、法規之綜合規劃、協調及推動。

二、地方及海外客家事務之研議、協調及推動。

三、客語推廣及能力認證之規劃及推動。

四、客家文化保存與發展之規劃、協調及推動。

五、客家文化產業發展、創新育成與行銷輔導之規劃、協調及推動。

六、客家傳播媒體發展、語言文化行銷之規劃、協調及推動。

七、所屬客家文化機構之督導、協調及推動。

八、其他有關客家事務事項。

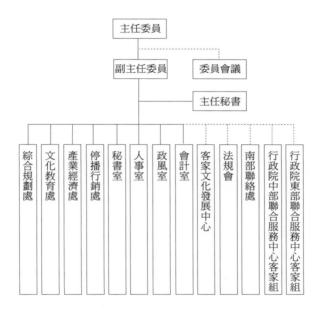

一、主任委員綜理會務，並指揮、監督所屬人員；副主任委員襄助主任委員處理會務。

二、主任秘書權責如下：

　　（一）文稿之綜核及代判。

　　（二）機密及重要文件之處理。

　　（三）各單位之協調及權責問題之核議。

　　（四）重要會議之督辦。

　　（五）其他交辦業務。

---

1　資料來源：《客家委員會組織法》及《客家委員會處務規程》暨客家委員會網站（http://www.hakka.gov.tw/ct.asp?xItem=126300&ctNode=2018&mp=2013&ps=）。

三、參事權責如下：

　　（一）本會重要工作計畫之建議。

　　（二）本會制度改進之研究及建議。

　　（三）出席各種重要會議。

　　（四）其他交辦事項。

四、客家委員會設下列處、室：

　　（一）綜合規劃處，分三科辦事。

　　（二）文化教育處，分三科辦事。

　　（三）產業經濟處，分二科辦事。

　　（四）傳播行銷處，分二科辦事。

　　（五）秘書室，分二科辦事。

　　（六）人事室。

　　（七）政風室。

　　（八）會計室。

五、綜合規劃處分設三科，掌理事項如下：

　　（一）客家事務政策之綜合規劃及協調。

　　（二）客家基礎資料之蒐集、研究及分析。

　　（三）客家知識體系發展之規劃、推動、獎助及督導。

　　（四）本會施政策略、國家建設中程與年度施政計畫、先期作業、中長程個案計畫之審核、協調、督導、管制及考核。

　　（五）本會業務報告、施政報告、重要措施、委員會議、組織調整與重要交辦案件之追蹤、管制及考核。

　　（六）本會資訊服務之規劃、推動及資通安全管理。

　　（七）地方客家事務、全國客家會議、全國客家事務首長會議之規劃、推動及辦理。

　　（八）客家社團發展之輔導、聯繫及補助。

　　（九）海外客家事務與藝文交流之規劃、協調及推動。

　　（十）其他有關客家發展事項。

六、文化教育處分設三科，掌理事項如下：

　　（一）客語推廣教育之規劃、協調及推動。

　　（二）客語能力認證、資料庫與數位學習之規劃及推動。

（三）客語作為公事語言之規劃及推動。

（四）客家文化發展之規劃、輔導及推動。

（五）客家文化人才之培育。

（六）客家文化資源調查、蒐集、資料庫建置、出版之規劃及推動。

（七）客家生活環境之營造、傳統空間之保存及發展再利用。

（八）客家館舍之活化、經營及輔導。

（九）其他有關客家語言及文化發展事項。

七、產業經濟處分設二科，掌理事項如下：

（一）客家文化產業發展之規劃、協調及推動。

（二）客家文化產業發展之調查、研究及分析。

（三）客家文化產業行銷推廣之規劃及推動。

（四）客家文化產業經營管理之輔導。

（五）客家文化產業人才之培育。

（六）客家文化產業之補助及獎勵。

（七）客家休閒產業之規劃、協調、輔導及推動。

（八）其他有關客家文化產業經濟事項。

八、傳播行銷處分設二科，掌理事項如下：

（一）客家傳播媒體發展之規劃、協調及推動。

（二）客家傳播媒體之輔助及培植。

（三）客家語言文化之媒體合作、推廣及整合行銷。

（四）客家語言文化之影音資料蒐整及典藏。

（五）客家語言文化傳播人才之培育。

（六）媒體公關、新聞發布與輿情之蒐整及處理。

（七）國際新聞傳播媒體之協調聯繫。

（八）本會重大政策宣傳之規劃、協調及推動。

（九）其他有關客家傳播行銷事項。

## 壹、國際宣言及公約

1. *Charter of the United Nations*[2]（《聯合國憲章》，1945）

第 1 條

聯合國之宗旨為：

一、維持國際和平及安全；並為此目的：採取有效集體辦法，以防止且消除對於和平之威脅，制止侵略行為或其他和平之破壞；並以和平方法且依正義及國際法之原則，調整或解決足以破壞和平之國際爭端或情勢。

二、發展國際間以尊重人民平等權利及自決原則為根據之友好關係，並採取其他適當辦法，以增強普遍和平。

三、促成國際合作，以解決國際間屬於經濟、社會、文化及人類福利性質之國際問題，且不分種族、性別、語言或宗教，增進並激勵對於全體人類之人權及基本自由之尊重。

四、構成一協調各國行動之中心，以達成上述共同目的。

### Article 1

The Purposes of the United Nations are:

1. To maintain international peace and security, and to that end: to take effective collective measures for the prevention and removal of threats to the peace, and for the suppression of acts of aggression or other breaches of the peace, and to bring about by peaceful means, and in conformity with the principles of justice and international law,

---

[2] 資料來源：聯合國網站（http://www.un.org/en/documents/charter/index.shtml，http://www.un.org/zh/documents/charter/），檢視日期：2011年3月31日。另本附錄摘錄之宣言（通過年份）與公約（生效年份），係以時間序排列，併與敘明。

adjustment or settlement of international disputes or situations which might lead to a breach of the peace;

2. To develop friendly relations among nations based on respect for the principle of equal rights and self-determination of peoples, and to take other appropriate measures to strengthen universal peace;

3. To achieve international co-operation in solving international problems of an economic, social, cultural, or humanitarian character, and in promoting and encouraging respect for human rights and for fundamental freedoms for all without distinction as to race, sex, language, or religion; and

4. To be a centre for harmonizing the actions of nations in the attainment of these common ends.

### 第55條

為造成國際間以尊重人民平等權利及自決原則為根據之和平友好關係所必要之安定及福利條件起見，聯合國應促進：

(1) 較高之生活程度，全民就業，及經濟與社會進展。

(2) 國際間經濟、社會、衛生及有關問題之解決；國際間文化及教育合作。

(3) 全體人類之人權及基本自由之普遍尊重與遵守，不分種族、性別、語言或宗教。

### *Article 55*

With a view to the creation of conditions of stability and well-being which are necessary for peaceful and friendly relations among nations based on respect for the principle of equal rights and self-determination of peoples, the United Nations shall promote:

a. higher standards of living, full employment, and conditions of economic and social progress and development;

b. solutions of international economic, social, health, and related problems; and international cultural and educational cooperation; and

c. universal respect for, and observance of, human rights and fundamental freedoms for all without distinction as to race, sex, language, or religion.

## 第76條

按據本憲章第一條所載聯合國之宗旨，託管制度之基本目的應為：

(1) 促進國際和平及安全。

(2) 增進託管領土居民之政治、經濟、社會及教育之進展；並以適合各領土及其人民之特殊情形及關係人民自由表示之願望為原則，且按照各託管協定之條款，增進其趨向自治或獨立之逐漸發展。

(3) 不分種族、性別、語言或宗教，提倡全體人類之人權及基本自由之尊重，並激發世界人民互相維繫之意識。

(4) 於社會、經濟及商業事件上，保證聯合國全體會員國及其國民之平等待遇，及各該國民于司法裁判上之平等待遇，但以不妨礙上述目的之達成，且不違背第八十條之規定為限。

## *Article 76*

The basic objectives of the trusteeship system, in accordance with the Purposes of the United Nations laid down in Article 1 of the present Charter, shall be:

a. to further international peace and security;

b. to promote the political, economic, social, and educational advancement of the inhabitants of the trust territories, and their progressive development towards self-government or independence as may be appropriate to the particular circumstances of each territory and its peoples and the freely expressed wishes of the peoples concerned, and as may be provided by the terms of each trusteeship agreement;

c. to encourage respect for human rights and for fundamental freedoms for all without distinction as to race, sex, language, or religion, and to encourage recognition of the interdependence of the peoples of the world; and

d. to ensure equal treatment in social, economic, and commercial matters for all Members of the United Nations and their nationals, and also equal treatment for the latter in the administration of justice, without prejudice to the attainment of the foregoing objectives and subject to the provisions of Article 80.

## 2. *The Universal Declaration of Human Rights*[3]（《世界人權宣言》，1948）

### 第2條

人人有資格享有本宣言所載的一切權利和自由，不分種族、膚色、性別、語言、宗教、政治或其他見解、國籍或社會出身、財產、出生或其他身分等任何區別。並且不得因一人所屬的國家或領土的政治的、行政的或者國際的地位之不同而有所區別，無論該領土是獨立領土、託管領土、非自治領土或者處於其他任何主權受限制的情況之下。

### *Article 2*

Everyone is entitled to all the rights and freedoms set forth in this Declaration, without distinction of any kind, such as race, colour, sex, language, religion, political or other opinion, national or social origin, property, birth or other status. Furthermore, no distinction shall be made on the basis of the political, jurisdictional or international status of the country or territory to which a person belongs, whether it be independent, trust, non-self-governing or under any other limitation of sovereignty.

### 第16條

(1) 成年男女，不受種族、國籍或宗教的任何限制有權婚嫁和成立家庭。他們在婚姻方面，在結婚期間和在解除婚約時，應有平等的權利。
(2) 只有經男女雙方的自由和完全的同意，才能締婚。
(3) 家庭是天然的和基本的社會單元，並應受社會和國家的保護。

### *Article 16*

(1) Men and women of full age, without any limitation due to race, nationality or religion, have the right to marry and to found a family. They are entitled to equal rights as to marriage, during marriage and at its dissolution.
(2) Marriage shall be entered into only with the free and full consent of the intending spouses.

---

[3] 資料來源：聯合國官網（http://www.un.org/en/documents/udhr/，http://www.un.org/chinese/work/rights/rights.htm ）檢視日期：2011年3月31日。

(3) The family is the natural and fundamental group unit of society and is entitled to protection by society and the State.

## 第22條

每個人，作為社會的一員，有權享受社會保障，並有權享受他的個人尊嚴和人格的自由發展所必需的經濟、社會和文化方面各種權利的實現，這種實現是通過國家努力和國際合作並依照各國的組織和資源情況。

## *Article 22*

Everyone, as a member of society, has the right to social security and is entitled to realization, through national effort and international co-operation and in accordance with the organization and resources of each State, of the economic, social and cultural rights indispensable for his dignity and the free development of his personality.

## 第27條

(1) 人人有權自由參加社會的文化生活，享受藝術，並分享科學進步及其產生的福利。
(2) 人人對由於他所創作的任何科學、文學或美術作品而產生的精神的和物質的利益，有享受保護的權利。

## *Article 27*

(1) Everyone has the right freely to participate in the cultural life of the community, to enjoy the arts and to share in scientific advancement and its benefits.
(2) Everyone has the right to the protection of the moral and material interests resulting from any scientific, literary or artistic production of which he is the author.

3. ***Convention on the Prevention and Punishment of the Crime of Genocide***[4]（《防止及懲治滅絕種族罪公約》，1951）

**第2條**

本公約內所稱滅絕種族係指蓄意全部或局部消滅某一民族、族群、種族或宗教團體，犯有下列行為之一者：

(1) 殺害該團體的成員；

(2) 致使該團體的成員在身體上或精神上遭受嚴重傷害；

(3) 故意使該團體處於某種生活狀況下，以毀滅其全部或局部的生命；

(4) 強制施行辦法，意圖防止該團體內的生育；

(5) 強迫轉移該團體的兒童至另一團體。

*Article 2*

In the present Convention, genocide means any of the following acts committed with intent to destroy, in whole or in part, a national, ethnical, racial or religious group, as such:

(a) Killing members of the group;

(b) Causing serious bodily or mental harm to members of the group;

(c) Deliberately inflicting on the group conditions of life calculated to bring about its physical destruction in whole or in part;

(d) Imposing measures intended to prevent births within the group;

(e) Forcibly transferring children of the group to another group.

**第3條**

下列行為應予懲治：

(1) 滅絕種族；

(2) 預謀滅絕種族；

(3) 直接公然煽動滅絕種族；

(4) 意圖滅絕種族；

(5) 共謀滅絕種族。

---

4 資料來源：聯合國網站（http://www.un.org/millennium/law/iv-1.htm，http://www.un.org/zh/documents/view_doc.asp?symbol=A/RES/260（III））檢視日期：2011年4月6日。

*Article 3*

The following acts shall be punishable:

(a) Genocide;

(b) Conspiracy to commit genocide;

(c) Direct and public incitement to commit genocide;

(d) Attempt to commit genocide;

(e) Complicity in genocide.

4. *Convention on the Elimination of All Forms of Racial Discrimination*[5]（《消除一切形式種族歧視公約》，1969）

**第1條**

(1) 本公約稱「種族歧視」者，謂基於種族、膚色、世系或民族或族群的任何區別、排斥、限制或優惠，其目的或效果為取消或損害政治、經濟、社會、文化或公共生活任何其他方面人權及基本自由在平等地位上的承認、享受或行使。

(2) 本公約不適用於締約國對公民與非公民間所作的區別、排斥、限制或優惠。

(3) 本公約不得解釋為對締約國關於國籍、公民身分或歸化的法律規定有任何影響，但以此種規定不歧視任一籍民為限。

(4) 專為使若干須予必要保護的種族或民族團體或個人獲得充分進展而採取的特別措施以期確保此等團體或個人同等享受或行使人權及基本自由者，不得視為種族歧視，但此等措施的後果須不致在不同種族團體間保持各別行使的權利，且此等措施不得於所定目的達成後繼續實行。

*Article 1*

1. In this Convention, the term "racial discrimination" shall mean any distinction, exclusion, restriction or preference based on race, colour, descent, or national or ethnic origin which has the purpose or effect of nullifying or impairing the recognition, enjoyment or exercise, on an equal footing, of human rights and fundamental freedoms in the political, economic, social, cultural or any other field of public life.

---

[5] 資料來源：美國國務院網站（http://www.state.gov/documents/organization/100294.pdf），檢視日期：2011年3月31日。

2. This Convention shall not apply to distinctions, exclusions, restrictions or preferences made by a State Party to this Convention between citizens and non-citizens.

3. Nothing in this Convention may be interpreted as affecting in any way the legal provisions of States Parties concerning nationality, citizenship or naturalization, provided that such provisions do not discriminate against any particular nationality.

4. Special measures taken for the sole purpose of securing adequate advancement of certain racial or ethnic groups or individuals requiring such protection as may be necessary in order to ensure such groups or individuals equal enjoyment or exercise of human rights and fundamental freedoms shall not be deemed racial discrimination, provided, however, that such measures do not, as a consequence, lead to the maintenance of separate rights for different racial groups and that they shall not be continued after the objectives for which they were taken have been achieved.

## 第2條

(1) 締約國譴責種族歧視並承諾立即以一切適當方法實行消除一切形式種族歧視與促進所有種族間的諒解的政策，又為此目的：

    (a) 締約國承諾不對人、人群或機關實施種族歧視行為或習例，並確保所有全國性及地方性的公共當局及公共機關均遵守此項義務行事；

    (b) 締約國承諾對任何人或組織所施行的種族歧視不予提倡、維護或贊助；

    (c) 締約國應採取有效措施對政府及全國性與地方性的政策加以檢查，並對任何法律規章足以造成或持續不論存在於何地的種族歧視者，予以修正、廢止或宣告無效；

    (d) 締約國應以一切適當方法，包括依情況需要制定法律，禁止並終止任何人、任何團體或任何組織所施行的種族歧視；

    (e) 締約國承諾於適當情形下鼓勵種族混合主義的多種族組織與運動，以及其他消除種族壁壘的方法，並勸阻有加深種族分野趨向的任何事物。

(2) 締約國應於情況需要時在社會、經濟、文化及其他方面，採取特別具體措施確保屬於各該國的若干種族團體或個人獲得充分發展與保護，以期保證此等團體與個人完全並同等享受人權及基本自由，此等措施於所定目的達成後，絕不得產生在不同種族團體間保持不平等或個別行使權利的後果。

## *Article 2*

1. States Parties condemn racial discrimination and undertake to pursue by all appropriate means and without delay a policy of eliminating racial discrimination in all its forms and promoting understanding among all races, and, to this end:

    (a) Each State Party undertakes to engage in no act or practice of racial discrimination against persons, groups of persons or institutions and to en sure that all public authorities and public institutions, national and local, shall act in conformity with this obligation;

    (b) Each State Party undertakes not to sponsor, defend or support racial discrimination by any persons or organizations;

    (c) Each State Party shall take effective measures to review governmental, national and local policies, and to amend, rescind or nullify any laws and regulations which have the effect of creating or perpetuating racial discrimination wherever it exists;

    (d) Each State Party shall prohibit and bring to an end, by all appropriate means, including legislation as required by circumstances, racial discrimination by any persons, group or organization;

    (e) Each State Party undertakes to encourage, where appropriate, integrationist multiracial organizations and movements and other means of eliminating barriers between races, and to discourage anything which tends to strengthen racial division.

2. States Parties shall, when the circumstances so warrant, take, in the social, economic, cultural and other fields, special and concrete measures to ensure the adequate development and protection of certain racial groups or individuals belonging to them, for the purpose of guaranteeing them the full and equal enjoyment of human rights and fundamental freedoms. These measures shall in no case entail as a consequence the maintenance of unequal or separate rights for different racial groups after the objectives for which they were taken have been achieved.

## 第5條

締約國依本公約第二條所規定的基本義務承諾禁止並消除一切形式種族歧，保證人人有不分種族、膚色或民族或族群在法律上一律平等的權利，尤得享受下列權利：

a. 在法庭上及其他一切司法裁判機關中平等待遇的權利；

b. 人身安全及國家保護的權利以防強暴或身體上的傷害，不問其為政府官員所加抑為任何私人、團體或機關所加；

c. 政治權利，其尤著者為依據普遍平等投票權參與選舉（選舉與競選）參加政府以及參加處理任何等級的公務與同等服公務的權利；

d. 其他公民權利，其尤著者為：

    1. 在國境內自由遷徙及居住的權利；

    2. 有權離去任何國家，連其本國在內，並有權歸返其本國；

    3. 享有國籍的權利；

    4. 締結婚姻及選擇配偶的權利；

    5. 單獨占有及與他人合有財產的權利；

    6. 繼承權；

    7. 思想、良心與宗教自由的權利；

    8. 主張及表達自由的權利；

    9. 和平集會及結社自由的權利；

e. 經濟、社會及文化權利，其尤著者為：

    1. 工作、自由選擇職業、享受公平優裕的工作條件、免於失業的保障、同工同酬、獲得公平優裕報酬的權利；

    2. 組織與參加工會的權利；

    3. 住宅權；

    4. 享受公共衛生、醫藥照顧、社會保障及社會服務的權利；

    5. 享受教育與訓練的權利；

    6. 平等參加文化活動的權利；

f. 進入或利用任何供公眾使用的地方或服務的權利，如交通工具、旅館、餐館、咖啡館、戲院、公園等。

## *Article 5*

In compliance with the fundamental obligations laid down in article 2 of this Convention,

States Parties undertake to prohibit and to eliminate racial discrimination in all its forms and to guarantee the right of everyone, without distinction as to race, colour, or national or ethnic origin, to equality before the law, notably in the enjoyment of the following rights:

(a) The right to equal treatment before the tribunals and all other organs administering justice;

(b) The right to security of person and protection by the State against violence or bodily harm, whether inflicted by government officials or by any individual group or institution;

(c) Political rights, in particular the right to participate in elections-to vote and to stand for election-on the basis of universal and equal suffrage, to take part in the Government as well as in the conduct of public affairs at any level and to have equal access to public service;

(d) Other civil rights, in particular:

(i) The right to freedom of movement and residence within the border of the State;

(ii) The right to leave any country, including one's own, and to return to one's country;

(iii) The right to nationality;

(iv) The right to marriage and choice of spouse;

(v) The right to own property alone as well as in association with others;

(vi) The right to inherit;

(vii) The right to freedom of thought, conscience and religion;

(viii) The right to freedom of opinion and expression;

(ix) The right to freedom of peaceful assembly and association;

(e) Economic, social and cultural rights, in particular:

(i) The rights to work, to free choice of employment, to just and favourable conditions of work, to protection against unemployment, to equal pay for equal work, to just and favourable remuneration;

(ii) The right to form and join trade unions;

(iii) The right to housing;

(iv) The right to public health, medical care, social security and social services;

(v) The right to education and training;

(vi) The right to equal participation in cultural activities;

(f) The right of access to any place or service intended for use by the general public, such as transport, hotels, restaurants, cafes, theatres and parks.

### 第7條

締約國承諾立即採取有效措施尤其在講授，教育，文化及新聞方面以打擊導致種族歧視之偏見，並增進國家間及種族或民族團體間的諒解，容恕與睦誼，同時宣揚聯合國憲章之宗旨與原則，世界人權宣言，聯合國消除一切形式種族歧視宣言及本公約。

### *Article 7*

States Parties undertake to adopt immediate and effective measures, particularly in the fields of teaching, education, culture and information, with a view to combating prejudices which lead to racial discrimination and to promoting understanding, tolerance and friendship among nations and racial or ethnical groups, as well as to propagating the purposes and principles of the Charter of the United Nations, the Universal Declaration of Human Rights, the United Nations Declaration on the Elimination of All Forms of Racial Discrimination, and this Convention.

### 5. *Declaration on Social Progress and Development*[6]（《社會進步和發展宣言》，1969）

### 第1條

一切人民和全體人類不分種族、膚色、性別、語言、宗教、國籍、族群來源、家庭地位或社會地位、政治信念或其他信念，均應有權在尊嚴和自由中生活和享受社會進步的成果，而他們本身則應對此作出貢獻。

### *Article 1*

All peoples and all human beings, without distinction as to race, colour, sex, language, religion, nationality, ethnic origin, family or social status, or political or other conviction,

---

6　資料來源：明尼蘇達大學網站（http://www1.umn.edu/humanrts/instree/s1dspd.htm），檢視日期：2011年3月31日。

shall have the right to live in dignity and freedom and to enjoy the fruits of social progress and should, on their part, contribute to it.

### 第2條

社會進步和發展應建立在對人的尊嚴與價值的尊重上面，並應確保促進人權和社會公平，因而要求：

(a) 立即和徹底消除一切形式的不平等、對人民和個人的剝削、殖民主義和種族主義，包括納粹主義和種族隔離政策，以及一切違背聯合國宗旨和原則的其他政策和意識形態；

(b) 承認和有效地實行民事和政治的權利以及經濟的、社會的和文化的權利而不加以任何歧視。

### *Article 2*

Social progress and development shall be founded on respect for the dignity and value of the human person and shall ensure the promotion of human rights and social justice, which requires:

(a) The immediate and final elimination of all forms of inequality, exploitation of peoples and individuals, colonialism and racism, including nazism and apartheid, and all other policies and ideologies opposed to the purposes and principles of the United Nations;

(b) The recognition and effective implementation of civil and political rights as well as of economic, social and cultural rights without any discrimination.

### 6. *International Covenant on Civil and Political Rights*[7]（《公民權利和政治權利國際公約》，1976）

### 第2條

1.本公約每一締約國承擔尊重和保證在其領土內和受其管轄的一切個人享有本公約所承認的權利，不分種族、膚色、性別、語言、宗教、政治或其他見解、國籍或社會出身、財產、出生或其他身分等任何區別。

---

[7] 資料來源：聯合國網站（http://treaties.un.org/pages/ViewDetails.aspx?src=TREATY&mtdsg no=IV-4&chapter=4&lang=en），檢視日期：2011年3月31日。

2.凡未經現行立法或其他措施予以規定者，本公約每一締約國承擔按照其憲法程序和本公約的規定採取必要步驟，以採納為實施本公約所承認的權利所需的立法或其他措施。

3.本公約每一締約國承擔：

(a)保證任何一個被侵犯了本公約所承認的權利或自由的人，能得到有效的補救，儘管此種侵犯是以官方資格行事的人所為；

(b)保證任何要求此種補救的人能由合格的司法、行政或立法當局或由國家法律制度規定的任何其他合格當局斷定其在這方面的權利；並發展司法補救的可能性；

(c)保證合格當局在准予此等補救時，確能付諸實施。

## Article 2

1. Each State Party to the present Covenant undertakes to respect and to ensure to all individuals within its territory and subject to its jurisdiction the rights recognized in the present Covenant, without distinction of any kind, such as race, colour, sex, language, religion, political or other opinion, national or social origin, property, birth or other status.

2. Where not already provided for by existing legislative or other measures, each State Party to the present Covenant undertakes to take the necessary steps, in accordance with its constitutional processes and with the provisions of the present Covenant, to adopt such legislative or other measures as may be necessary to give effect to the rights recognized in the present Covenant.

3. Each State Party to the present Covenant undertakes:

(a) To ensure that any person whose rights or freedoms as herein recognized are violated shall have an effective remedy, notwithstanding that the violation has been committed by persons acting in an official capacity;

(b) To ensure that any person claiming such a remedy shall have his right thereto determined by competent judicial, administrative or legislative authorities, or by any other competent authority provided for by the legal system of the State, and to develop the possibilities of judicial remedy;

(c) To ensure that the competent authorities shall enforce such remedies when granted.

## 第4條

1. 在社會緊急狀態威脅到國家的生命並經正式宣布時，本公約締約國得採取措施克減其在本公約下所承擔的義務，但克減的程度以緊急情勢所嚴格需要者為限，此等措施並不得與它根據國際法所負有的其他義務相矛盾，且不得包含純粹基於種族、膚色、性別、語言、宗教或社會出身的理由的歧視。

## *Article 4*

1. In time of public emergency which threatens the life of the nation and the existence of which is officially proclaimed, the States Parties to the present Covenant may take measures derogating from their obligations under the present Covenant to the extent strictly required by the exigencies of the situation, provided that such measures are not inconsistent with their other obligations under international law and do not involve discrimination solely on the ground of race, colour, sex, language, religion or social origin.

## 第24條

1.每一兒童應有權享受家庭、社會和國家為其未成年地位給予的必要保護措施，不因種族、膚色、性別、語言、宗教、國籍或社會出身、財產或出生而受任何歧視。
2.每一兒童出生後應立即加以登記，並應有一個名字。
3.每一兒童有權取得一個國籍。

## *Article 24*

1. Every child shall have, without any discrimination as to race, colour, sex, language, religion, national or social origin, property or birth, the right to such measures of protection as are required by his status as a minor, on the part of his family, society and the State.
2. Every child shall be registered immediately after birth and shall have a name.
3. Every child has the right to acquire a nationality.

**第26條**

所有的人在法律前平等，並有權受法律的平等保護，無所歧視。在這方面，法律應禁止任何歧視並保證所有的人得到平等的和有效的保護，以免受基於種族、膚色、性別、語言、宗教、政治或其他見解、國籍或社會出身、財產，出生或其他身分等任何理由的歧視。

*Article 26*

All persons are equal before the law and are entitled without any discrimination to the equal protection of the law. In this respect, the law shall prohibit any discrimination and guarantee to all persons equal and effective protection against discrimination on any ground such as race, colour, sex, language, religion, political or other opinion, national or social origin, property, birth or other status.

**第27條**

在那些存在著族群、宗教或語言的少數人的國家中，不得否認這種少數人同他們的集團中的其他成員共同享有自己的文化、信奉和實行自己的宗教或使用自己的語言的權利。

*Article 27*

In those States in which ethnic, religious or linguistic minorities exist, persons belonging to such minorities shall not be denied the right, in community with the other members of their group, to enjoy their own culture, to profess and practise their own religion, or to use their own language.

7. *International Covenant on Economic, Social and Cultural Rights*[8]（《經濟、社會、文化權利國際公約》，1976生效）

**第2條**

2.本公約締約國承允保證人人行使本公約所載之各種權利，不因種族、膚色、性

---

[8]　資料來源：聯合國教科文組織網站（http://www.unesco.org/education/information/nfsunesco/pdf/SOCIAL_E.PDF），檢視日期：2011年3月31日。

別、語言、宗教、政治或其他主張、民族或社會來源、財產、出生或其他身分等等而受歧視。

## *Article 2*

2. The States Parties to the present Covenant undertake to guarantee that the rights enunciated in the present Covenant will be exercised without discrimination of any kind as to race, colour, sex, language, religion, political or other opinion, national or social origin, property, birth or other status.

## 第15條

1. 本公約締約各國承認人人有權：
    (a)參加文化生活；
    (b)享受科學進步及其應用所產生的利益；
    (c)對其本人的任何科學、文學或藝術作品所產生的精神上和物質上的利益；享受被保護之利。
2. 本公約締約各國為充份實現這一權利而採取的步驟應包括為保存、發展和傳播科學和文化所必需的步驟。
3. 本公約締約各國承擔尊重進行科學研究和創造性活動所不可缺少的自由。
4. 本公約締約各國認識到鼓勵和發展科學與文化方面的國際接觸和合作的好處。

## *Article 15*

1. The States Parties to the present Covenant recognize the right of everyone:
    (a) To take part in cultural life;
    (b) To enjoy the benefits of scientific progress and its applications;
    (c) To benefit from the protection of the moral and material interests resulting from any scientific, literary or artistic production of which he is the author.
2. The steps to be taken by the States Parties to the present Covenant to achieve the full realization of this right shall include those necessary for the conservation, the development and the diffusion of science and culture.
3. The States Parties to the present Covenant undertake to respect the freedom indispensable for scientific research and creative activity.

4. The States Parties to the present Covenant recognize the benefits to be derived from the encouragement and development of international contacts and co-operation in the scientific and cultural fields.

8. ***Declaration on Race and Racial Prejudice***[9]（《種族與種族偏見問題宣言》，1982）
第1條

1. 全人類屬同一種類，均為同一祖先之後代。在尊嚴及權利上，人人均生而平等，所有人均為人類整體的組成部分。
2. 所有個人與群體均有維護其特性的權利，有自認為具有特性並為他人所確認的權利。然而，生活方式的差異及維護其特性的權利，在任何情況下，不應當作種族偏見的藉口；亦不應在法律或實踐上成為任何歧視行為的正當理由，不應為種族主義的極端形式──種族隔離政策，提供理論依據。
3. 血統特徵在任何情況下，都不得影響人類能夠和可以採取不同生活方式的這一事實，不得妨礙由於文化、環境和歷史差異造成的不同現狀，也不得妨礙維護文化特徵的權利。
4. 世界全體人民具有達到最高智慧、技術、社會、經濟、文化和政治水準的同等能力。
5. 各國人民文明成就的差異完全由地理、歷史、政治、經濟、社會和文化等方面因素造成。此等差異不得成為將民族或國家劃分等級的任何藉口。

*Article 1*

1. All human beings belong to a single species and are descended from a common stock. They are born equal in dignity and rights and all form an integral part of humanity.
2. All individuals and groups have the right to be different, to consider themselves as different and to be regarded as such. However, the diversity of life styles and the right to be different may not, in any circumstances, serve as a pretext for racial prejudice; they may not justify either in law or in fact any discriminatory practice whatsoever, nor provide a ground for the policy of apartheid, which is the extreme form of racism.

---

9　資料來源：聯合國教科文組織網站）http://www.unesco.org/education/information/nfsunesco/pdf/RACE_E.PDF），檢視日期：2011年3月31日。

3. Identity of origin in no way affects the fact that human beings can and may live differently, nor does it preclude the existence of differences based on cultural, environmental and historical diversity nor the right to maintain cultural identity.

4. All peoples of the world possess equal faculties for attaining the highest level in intellectual, technical, social, economic, cultural and political development.

5. The differences between the achievements of the different peoples are entirely attributable to geographical, historical, political, economic, social and cultural factors. Such differences can in no case serve as a pretext for any rank-ordered classification of nations or peoples.

## 第3條

受種族主義思想驅使的、基於種族、膚色、族群或民族血統或宗教上不容忍的任何區別、排斥、限制或優惠，均與公正的並保證尊重人權的國際秩序的要求相抵觸；種族主義思想破壞或損害國家主權平等及人民自決權利，或任意限制或歧視性限制每個人或團體的充分發展權利。充分發展的權利系指在國家與世界範圍內，文明與文化的價值得到尊重的情況下，一切個人或集體有提高自身地位的同等機會。

## *Article 3*

Any distinction, exclusion, restriction or preference based on race, colour, ethnic or national origin or religious intolerance motivated by racist considerations, which destroys or compromises the sovereign equality of States and the right of peoples to self-determination, or which limits in an arbitrary or discriminatory manner the right of every human being and group to full development is incompatible with the requirements of an international order which is just and guarantees respect for human rights; the right to full development implies equal access to the means of personal and collective advancement and fulfilment in a climate of respect for the values of civilizations and cultures, both national and world-wide.

## 第7條

法律如同政治、經濟和社會措施一樣，是保障個人尊嚴與權利平等的一種主要手段，亦是制止以所謂某些種族或民族群體具有優越性的思想或理論為根據、或企圖

為任何形式的種族仇恨的種族歧視辯解或鼓吹的任何宣傳、任何組織形式或任何習俗的一種主要手段。各國應為此通過適當的法律，並遵照《世界人權宣言》所載諸原則保證法律效力及保證為所有執法機構所遵行。該法律應成為使其得到實施的政治、經濟和社會體制的一部分。個人和其他公共或私人的法律實體必須遵循這一法律，並採用一切適當手段幫助全體公民理解並運用這一法律。

### *Article 7*

In addition to political, economic and social measures, law is one of the principal means of ensuring equality in dignity and rights among individuals, and of curbing any propaganda, any. form of organization or any practice which is based on ideas or theories referring to the alleged superiority of racial or ethnic groups or which seeks to justify or encourage racial hatred and discrimination in any form. States should adopt such legislation as is appropriate to this end and see that it is given effect and applied by all their services, with due regard to the principles embodied in the Universal Declaration of Human Rights. Such legislation should form part of a political, economic and social framework conducive to its implementation. Individuals and other legal entities, both public and private, must conform with such legislation and use all appropriate means to help the population as a whole to understand and apply it.

### 9. *Declaration on the Right to Development*[10] （《發展權宣言》，1986）

#### 第5條

國家應採取堅決的步驟以消除大規模與嚴重的對民族或人類之人權侵犯，其侵犯係來自於種族隔離、任何形式的種族主義或種族歧視、殖民主義、外國的統治或占領或侵略、外國對國家主權的干預或威脅、國家統一或領土完整的威脅、戰爭的威脅、拒絕承認民族自決的權利。

### *Article 5*

States shall take resolute steps to eliminate the massive and flagrant violations of the hu-

---

[10] 資料來源：聯合國網站（http://www.un.org/documents/ga/res/41/a41r128.htm），檢視日期：2011年3月31日。

man rights of peoples and human beings affected by situations such as those resulting from apartheid, all forms of racism and racial discrimination, colonialism, foreign domination and occupation, aggression, foreign interference and threats against national sovereignty, national unity and territorial integrity, threats of war and refusal to recognize the fundamental right of peoples to self-determination.

### 第6條

1. 所有國家應合作促進、鼓勵和強化對人們基本權利之尊重，且不分種族、性別、語言和宗教。
2. 所有人權和基本自由都是不可分割且相互依存的，應同等注重並積極推動促進和保障公民、政治、經濟、社會和文化權利。
3. 國家應採取相關措施以消除公民、政治、經濟、社會和文化權利發展上之障礙。

### *Article 6*

1. All States should co-operate with a view to promoting, encouraging and strengthening universal respect for and observance of all human rights and fundamental freedoms for all without any distinction as to race, sex, language or religion.
2. All human rights and fundamental freedoms are indivisible and interdependent; equal attention and urgent consideration should be given to the implementation, promotion and protection of civil, political, economic, social and cultural rights.
3. States should take steps to eliminate obstacles to development resulting from failure to observe civil and political rights, as well as economic social and cultural rights.

10. ***Declaration on the Rights of Persons Belonging to National or Ethnic, Religious and Linguistic Minorities***[11]（《在民族或族裔、宗教和語言上屬於少數群體的人的權利宣言》，1992）

---

[11] 資料來源：聯合國網站（http://www.un-documents.net/a47r135.htm），檢視日期：2011年4月6日。

## 第1條

1. 各國應在各自領土內保護少數群體的存在及其民族或族裔、文化、宗教和語言上的特徵並應鼓勵促進該特徵的條件。
2. 各國應採取適當的立法和其他措施以實現這些目的。

### *Article 1*

1. States shall protect the existence and the national or ethnic, cultural, religious and linguistic identity of minorities within their respective territories and shall encourage conditions for the promotion of that identity.
2. States shall adopt appropriate legislative and other measures to achieve those ends.

## 第2條

1. 在民族或族裔、宗教和語言上屬於少數群體的人（下稱屬於少數群體的人）有權私下和公開、自由而不受干擾或任何形式歧視地享受其文化、信奉其宗教並舉行其儀式以及使用其語言。
2. 屬於少數群體的人有權有效地參加文化、宗教、社會、經濟和公共生活。
3. 屬於少數群體的人有權以與國家法律不相牴觸的方式切實參加國家一級和適當時區域一級關於其所屬少數群體或其所居住區域的決定。
4. 屬於少數群體的人有權成立和保持他們自己的社團。
5. 屬於少數群體的人有權在不受歧視的情況下與其群體的其他成員及屬於其他少數群體的人建立並保持自由與和平的接觸，亦有權與在民族或族裔、宗教或語言上與他們有關係的其他國家的公民建立和保持跨國界的接觸。

### *Article 2*

1. Persons belonging to national or ethnic, religious and linguistic minorities (hereinafter referred to as persons belonging to minorities) have the right to enjoy their own culture, to profess and practise their own religion, and to use their own language, in private and in public, freely and without interference or any form of discrimination.
2. Persons belonging to minorities have the right to participate effectively in cultural, religious, social, economic and public life.
3. Persons belonging to minorities have the right to participate effectively in decisions on

the national and, where appropriate, regional level concerning the minority to which they belong or the regions in which they live, in a manner not incompatible with national legislation.

4. Persons belonging to minorities have the right to establish and maintain their own associations.

5. Persons belonging to minorities have the right to establish and maintain, without any discrimination, free and peaceful contacts with other members of their group and with persons belonging to other minorities, as well as contacts across frontiers with citizens of other States to whom they are related by national or ethnic, religious or linguistic ties.

## 第4條

1. 各國應採取必要的措施確保屬於少數群體的人可在不受任何歧視並在法律面前完全平等的情況下充分而切實地行使其所有人權和基本自由。

2. 各國應採取措施，創造有利條件，使屬於少數群體的人得以表達其特徵和發揚其文化、語言、宗教、傳統和風俗，但違反國家法律和不符國際標準的特殊習俗除外。

3. 各國應採取適當措施，在可能的情況下，使屬於少數群體的人有充分的機會學習其母語或在教學中使用母語。

4. 各國應酌情在教育領域採取措施，以期鼓勵對其領土內的少數群體的歷史、傳統、語言和文化的了解。屬於少數群體的人應有充分會獲得對整個社會的了解。

5. 各國應考慮採取適當措施，使屬於少數群體的人可充分參與其本國的經濟進步和發展。

## *Article 4*

1. States shall take measures where required to ensure that persons belonging to minorities may exercise fully and effectively all their human rights and fundamental freedoms without any discrimination and in full equality before the law.

2. States shall take measures to create favourable conditions to enable persons belonging to minorities to express their characteristics and to develop their culture, language, religion, traditions and customs, except where specific practices are in violation of na-

tional law and contrary to international standards.

3. States should take appropriate measures so that, wherever possible, persons belonging to minorities may have adequate opportunities to learn their mother tongue or to have instruction in their mother tongue.

4. States should, where appropriate, take measures in the field of education, in order to encourage knowledge of the history, traditions, language and culture of the minorities existing within their territory. Persons belonging to minorities should have adequate opportunities to gain knowledge of the society as a whole.

5. States should consider appropriate measures so that persons belonging to minorities may participate fully in the economic progress and development in their country.

11. *Declaration on the Rights of Indigenous Peoples*[12]（《原住民族權利宣言》，2007）
### 第3條
原住民族享有自決權。基於這一權利，他們可自由決定自己的政治地位，自由謀求自身的經濟、社會和文化發展。

### *Article 3*

Indigenous peoples have the right to self-determination. By virtue of that right they freely determine their political status and freely pursue their economic, social and cultural development.

### 第5條
原住民族有權維護和加強其特有的政治、法律、經濟、社會和文化機構，同時保有根據自己意願充分參與國家政治、經濟、社會和文化生活的權利。

### *Article 5*

Indigenous peoples have the right to maintain and strengthen their distinct political, legal, economic, social and cultural institutions, while retaining their right to participate fully, if

---

[12] 資料來源：聯合國網站（http://www.un.org/esa/socdev/unpfii/en/drip.html），檢視日期：2011年4月6日。

they so choose, in the political, economic, social and cultural life of the State.

## 第8條

1. 原住民族和個人享有不被強行同化或其文化被毀滅的權利。
2. 各國應提供有效機制，以防止和糾正：
   (a) 任何旨在或實際上破壞他們作為獨特民族的完整性，或剝奪其文化價值或族裔特性的行動；
   (b) 任何旨在或實際上剝奪他們土地、領土或資源的行動；
   (c) 任何形式的旨在或實際上侵犯或損害他們權利的強制性人口遷移；
   (d) 任何形式的強行同化或融合；
   (e) 任何形式的旨在鼓動或煽動對他們實行種族或族裔歧視的宣傳。

## *Article 8*

1. Indigenous peoples and individuals have the right not to be subjected to forced assimilation or destruction of their culture.
2. States shall provide effective mechanisms for prevention of, and redress for:
   (a) Any action which has the aim or effect of depriving them of their integrity as distinct peoples, or of their cultural values or ethnic identities;
   (b) Any action which has the aim or effect of dispossessing them of their lands, territories or resources;
   (c) Any form of forced population transfer which has the aim or effect of violating or undermining any of their rights;
   (d) Any form of forced assimilation or integration;
   (e) Any form of propaganda designed to promote or incite racial or ethnic discrimination directed against them.

## 貳、加拿大憲法與多元文化法案、比利時憲法摘錄

### 一、加拿大

1. *Constitution Act, 1982* [13]（《加拿大憲法》，1982）

**第16條**

(1) 英語和法語是加拿大的官方語言，並且在加拿大議會和政府的所有機構中使用它們，具有平等的地位、權利和特權。

(2) 英語和法語是新不論瑞克的官方語言，並且在新不倫瑞克的立法機構和政府的所有機關中使用它們，具有平等的地位、權利和特權。

(3) 本憲法中的任何規定，並不限制議會或者立法機關有權促進英語和法語在地位或者使用上的平等。

*Section 16*

(1) English and French are the official languages of Canada and have equal rights and privileges as to their use in all institutions of the Parliament and government of Canada.

(2) English and French are the official languages of New Brunswick and have equality of status and equal rights and privileges as to the use in all institutions of the legislature and government of New Brunswick.

(3) Nothing in this Charter limits the authority of Parliament or a legislature to advance the equality of status or use of English and French.

**第20條**

(1) 在加拿大，公眾的任何成員都有權同議會的或者加拿大政府的某一機構的任何中央辦事處以英語或者法語聯繫，並且由此獲得有用的幫助，並且在下述任何一種情況下對上述機構的任何其他辦事處享有相同權利：

　(a) 重大地需要以此種語言同該辦事處聯繫，並且從該辦事處獲得幫助：

　(b) 由於該辦事處的性質，有理由認為可以使用英語和法語兩者同辦事處聯繫，並且從它獲得幫助。

---

[13] 資料來源：加拿大司法部網站（http://lois-laws.justice.gc.ca/eng/Charter/CHART_E.pdf），http://www.ymclub.com/legal/82con.htm，檢視日期：2011年4月6日。

(2) 在新不倫瑞辦公眾的任何成員都有權以英語或法語同新不倫瑞克立法机關的或者政府的某一机构的辦事處聯系，并且從它獲得有用的幫助。

## *Section 20*

(1) Any member of the public of Canada has the right to communicate with, and to re-ceive available services from, any head or central office of an institution of the Par-liament or government of Canada in English or French, and has the same right with respect to any other office of any such institution where

  (a) there is significant demand for communications with and services from that office in such language; or

  (b) due to the nature of the office, it is reasonable that communications with and ser-vices from that office be available in both English and French.

(2) Any member of the public in New Brunswick has the right to communicate with, and to receive available services from, any office of an institution of the legislature or government of New Brunswick in English or French.

## 第23條

(1)加拿大公民，

  (a) 如其已經學會並且仍然懂得的第一種語言，是在他們居住的省份的講英語或者講法語的少數民族居民的語言。

  (b) 或者在加拿大已經以英語或者法語接受初等學校教育，而現在居住在他們已接受教育的語言是當他講英語或者講法語的少數民族居民語言的省份。他們有使他們的子女在該省接受以同種語言進行的初等和中等學校教育的權利。

(2) 加拿大公民，如其任何子女在加拿大已經接受或者正在接受以英語或者法律進行的初等或者中等學校教育，有使他們所有的子女接受以同種語言進行的初等和中等教育的權利。

(3) 關於根據本條第一款和第二款。加拿大公民使子女接受以某一省講英語或者法語的少數民族居民的語言進行的初等和中等教育的權利。

  (a) 如果在該省享有此項權利的公民的子女數目相當多，有理由以公共資金向他們提供以少數民族語言進行的教育時，應予實施；

  (b) 如果那些子女數目相當多時，應當使他們在公共資金所資助的少數民族語言

的教育機構接受此種教育。

### *Section 23*

(1) Citizens of Canada

   (a) whose first language learned and still understood is that of the English or French linguistic minority population of the province in which they reside, or

   (b) who have received their primary school instruction in Canada in English or French and reside in a province where the language in which they received that instruction is the language of the English or French linguistic minority population of the province, have the right to have their children receive primary and secondary school instruction in that language in that province.

(2) Citizens of Canada of whom any child has received or is receiving primary or secondary school instruction in English or French in Canada, have the right to have all their children receive primary and secondary school instruction in the same language.

(3) The right of citizens of Canada under subsections (1) and (2) to have their children receive primary and secondary school instruction in the language of the English or French linguistic minority population of a province

   (a) applies wherever in the province the number of children of citizens who have such a right is sufficient to warrant the provision to them out of public funds of minority language instruction; and

   (b) includes, where the number of children so warrants, the right to have them receive that instruction in minority language educational facilities provided out of public funds.

### 第25條

原住民的權利與自由不受憲章影響 本憲章中對某些權利與自由的保障，不應解釋為廢除或者減損屬於加拿大各原住民、民族的任何原住民的、條約規定的或者其他的權利或者自由，包括：

(a) 1763年10月7日國王宣告所承認的任何權利或者自由；

(b) 加拿大各原住民民族依照土地請求權解決辦法可能獲得的任何權利或者自由。

## *Section 25*

The guarantee in this Charter of certain rights and freedoms shall not be construed so as to abrogate or derogate from any aboriginal, treaty or other rights or freedoms that pertain to the aboriginal peoples of Canada including

(a) any rights or freedoms that have been recognized by the Royal Proclamation of October 7, 1763; and

(b) any rights or freedoms that may be acquired by the aboriginal peoples of Canada by way of land claims settlement.

## 2. *Canadian Multiculturalism Act* [14]（《加拿大多元文化法案》，1988）

### 第3條

(1) 有關加拿大政府政策

(a)承認並促進多元文化主義所反映之加拿大的文化和種族多樣性，並承認加拿大社會所有成員在保護，加強和分享文化遺產的自由。

(b)承認並促進多元文化主義是加拿大遺產和身分認同之基本特徵，並提供了一個無價的資源以型塑加拿大的未來。

(c)促進加拿大各領域之個人及不斷演變社群之充分、平等的參與，並協助他們消除在參與上障礙。

(d) 認識到社群成員所共存的淵源和對加拿大社會的歷史貢獻，並增強他們的發展。

(e) 確保確保所有人獲得平等的待遇和平等的法律保護，同時尊重和重視他們的多樣性。

(f) 鼓勵和協助加拿大的社會，文化，經濟和政治機構尊重和包容加拿大的多元文化特徵。

(g) 提升不同淵源之個人與群體間之互動，以促進兩者間之理解與創造力。

(h) 促進加拿大社會對多元文化之認同與欣賞，並促進這些文化之影響與演變。

(i) 維護和增強英語和法語以外之其他語言的使用，同時加強其作為加拿大官方語言的之地位和使用。

---

[14] 資料來源：加拿大司法部網站（http://lois-laws.justice.gc.ca/eng/acts/C-18.7/），檢視日期：2011年4月6日。

(j) 透過國家承諾對加拿大官方語言一視同仁以提升多元文化主義。

(2) 加拿大聯邦政府機構應遵行之政策

    (a) 確保不同淵源的加拿大人在加拿大相關機構中有平等之就業機會。

    (b) 以政策、方案及實際措施提升加拿大不同淵源或社群之持續發展。

    (c) 以政策、方案及實際措施增進加拿大社會對成員多樣性的理解與尊重。

    (d) 建立相關基礎統計資料以發展相關政策、方案及實際措施，以回應既存之加拿大多元文化。

    (e) 應使用適當的語言及文化技巧以瞭解不同淵源之個體。

    (f) 綜言之，以積極正面態度來感受及理解加拿大多元文化之真實存在。

## *Article 3*

(1) It is hereby declared to be the policy of the Government of Canada to

    (a) recognize and promote the understanding that multiculturalism reflects the cultural and racial diversity of Canadian society and acknowledges the freedom of all members of Canadian society to preserve, enhance and share their cultural heritage;

    (b) recognize and promote the understanding that multiculturalism is a fundamental characteristic of the Canadian heritage and identity and that it provides an invaluable resource in the shaping of Canada's future;

    (c) promote the full and equitable participation of individuals and communities of all origins in the continuing evolution and shaping of all aspects of Canadian society and assist them in the elimination of any barrier to that participation;

    (d) recognize the existence of communities whose members share a common origin and their historic contribution to Canadian society, and enhance their development;

    (e) ensure that all individuals receive equal treatment and equal protection under the law, while respecting and valuing their diversity;

    (f) encourage and assist the social, cultural, economic and political institutions of Canada to be both respectful and inclusive of Canada's multicultural character;

    (g) promote the understanding and creativity that arise from the interaction between individuals and communities of different origins;

    (h) foster the recognition and appreciation of the diverse cultures of Canadian society and promote the reflection and the evolving expressions of those cultures;

(i) preserve and enhance the use of languages other than English and French, while strengthening the status and use of the official languages of Canada; and

(j) advance multiculturalism throughout Canada in harmony with the national commitment to the official languages of Canada.

(2) It is further declared to be the policy of the Government of Canada that all federal institutions shall

(a) ensure that Canadians of all origins have an equal opportunity to obtain employment and advancement in those institutions;

(b) promote policies, programs and practices that enhance the ability of individuals and communities of all origins to contribute to the continuing evolution of Canada;

(c) promote policies, programs and practices that enhance the understanding of and respect for the diversity of the members of Canadian society;

(d) collect statistical data in order to enable the development of policies, programs and practices that are sensitive and responsive to the multicultural reality of Canada;

(e) make use, as appropriate, of the language skills and cultural understanding of individuals of all origins; and

(f) generally, carry on their activities in a manner that is sensitive and responsive to the multicultural reality of Canada.

## 二、Belgium Constitution[15]（《比利時憲法》，2007）

### 第1條

比利時是由共同體與地區所構成之聯邦國。

### *Article 1*

Belgium is a federal State composed of Communities and Regions.

### 第2條

比利時包含三個社群：佛拉芒（荷語）社群、法語社群、德語社群。

---

[15] 資料來源：選舉知識網站（http://aceproject.org/ero-en/regions/europe/BE/Belgium%20Constitution%202007.pdf/view），檢視日期：2011年5月5日。

*Article 2*

Belgium comprises three Communities: the Flemish Community, the French Community and the German-speaking Community.

**第3條**

比利時包含三個地區：佛拉芒（荷語）地區、瓦龍地區、布魯塞爾地區。

*Article 3*

Belgium comprises three Regions: the Flemish Region, the Walloon Region and the Brussels Region.

**第4條**

比利時包含四個語區：荷語語區、法語語區、首都布魯塞爾雙語語區、德語語區。每一個比利時王國的自治市皆歸屬於四個語言區之一。

四個語言區之疆界，僅得由各個語言區以多數決的方式通過法律，始得加以變更或調整。各語言區議會成員須有過半數出席，且兩語言區議會贊成票之總數須達有效票數的三分之二。

*Article 4*

Belgium comprises four linguistic regions: the Dutch-speaking region, the Frenchspeaking region, the bilingual region of Brussels-Capital and the German-speaking region.

Each municipality of the Kingdom forms part of one of these linguistic regions.

The boundaries of the four linguistic regions can only be changed or corrected by a law passed by a majority of the votes cast in each linguistic group in each House, on condition that a majority of the members of each group is present and provided that the total number of votes in favour that are cast in the two linguistic groups is equal to at least two thirds of the votes cast.

**第67條**

比利時參議院議員由71議員所構成：

(1) 25名參議員根據第61條由荷語選舉人團選出；

(2) 15名參議員根據第61條由法語選舉人團選出；

(3) 10名參議員由佛拉芒社群議會任命；

(4) 10名參議員由法語社群議會任命；

(5) 1名參議員由德語社群議會任命；

(6) 6名參議員由所有荷語議員共同任命；

(7) 4名參議員由所有法語議員共同任命；

## *Article 67*

Without prejudice to Article 72, the Senate is composed of seventy-one senators, of whom:

(1) twenty-five senators elected in accordance with Article 61 by the Dutch electoral college;

(2) fifteen senators elected in accordance with Article 61 by the French electoral college;

(3) ten senators appointed from within its members by the Parliament of the Flemish Community, called the Flemish Parliament;

(4) ten senators appointed from within its members by the Parliament of the French Community;

(5) one senator appointed from within its members by the Parliament of the Germanspeaking Community.

(6) six senators appointed by the senators referred to in (1) and (3);

(7) four senators appointed by the senators referred to in (2) and (4).

國家圖書館出版品預行編目資料

臺灣客家運動——客家基本法／王保鍵，邱
榮舉著. －－初版. －－臺北市：五南，
2012.12
　　面；　公分
ISBN 978-957-11-6723-7（平裝）
1.客家　2.族群認同　3.社會運動　4.法規
5.臺灣
536.211　　　　　　　　　　101011889

1PM9

# 臺灣客家運動──客家基本法

作　　者 ─ 王保鍵（14.2）　邱榮舉（149.4）

發 行 人 ─ 楊榮川

總 編 輯 ─ 王翠華

主　　編 ─ 劉靜芬

責任編輯 ─ 游雅淳

封面設計 ─ P.Design視覺企劃

出 版 者 ─ 五南圖書出版股份有限公司

地　　址：106台北市大安區和平東路二段339號4樓

電　　話：(02)2705-5066　傳　　真：(02)2706-6100

網　　址：http://www.wunan.com.tw

電子郵件：wunan@wunan.com.tw

劃撥帳號：01068953

戶　　名：五南圖書出版股份有限公司

台中市駐區辦公室/台中市中區中山路6號

電　　話：(04)2223-0891　傳　　真：(04)2223-3549

高雄市駐區辦公室/高雄市新興區中山一路290號

電　　話：(07)2358-702　傳　　真：(07)2350-236

法律顧問　元貞聯合法律事務所　張澤平律師

出版日期　2012年12月初版一刷

定　　價　新臺幣350元